本书受国家自然科学基金青年项目
"创业供应链视角下机会－资源一体化行为、
能力与新企业竞争优势关系研究"（71802090），
以及吉林财经大学学术著作出版经费资助

THE IMPACT OF
OPPORTUNITY-RESOURCE INTEGRATION ON
ENTERPRISE PERFORMANCE
A Perspective on Entrepreneurial Supply Chain

机会－资源一体化
对企业绩效的影响

——创业供应链视角——

郑秀恋 / 著

社会科学文献出版社
SOCIAL SCIENCES ACADEMIC PRESS (CHINA)

前　言

　　机会和资源是创业过程的两个关键要素。学者们分别针对机会开发与资源开发进行了大量的研究，机会或资源的单一视角研究在创业研究中居主导地位。然而，在创业实践中，机会开发与资源开发始终相伴相随、难以分割。由此可见，已有单一视角的研究忽略了机会与资源的密不可分性，不能实现对二者相互匹配以及互动过程的有效解释。事实上，蒂蒙斯（Timmons）创业模型早就强调了在高度动态的环境中，机会与资源的匹配和平衡是企业成功与发展的驱动力。一些学者的研究也指出了机会开发与资源开发关系密切，二者的相互匹配是创业成功的关键。基于此，机会-资源一体化的构念被提了出来，并逐渐成为学者们研究的焦点。因此，对机会-资源一体化的研究是关系企业实现创业成功的重要理论问题，有必要从整合的角度系统研究机会开发与资源开发的一体化行为。

　　为实现对机会和资源的挖掘与开发，创业供应链在理论和实践上得到了关注。创业供应链作为一种特殊的创业网络，聚焦创业网络中与供应商、客户等上下游企业构建的商业伙伴关系，有助于企业获得发展所需的机会与互补资源。然而，并非所有基于创业供应链进行机会开发与资源开发的企业都能获得成功，其所具备的创业供应链能力在此过程中起着重要作用。另外，权力不对称的情况在创业供应链成员企业之间普遍存在，它会影响合作伙伴之间信息、资源整合的深度和范围，进而影响企业相关能力的构筑。基于此，本书从创业供应链视角探究机会-资源一体化对企业绩效的作用机理，并探究权力不对称的调节作用。

立足当前的实践与理论背景，本书基于创业供应链视角探索如下四个问题：第一，机会-资源一体化对企业绩效的影响；第二，机会-资源一体化对创业供应链能力的影响；第三，创业供应链能力在机会-资源一体化与企业绩效关系间所起的作用；第四，权力不对称对机会-资源一体化与创业供应链能力之间关系的影响。

为探究以上问题，本书构建了创业供应链视角下机会-资源一体化、创业供应链能力、企业绩效以及权力不对称关系模型，揭示了创业供应链视角下机会-资源一体化对企业绩效的影响机理，以及权力不对称的调节作用。具体而言，本书在梳理蒂蒙斯创业模型、机会观、资源基础观、供应链管理理论以及动态能力理论等相关基础理论，并回顾创业供应链、创业行为、供应链相关能力以及权力不对称等相关研究的基础上，结合对一汽-大众及其上下游合作伙伴等4家企业的多案例研究，对核心构念的内涵及维度进行界定，进而构建了本书的理论模型，并提出20条研究假设。随后，本书基于一汽-大众在长春、成都、佛山、青岛、天津等地的生产基地，对其上游一级供应商、二级供应商和下游一级经销商等创业供应链成员企业展开大样本问卷调查，最终获得了454份有效问卷。利用软件SPSS 24.0和AMOS 24.0，对实证数据进行因子分析、描述性统计分析、Pearson相关性分析、回归分析、Bootstrap分析等，结果表明，本书提出的20条假设中，19条通过验证，1条未通过验证，最后得出研究结论。

本书基于理论分析、案例研究以及实证研究，得出基于创业供应链视角的研究结论如下：一是机会驱动型和资源驱动型机会-资源一体化均会积极影响企业绩效；二是机会驱动型和资源驱动型机会-资源一体化对创业供应链能力具有积极影响；三是创业供应链能力各维度积极影响企业绩效；四是创业供应链能力各维度在机会驱动型和资源驱动型机会-资源一体化与企业绩效之间均起到中介作用；

五是权力不对称能够减弱机会驱动型和资源驱动型机会-资源一体化与创业供应链能力之间的作用关系。

综上所述，本书揭示了创业供应链视角下机会-资源一体化对企业绩效的影响机理。研究发现，机会-资源一体化作用于创业供应链能力，进而影响企业绩效，同时权力不对称会减弱机会-资源一体化与创业供应链能力之间的作用关系。本书研究的创新之处与理论贡献如下：一是本书基于创业供应链视角揭示机会-资源一体化对企业绩效的作用机理，既丰富了对机会-资源一体化的相关研究，又为机会-资源一体化研究开辟了新视角；二是本书立足供应链相关能力的研究，剖析创业供应链能力的内涵和维度，弥补了创业供应链能力相关理论和实证研究的不足，有助于打开由机会-资源一体化到企业绩效的"黑箱"；三是基于创业供应链中权力不对称的普遍存在性，本书检验了权力不对称的调节作用，丰富了权力不对称的相关研究。

目　录

第一章 绪论

第一节 基于创业供应链的创业实践与研究

一 基于创业供应链的创业实践

改革开放以来，我国经济实现飞速发展，中国已成为世界上最具发展潜力的经济大国之一。如今，我国经济已由高速增长阶段转向高质量发展的阶段，对产业结构升级、经济体制转型、经济增长方式转变等都提出了更高的要求。2019 年国务院政府工作报告指出，目前，我国面对的是经济转型阵痛凸显的严峻挑战，新老矛盾交织，周期性、结构性问题叠加，经济运行稳中有变、变中有忧。与此同时，我国面对的外部环境也在发生着深刻的变化，全球经济风险加剧，贸易政策不确定性持续，贸易壁垒增加，地缘政治紧张。由此可见，我国经济发展面临着更复杂、更严峻的挑战，面临的可预料和不可预料的风险将更多、更大。

为实现对经济增长的有力支撑，推动经济结构的转型与升级，近年来，我国政府高度重视创新创业，出台了一系列推动创新创业的政策和举措，以促进"双创"持续向更大范围、更高层次和更深程度发展。创新创业不仅在经济结构调整与优化、打造经济发展新引擎方面起着关键作用，在改善民生、促进充分就业、实现机会公平等方面也发挥着重要作用。可以说，创新创业成为中国经济与社会发展的动力之源。在政府的推动之下，我国创业实践蓬勃发展，但同时也存在不足与欠缺。2018 年 11 月发布的由清华大学二十国集团创业研究中心和启迪创新研究院联合完成的《全球创业观察（GEM）2017/2018 中国报告》显示，从创业活动的结构特征看，60% 以上的创业活动为机会型动机，同时，在创业活动总体中，超过 60% 的创业者选择批发或零售为其创业领域，附加值比较低；从变化趋势看，受技术发展及社会进步的影响，创业者认可自身具备创业能力的比例由 2002 年的 37% 下降到 2017 年的 28%，同时，对创业失败的恐惧由 2002 年的 25% 上升到 2017 年的 41%；从创业活动的质量看，与 G20 经济体中的国家相比，中国创业活动质量在创新能力和国际化程度方面还存在比较大的差距；从创业环境看，商务环境、研发转移、教育与培训等可为企业提供资源支持的方面还比较弱。为推动中国创业实践的进一步发展，并以科学的理论指导创业实践的发展，对创业活动进行研究显得颇为重要。

在中国的转型经济情境下，市场空间广阔，创造了大量创业机会，但机会转瞬即逝，更多的企业面临资源的高度约束。从机会的角度看，在全面深化改革的征途上，私营企业的发展得到鼓励，市场越来越开放，同时，科学技术发展迅速，"互联网+"发展潜力巨大，这些给企业的发展与壮大带来了大量的市场、政策、技术等方面的机会。但是由于环境的高度动荡性，市场竞争异常激烈，信息技术更新换代迅速，这些导致了机会的转瞬即逝性。从资源的角度看，创业企业面临创业资源缺乏的困境。然而对于创业企业来说，要实现创业的成功，机会与资源的匹配是关键，只有实现机会-资源一体化，企业才能获得绩效水平的提升。

在企业的发展过程中，其所需要的机会与资源很多时候与其供应链上下游伙伴存在密切的关系。供应链上游的合作伙伴，例如科研院所、材料与零部件供应商等，可以为企业提供新技术、新知识、新材料、新零件等，这些对企业来说，是发展所需的互补资源，为企业开发新产品带来机会。供应链下游的合作伙伴，则可以带给企业市场与客户知识、产品改进建议、渠道资源等，这些资源将有利于企业改进产品、开发新产品、开拓新市场等。特别地，当企业所处供应链中，合作伙伴们都注重创新与发展，重视对机会的挖掘与利用时，它们将共同构筑创业供应链，也将因此更加重视资源的共享，以及对机会的共同追逐与开发。例如，一汽-大众汽车有限公司（简称"一汽-大众"）与上下游合作企业构建的供应链，就具有典型的创业供应链特征。一汽-大众创建于1991年，经历了将近30年的发展，产能已由建厂之初规划的15万辆发展到2020年的270万辆，形成了拥有长春、成都、佛山、青岛、天津五大生产基地的战略布局。一汽-大众在国内汽车制造企业汽车销量排名中稳居前列，且排名逐步提升，2019年获得了销量排名第一的成绩。一汽-大众取得的成绩离不开上游供应商和下游经销商与其一起共同对市场的开拓。同时，一汽-大众的发展也为上下游企业发展带来了一系列的机会与资源，成就了一大批企业的快速发展，例如，今天已成为跨国公司的福耀玻璃，在铝合金车轮制造领域处于领跑地位的中信戴卡，宁波市重点培育的企业集团之一、中国民营企业500强、世界汽配行业500强的华翔集团。福耀玻璃当年生产的第一块汽车玻璃就是卖给一汽-大众的，长春是福耀玻璃在外地建造第一个工厂的地方，一汽-大众的高速发展期也就是福耀玻璃的高速发展期。可见，企业在创业与发展过程中，基于其与上下游企业构建的创业供应链，注重挖掘创业供应链视角下的机会与资源，将有利于其快速发展。

事实上，很多企业都在积极构筑与上下游供应链伙伴的合作关系，并试图挖掘其中的机会与资源，但是只有少数企业能够真正获得成功，与供应链合作伙伴实现了共同发展与壮大。Hsu等（2011）的研究指出，成功借助供应链获得成长的企业内部必定存在一种特殊的能力。面对外部环境的高度动荡性与不确定性，能力尤其是动态能力在提升企业绩效方面已经得到学者们的广泛认可。正如前文所提到的福耀玻璃、中信戴卡等，它们的成功离不开自身所具备的能力，即善于开发来自创业供应链合作伙伴的机会与资源，善于与创业供应链合作伙伴构建良好合作关系。因此，对注重挖掘和开发来自创业供应链合作伙伴的机会和资源的企业来说，构筑机会、资源、关系等方面的相关能力（即创业供应链能力）很关键。另外，在创业供应链中，权力不对称非常普遍，毕竟上下游企业拥有的资源和信息不同，导致不同的成员在创业供应链中的地位不同。权力不对称将影响企业对创业供应链中机会和资源的开发，进而影响创业供应链能力的构筑。

综合上述分析，基于中国转型经济情境的企业创业实践的需要，本书以创业供应链为研究视角，以机会与资源的整合，即机会-资源一体化为研究核心，探讨企业如何开发与整合来自创业供应链的机会和资源，实现机会-资源一体化，进而提升企业绩效。为了挖掘机会-资源一体化对企业绩效的影响机理，本书分析了创业供应链能力在机会-资源一体化与企业绩效之间的中介作用。同时，关注权力不对称对机会-资源一体化与创业供应链能力之间关系的调节作用。

二 基于创业供应链的创业研究

企业在创业过程中，面临着来自企业内外部的各种因素的制约，借助供应链等网络进行创业是非常有利的。Buciuni 和 Mola（2014）认为网络可以帮助创业企业更好地利用外部资源，开发机会，实现增长。Blundel（2006）和 Ross（2011）的研究表明，借助供应链进行创业，对企业抓住创业机会、创新、学习以及创业资源的整合都有积极作用，从而有利于提升企业的创业绩效。从供应链的角度看，面对竞争日益激烈的全球化市场，许多企业借助供应链构建核心战略能力，以获取竞争优势（Handfield et al.，2009）。但一些研究表明，在相同细分市场中，供应链中的企业会有着非常不同的绩效水平（Hsu et al.，2009）。运作成功的供应链中的企业体现了显著的创业精神（Ras et al.，2009）。融入创业的供应链管理可以给企业带来很强的竞争优势（Hsu et al.，2011）。因此，越来越多的学者提倡创业和供应链的交叉与融合（Giunipero et al.，2005；Amanor-Boadu et al.，2009；Ross，2011；Lee，2012；杨洪涛等，2011；宋华、刘会，2014）。而在过去的20多年中，供应链的概念和研究范围也逐渐从分散的不同视角和领域的研究转向多视角、多领域交叉基础研究。在这样的背景下，创业供应链的概念被学者提出，并逐渐引起关注与重视。如Lee（2012）指出，创业供应链是一条强有力的供应链，可以给企业带来利润，帮助企业实现成长，应该大力提倡对创业供应链的研究与实践。

机会和资源是创业过程的两个关键要素（Timmons，1999）。学者们分别针对机会开发与资源开发进行了大量的研究（王玲等，2017），因此，机会视角和资源视角的研究在创业研究中居于主导地位（葛宝山等，2015；高洋、叶丹，2017）。然而，Sirmon等（2007）、Haynie等（2009）认为机会开发与资源开发关系密切，二者的相互匹配是创业成功的关键。国内学者董保宝和罗均梅（2018）、蔡莉和单标安（2013）认为创业过程中机会开发与资源开发始终相伴相随，难以分割。葛宝山等（2013）也认为机会开发与资源开发是同时作用于创业过程且相互联系的复杂行为，并首次提出了机会-资源一体化行为这一研究构念。由此，针对机会-资源一体化行为的研究逐渐引起了学者们的关注与推崇。

目前，对机会-资源一体化的研究尚处于初级阶段，已有文献缺乏对机会-资源一体化行为的深入研究（王玲等，2017），对企业创业过程中机会-资源一体化的相关研究仍然相当匮乏，特别是基于创业供应链视角对机会-资源一体化行为进行的研究更是空白。在现实中，我们观察到，作为一种特殊的创业网络，创业供应链聚焦于与供应商、客户等上下游企业构建的商业伙伴关系，为企业带来了大量的机会和资源，积极影响创业进程，并促进企业实现了发展与壮大。现有文献也指出了供应链与机会、资源的密切关系。例如，从机会的角度看，Blundel（2006）认为创业机会与已建立的垂直联系中的大企业密切相关。Kache 和 Seuring（2017）则指出供应链上下游企业间的信息共享可以帮助企业评估现有机会并寻求新的机会。从资源的角度看，Arend 和 Wisner（2005）认为供应链可以帮助初创企业在一个合作的网络中，快速、可靠地获得合作伙伴的互补资源。Dutta 和 Hora（2017）则认为供应链上游的联盟伙伴给企业提供了专业领域知识、尖端实验室设备，供应链下游的联盟伙伴给企业带来了互补的资源，包括市场和客户信息、生产资产基础、分销渠道以及价值链上的伙伴关系资源。鉴于创业供应链的内涵和特征，创业供应链必然与机会、资源存在更为紧密的关系，创业供应链视角下的机会-资源一体化更是值得我们深入探索，以更好地促进企业绩效的提升。

另外，也有学者指出虽然许多企业借助供应链提升企业绩效，但处于同样细分市场的供应链中的不同企业会得到极为不同的绩效结果（Hsu et al.，2009）。因此，Hsu 等（2011）指出借助供应链实现成长与发展的企业必定拥有一种特定的能力，在对过往文献进行分析和企业实地访谈之后，他们将该能力定义为创业供应链管理能力，拥有创业供应链管理能力的企业能够识别和追寻商业机会，为企业自身带来成长和成功。Woldesenbet 和 Jones（2012）对处于供应链中的新创企业应具备的能力进行了研究，指出为了获得生存与发展，向大企业供货的新创企业应该具备重新配置资源和惯例的能力。郑秀恋等（2018）对创业供应链相关的能力进行了归纳，提出创业供应链能力是企业整合来自创业供应链的相关资源，以创新活动为主，进而改善创业供应链活动的能力。目前，对创业供应链相关能力的研究刚起步，不同的学者基于自身的研究情况，给予该能力不同的命名，但在内涵方面均与创业供应链的机会开发、资源整合方面的能力密切相关。本书采纳了郑秀恋等（2018）的观点，将与创业供应链相关的，追逐机会，利用创业供应链资源实现创新与成长的能力定义为创业供应链能力。关于机会-资源一体化与能力，董保宝和罗均梅（2018）认为机会-资源一体化的过程是企业的一种学习过程，也是动态能力的形成过程。因此，本书认为创业供应链视角下的机会-资源一体化与创业供应链能力之间存在紧密的关系。然而，现有研究成果并未有基于创业供应链视角对二者关系进行研究的，也没有就创业供应链能力在机会-资源一体化与企业绩效之间的中介作用关系展开研究的。

在对供应链的研究中，学者们也注意到权力不对称的作用。权力是一方将自身意愿强加到另一方的能力（Emerson，1962）。在供应链关系中，权力不对称被用于在两家企业的交易中要求获得更高的价值份额（Crook and Combs，2007）。如果一家公司控制了另一家公司所需要的资源，就出现了权力不对称。由于资源特别重要或资源的替代性来源难以发现，更有权力的公司会通过利用它的权力有选择地隐瞒或授予资源。同时，在权力不对称的情况下，潜在的交易活动很难培育信息流，即使信息是可用的，强权方不会像弱权方一样关注信息（Casciaro and Piskorski，2005），这将对企业识别与发现机会产生影响。可见，权力不对称对创业供应链视角下的机会、资源开发与整合存在作用关系。另外，也有学者研究指出，权力不对称会改变主体的能力（Levina and Orlikowski，2009）。因此，创业供应链视角下权力不对称对机会-资源一体化与创业供应链能力的影响值得关注。

第二节 理论价值与实践价值

基于理论和实践发展的需要，在蒂蒙斯创业模型、机会观、资源基础观、供应链管理理论、动态能力理论以及其他相关研究成果的基础上，结合对 4 家案例企业访谈获取的一手资料，以及通过其他途径获得的二手资料，本书对机会-资源一体化、创业供应链能力和权力不对称进行界定，构建了机会-资源一体化、创业供应链能力、企业绩效和权力不对称之间的关系模型。基于此，本书深入挖掘机会-资源一体化对企业绩效的影响，并引入创业供应链能力的构念，探讨创业供应链能力不同维度在机会-资源一体化与企业绩效之间的中介作用。本书的研究为企业基于创业供应链的创业实践提供借鉴和参考，具有较强的理论创新性和实践价值。

一　本书的理论价值

当前，学者们对机会-资源一体化的研究还很少见，基于创业供应链研究机会-资源一体化更是尚未发现。创业供应链能力作为一个新构念，郑秀恋等（2018）将其定义为新创企业或中小企业识别和追求机会，管理与整合创业供应链资源，以创新为主，改善创业供应链活动的能力。目前，关于创业供应链能力的维度构成及其与企业绩效关系方面的研究都还是空白。另外，从创业供应链能力的内涵看，其与机会-资源一体化存在紧密的关系。有鉴于此，本书聚焦于企业在创业供应链中的机会-资源一体化行为和能力，以期解读在创业供应链情境下企业绩效的提升过程，这将对企业创业的研究发展具有重要意义。本书研究的理论价值体现为以下三个方面。

首先，创业供应链与企业发展所需要的机会与资源存在密切相关性，过往的文献鲜有将创业供应链与企业创业相联系进行研究的，因此，在理论方面，本书将创业供应链引入企业创业的研究中，为创业研究开辟了新空间，拓展了创业理论的研究思路。一方面，企业要实现发展与成长，机会与资源的开发是关键。基于此，学者们对作为创业过程中的核心要素——机会和资源展开了丰富的研究。另一方面，供应链的研究得到发展，在已有的研究中，学者们关注到供应链，尤其是创业供应链，更有利于企业获得更多来自上下游伙伴的机会与资源。但是已有的研究尚未有关于企业如何对来自创业供应链的机会和资源进行开发，实现基于创业供应链视角的机会-资源一体化，进而促进企业发展的。因此，本书基于创业供应链视角的创业研究，将对企业创业领域的研究具有重要的开创价值。

其次，本书在文献梳理的基础上，以多案例研究和实证研究相结合的方法，对机会-资源一体化的层次体系构建、机会-资源一体化的过程、机会-资源一体化与企业绩效的关系等展开深入探索，既丰富了机会-资源一体化的研究视角，又填补了相关研究空白。在创业行为的研究当中，学者们或是以机会开发为主导，或是以资源开发为主导。而创业过程中，机会和资源密不可分，相辅相成，对机会的利用离不开对资源的开发，资源价值的实现则离不开对机会的开发。因此，机会-资源一体化作为一个全新的构念被提出。但是对机会-资源一体化的研究还很少，尚处于对其概念、内涵的探讨阶段，以文献综述和案例研究为主，鲜有对其展开实证研究的。

最后，本书结合案例访谈对创业供应链能力的内涵和维度构成进行验证，并对创业供应链能力各相应维度与机会-资源一体化、企业绩效的关系进行理论探讨和实证研究。该研究不仅弥补了创业供应链能力构建机理研究的空白，推动了创业供应链能力研究的发展，而且打开了由机会-资源一体化到企业绩效作用机理的"黑箱"。这将对探索在动态的供应链环境中企业绩效的持续来源，解释机会-资源一体化到企业绩效作用机制的表层探究，再到纵深性的机制分析具有重要的价值，进一步地，为企业在创业供应链环境中创业的研究构建更为清晰的理论框架。

二　本书的实践价值

本书以创业供应链能力为中介，探讨了机会驱动型、资源驱动型机会-资源一体化对企业绩效的影响路径，并考虑了权力不对称对机会-资源一体化与创业供应链能力之间关系的调节作用。本书的研究具有较高的实践价值，具体包括以下三个方面。

第一，本书的研究有利于启发和指导企业从创业供应链的视角进行机会和资源开发与整合，实现创业供应链视角下的机会-资源一体化，进而提升企业绩效。企业在业务发展过程中，与上游供应商、下游客户构建了创业供应链合作伙伴关系，这种关系有利于机会的开发，也有利于获得企业自身所不具备的互补资源。本书不仅研究如何挖掘创业供应链中的机会与整合创业供应链中的互补资源，而且验证了机会驱动型、资源驱动型机会-资源一体化对企业绩效的提升作用，这为企业基于创业供应链视角实现机会-资源一体化，以促进企业绩效的提升，提供了理论方面的指导与可借鉴的实施路径。

第二，本书的研究有利于企业构筑创业供应链能力，持续提升企业绩效，从而促进企业实现长久的发展。处于高度动态的环境中，要保证企业能够持续获得一定的竞争优势进而提升绩效，企业必须具备特定的能力。本书通过对创业供应链能力维度的分析与构建，帮助企业清晰认识该能力构建的关键与要点，从而实现创业供应链能力的构筑。不仅创业供应链能力本身能够帮助企业提升绩效，创业供应链能力在机会-资源一体化与企业绩效之间还存在中介作用。因此，本书对企业的创业供应链能力构筑和企业绩效提升，具有较强的理论指导作用。

第三，本书的研究成果对处于创业供应链的权力不对称情境下的企业创业具有一定的借鉴意义。创业供应链上下游企业所拥有的资源、信息等不同，在创业供应链上的地位也存在差异，往往容易导致权力不对称情况的出现。本书是基于创业供应链视角展开的，探索了权力不对称的产生及其对机会-资源一体化和创业供应链能力之间关系的调节作用。对于致力于创业供应链进行创业的企业来说，本书的研究能够起到借鉴作用，有助于企业认清权力不对称产生的原因及其所带来的消极作用，并积极避免权力不对称的产生。

第三节　研究内容概述

综合上述分析，基于创业供应链的创业实践对企业的发展颇具重要性，然而相关的理论方面的研究存在滞后性。本书致力于对相关理论的梳理和基于创业供应链视角的创业现象的研究，深入挖掘创业供应链视角下企业的创业行为、能力与绩效的关系，从而为该领域的理论研究和实践发展贡献力量。因此，本书研究的主要内容包括以下四个方面。

第一，本书对机会-资源一体化的维度构成进行了探索，将其划分为机会驱动型机会-资源一体化和资源驱动型机会-资源一体化，并进一步探讨机会驱动型机会-资源一体化和资源驱动型机会-资源一体化，以及二者的交互作用对企业绩效的影响。企业在创业过程中往往难以同时拥有机会和资源，机会的开发离不开资源的支持，同样的，如果仅有资源，而没有机会，资源也无法创造价值，因此，在理论分析和案例访谈的基础上，本书将机会-资源一体化分为机会驱动型机会-资源一体化和资源驱动型机会-资源一体化两个维度。机会驱动型机会-资源一体化以发现机会为驱动，通过识别、整合、重组资源等实现价值创造。资源驱动型机会-资源一体化以企业掌握的稀缺或优势资源为驱动，识别、创造机会，从而实现对资源的利用以创造价值。在企业对机会和资源的开发过程中，由于环境的高度动态性和复杂性，机会驱动型机会-资源一体化与资源驱动型机会-资源一体化可能存在交互作用。基于此，本书探讨了机会驱动型机会-资源一体化与资源驱动型机会-资源一体化，以及二者的交互作用对企业绩效的影响。

第二，本书对创业供应链能力的内涵和维度进行了梳理与验证，探讨了各维度与企业绩效的关系。研究认为创业供应链能力包括机会能力、资源能力和关系能力三个维度。其中，机会能力包括机会识别能力和机会利用能力两个子维度；资源能力包括资源整合能力和资源重组能力两个子维度。在动荡的环境中，企业动态能力的构筑至关重要，它将直接影响企业竞争优势的获取，进而对企业绩效产生影响。创业供应链能力作为一种与机会开发、资源开发、供应链伙伴关系维护相关的动态能力，与企业绩效的关系值得深入研究。

第三，本书探讨了创业供应链视角下机会-资源一体化与创业供应链能力的关系，并进一步探讨了创业供应链能力在机会-资源一体化与企业绩效之间关系的中介作用。通过理论分析、案例访谈、实证研究，探索了不同类型的机会-资源一体化与创业供应链能力各维度的对应关系。此外，基于"行为-能力-绩效"的理论逻辑，将创业供应链能力作为创业供应链视角下机会-资源一体化向企业绩效转化的关键路径。在案例企业调研中，笔者发现在基于创业供应链视角的创业实践中，机会驱动型和资源驱动型机会-资源一体化均会对企业绩效产生积极作用，同时这种作用会通过创业供应链能力的不同维度加以实现。因此，本书分析了在创业供应链视角下，创业供应链能力的机会能力、资源能力和关系能力对机会-资源一体化与企业绩效之间关系的中介作用。

第四，本书探究了创业供应链视角下权力不对称对机会-资源一体化与创业供应链能力的调节作用。创业供应链中的权力不对称会影响企业的机会开发、资源开发以及创业供应链伙伴关系的构建与维持。本书在对已有文献进行梳理和案例访谈的基础上，分别探讨了权力不对称对机会驱动型和资源驱动型机会-资源一体化与创业供应链能力不同维度之间关系的调节作用，进一步对通过问卷调查所收集的数据进行分析，实证检验了所提出的假设。

综合上述分析，本书旨在研究创业供应链视角下机会-资源一体化对企业绩效的影响机理，将创业供应链能力的各维度作为机会-资源一体化向企业绩效转化的中间路径，并分别探讨了权力不对称对机会-资源一体化与创业供应链能力之间关系的调节作用，从而构建了相应的理论研究模型（见图 1-1）。

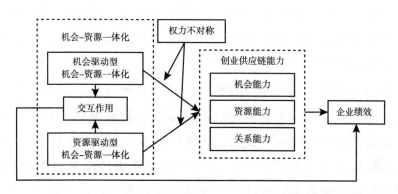

图 1-1 机会-资源一体化对企业绩效的影响机理

第四节 研究方法与技术路线

一 本书的研究方法

为探究创业供应链视角下机会-资源一体化、创业供应链能力与企业绩效之间的关系，本书采用定性研究和定量研究相结合的方法，构建研究理论模型，并进行研究假设的检验，以提高研究质量，进而确保所得结论的准确性与严密性。具体研究方法分为以下三种。

第一，采用文献研究的方法对蒂蒙斯创业模型、机会观、资源基础观、供应链管理理论、动态能力理论等进行系统梳理，并对创业供应链、创业行为、创业供应链能力以及权力不对称等相关研究进行回顾与总结，分析了现有研究的状况与存在的不足，为后续研究模型的构建和相关假设的提出奠定基础。

第二，采用探索性多案例研究为本书理论模型的构建提供基础。本书选取了一汽-大众以及一汽-大众上游一级供应商 A 企业、二级供应商 B 企业、下游一级经销商 C 企业 4 家企业，对其进行多案例研究。结合案例访谈所得一手数据与其他途径所得二手数据，进行数据资料的分析与整理，提炼相关资料，对创业供应链视角下的机会-资源一体化、创业供应链能力的内涵及维度进行完善或验证，进一步结合案例研究和理论研究初步探索变量之间的关系，进而构建本书研究的理论模型。

第三，采用大样本问卷调查方法进行数据收集，进而对本书所提假设进行验证和分析。根据已有文献的梳理和案例调研，本书对问卷调查的相关题项进行设计。具体过程涉及专家意见反馈与修改、小组讨论以及预调研等，由此实现对问卷量表的反复调整与精炼，最终完成问卷调查表的设计。笔者分别在长春、青岛、上海、天津、佛山等城市，通过实地访谈、电话、微信、电子邮件等方式进行了问卷调查，剔除无效调查问卷之后，共回收了 454 份有效问卷。之后，利用 SPSS 24.0、AMOS 24.0 等软件对问卷中的量表进行描述性统计、效度和信度检验，并进一步通过相关分析、回归分析等完成对本书所提假设的验证。

二 本书研究的技术路线

本书共分为七章，研究的技术路线如图 1-2 所示，主要研究思路包含以下七点。

第一章是绪论。本章在对本书研究的实践和理论背景进行分析的基础上，探讨研究的理论和实践价值，并进一步分析研究的主要内容，最后介绍将采用的研究方法和技术路线。

第二章是基于创业供应链的创业研究回顾。本章对创业机会与资源、创业供应链、供应链相关能力以及权力不对称的相关研究文献进行梳理，为本书研究模型的构建奠定了理论基础。

第三章是基于多案例研究的理论模型构建。本章在第二章理论与研究回顾的基础上，结合案例研究对机会-资源一体化、创业供应链能力、权力不对称等变量进行内涵界定，并探讨了变量之间的关

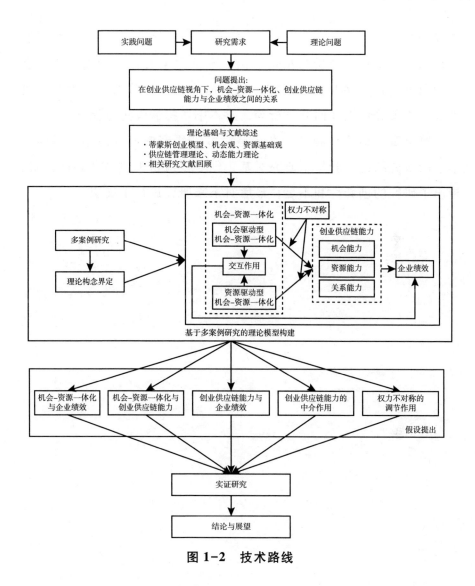

图 1-2　技术路线

系，进而构建了本书的研究模型。

　　第四章是研究假设的提出。本章进一步探讨了创业供应链视角下机会-资源一体化、创业供应链能力、企业绩效以及权力不对称之间的关系，从而提出本书的研究假设。

　　第五章是实证研究设计。本章主要介绍与分析了调查问卷的设计、调查样本的选择、变量的测量等相关内容，从而形成大样本调查问卷。

第六章是实证分析与结果讨论。本章根据大样本问卷调查所获得的数据资料，展开实证研究，通过描述性统计分析、信度和效度检验、相关分析以及回归分析等，对本书所提假设进行检验。

第七章是结论与展望。本章是对本书研究内容的总结，探讨了本书的研究结论，分析了研究对基于创业供应链的创业实践的意义，指出了研究的创新性和不足，最后对未来研究进行了展望。

第二章 基于创业供应链的创业研究回顾

第一节 创业机会与资源的相关研究

一 蒂蒙斯创业模型

蒂蒙斯创业模型是创业研究领域的最经典模型之一，由蒂蒙斯（Jeffry A. Timmons）提出。蒂蒙斯被尊称为"创业教育之父"，一生致力于创业教育。自20世纪60年代后期以来，蒂蒙斯就一直是美国创业教育和研究的领袖人物之一，在创业管理、新企业创建、创业融资等方面的教学与研究被公认为是世界级的权威。影响深远的蒂蒙斯创业模型出自蒂蒙斯著名的教科书——《创业学》，该书初版于1974年，到2009年已修订至第8版，一直被 *Inc.*、《成功》杂志和《华尔街日报》列为"经典"的创业学教材。

蒂蒙斯认为创业过程具有高度的动态性，但一些核心的驱动力是企业实现成功的关键。这些驱动力包括机会、资源、团队，并强调了它们之间的匹配与平衡，由此，蒂蒙斯构建了蒂蒙斯创业模型（见图2-1）。蒂蒙斯认为创业过程的起点是机会，而非资金、战略、关系网络、团队或商业计划。真正的机会往往比团队的技能或团队所拥有的初始资源更重要。在创业过程中，机会的形式、大小、深度决定了所需团队与资源的形式、大小和深度。创业领导者和团队的作用就是要在具有模糊性和不确定性特征的环境中，通过创造性地解决问题、沟通、领导方面的能力，实现机会与资源的匹配和平衡，进而实现创业的成功。商业计划则是以一定的语言和格式体现蒂蒙斯创业模型中三种驱动力的作用以及它们之间的匹配与平衡。蒂蒙斯形象地将创业者所处环境的动荡性以及所需要的不断调整、匹配与平衡的创业过程比喻为杂技表演者的表演过程。杂技表演者一边要在蹦床（该蹦床在速度和方向都随时变化的传送带上移动）上跳上跳下，保持平衡，一边还要同时抛掷三个小球，保证它们不会掉落到地上。

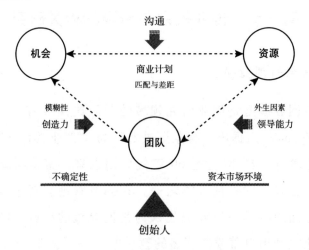

图 2-1　蒂蒙斯创业模型

（一）机会

蒂蒙斯是机会主导创业过程的提倡者（葛宝山等，2013），他认为机会是创业过程的核心，一个好的思路未必就是一个好的机会，可以让创业者获得成功的机会少之又少。机会和市场需求关系密切。潜在的市场需求如果体现为产品或服务具有增值的特性，市场规模大且具有 20% 以上的增长潜力，产业经济性好，尤其是能带来高额利润（≥40%），现金流是自由的，那么这样的潜在需求对于创业者来说就是机会，就能够为创业者创造价值。因此，蒂蒙斯指出市场规模越大，市场增长速度越快，潜在市场需求持续的时间越长，能够带给企业的毛利润和净利润越多，现金流越大，企业面对的机会越大；市场越不完善，变化速度越快，不连续和混乱的程度越高，机会越大；现有的服务、产品质量、供货时间与需求越不一致，信息与知识的空白越大，机会就越大。

对机会的产生与发现，蒂蒙斯认为创业者需要聚焦市场，当市场的环境发生变化，出现混沌情况，如落后与领先并存、信息与知识存在空缺等情况时，就会产生机会。尤其关注消费趋势和行为，这有助于创业者开发新产品或服务。一旦这些新的消费趋势、新行为被识别出来，有抱负的创业者将开发出概念性的产品或服务，最终产品或服务的交付系统也会被构建出来。蒂蒙斯总结机会产生和来源于技术变革、市场变革、社会变革、雷龙特征以及非理性的繁荣等。企业所处商业环境的变化以及对这些变化的预期和判断，在创业过程中是很重要的，具有警觉性的创业者将从中发现机会。有信用、有创造力和决策力的创业者可以在别人还在研究机会的时候，就已经紧紧抓住机会了。

（二）资源

创业过程中，创业者需要的资源包括人力资源（如管理团队、会计师、顾问等）、财务资源、资产（如厂房和设备）及商业计划。关于资源，蒂蒙斯的一个主要观点是创业者要节约使用资源，在创业过程中要实现资源使用最小化。在创业初期，资源往往比较缺乏，创业者只能依靠自身拥有的资源进行创业，资源最小化就显得更为重要。不过，蒂蒙斯还指出创业并不意味着所有的资源都准备就绪才能保障创业的成功，重点在于对具有发展潜力机会的开发，当时机成熟时，资源往往就有了。资源最小化的运用是指分阶段进行资源投入，并在每一阶段努力争取用尽可能少的资源来推动创业进程。资源的分阶段投入意味着创业者有时需要谨慎前行，有时会引入第二轮资本，甚至是放弃创业。这样做的好处是节省资源，降低风险，提高创业的灵活性。

蒂蒙斯的另一个主要观点是创业者要创造资源，重点是控制资源，而非完全拥有资源。蒂蒙斯认为创业者应积极运用他人资源，包括创建自身的智囊团。智囊团是创业者应该为自身创造的资源。智囊团成员所具有的智慧、经验、知识以及网络关系等，可以弥补团队自身的不足，为创业创造重要价值，并决定着创业的成功。因此，在创业过程中，创业者应重视建立自身的智囊团。运用他人资源对创业早期资源缺乏问题的解决十分重要。创业者并不需要拥有资源的所有权，关键是拥有资源的使用权，并对资源的配置具有一定的影响作用。他人资源包括亲戚、朋友、商业伙伴，或其他投资者投资，或借来的资金、设备、材料等。

（三）团队

蒂蒙斯认为团队是新企业获得成功的关键，团队的素质决定了企业的发展潜力。在创业过程中，有些创业者可能喜欢单打独斗，但是缺乏团队，这样的创业者很难建立起一家具有高发展潜力的企业。不仅团队的存在很重要，其素质的高低也非常关键。蒂蒙斯认为创业带头人及其团队应该具备一些关键的素质。创业带头人应该学和教都更快更好；能够坦然面对逆境，并很快从中恢复；具有正直、可靠、诚实的品质。团队应该具有相关的经历和业绩记录，能够容忍风险和不确定性，具有创造力等。团队由一位非常有能力的创业带头人建立和领导。创业带头人是这个团队的核心，能够吸引其他关键团队成员的加入，不仅充当队员的角色，还同时充当教练的角色。创业带头人是整个团队的领跑者与企业文化的创造者，在其带领下的团队则具有相关业绩经历、取胜的意愿，敬业、有决心、有恒心，能够承担一定的风险与应对不确定性情况，具有创造力等素质。

（四）创业三要素的匹配与平衡

匹配与平衡，即在创业过程中机会、资源和团队三要素的匹配与平衡。在蒂蒙斯创业模型中，创始人，即创业带头人，就犹如站在一个大球上，紧抓着顶在头上的一个三角形，并试图保持三角形的平衡，以免三角形顶点的三个小球掉落下来。创业者在企业创建时就是要努力实现机会、资源、团队的平衡与匹配，但实际上，往往很难做到。因此，在创业过程中，创业者要不断地思考。在走向成功的下一步，我会遇到什么陷阱？我现在的团队够大了吗？我拥有的资源足够吗？创业者要解决类似上述的各种问题，找到促进机会、资源和团队匹配与平衡的途径。

蒂蒙斯以网景公司的创业过程为例，说明了蒂蒙斯创业模型中创业三要素是如何实现匹配与平衡的。在创业的最初阶段，网景公司的创始人马克·安德森发现互联网存在巨大的、不断发展的机会，但是机会又充满着不确定性。此时的安德森所拥有的资源非常有限，也没有建立自己的创业团队。在该阶段，网景公司的创业三要素处于极不平衡的状态（见图2-2）。风险投资家的出现与投资为网景公司注入了启动资金，网景公司的创业三要素趋向新的平衡（见图2-3）。互联网所带来的机会比以前更大、成长速度也更快，竞争对手也多了起来。为了更好地利用机会，吸引更多、更有才能的管理者和职业团队，建立更强的财务实力，网景公司实现股票首次公开上市。从此，网景公司的创业三要素达到了新的平衡（见图2-4）。随着创业过程的推进，网景公司在创业团队和资源方面都变得更为强大了。随着机会的继续涌现，市场、技术等的竞争日益激烈，网景公司的创业三要素又趋向新的不平衡（见图2-5）。蒂蒙斯认为企业反复创业的过程具有"反复试验"的特征，就好比莱特兄弟反复进行的飞行试验，直到成功。

根据蒂蒙斯创业模型，在高度动态的创业环境中，机会、资源、

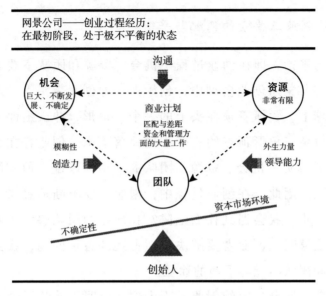

图 2-2　极不平衡阶段

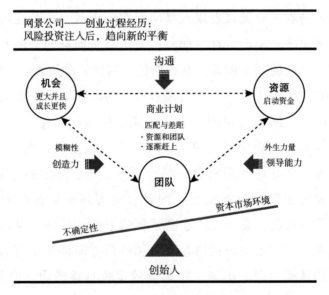

图 2-3　趋向新平衡阶段

团队是促进企业实现成功与发展的驱动力，三者还需要保持动态的
匹配与平衡。机会产生和来源于技术变革、市场变革以及社会变革

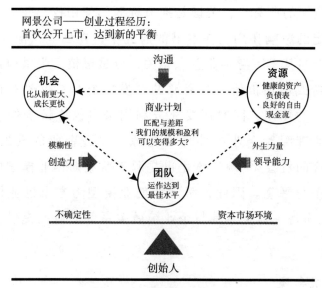

图2-4 达到新平衡阶段

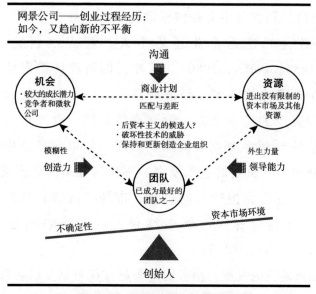

图2-5 趋向新不平衡阶段

等。资源包括人力资源、财务资源、物质资产等，关于资源的主要观点是资源要节约使用，可分阶段进行资源投入，另外，企业并不需要拥有资源的所有权，关键是拥有资源的使用权，并对资源的配置具有一定的影响作用。在本书的研究中，在创业供应链视角下，企业的机会与其上下游企业息息相关，也是根植于为供应链中的最终用户创造或增加价值。对资源的开发，企业不仅要对自身所拥有的资源节约使用，同时还要充分利用来自供应链合作伙伴的资源，通过合理配置企业内外部的资源，促进企业的发展。同时，本书所研究的机会-资源一体化也是源于蒂蒙斯创业模型中机会和资源的匹配与平衡。因此，蒂蒙斯创业模型为本书创业供应链视角下机会-资源一体化及其与企业绩效关系等的研究提供了重要的理论支撑。

二　机会观

当产品或要素市场存在竞争缺陷时，机会就存在（Venkataraman et al.，2012）。新古典主义经济学理论认为，在完全竞争条件下的经济参与者（无论是企业还是个人）将无法创造经济财富（Barney，1986；Porter，1980）。因此，创造经济财富的机会只能存在于竞争不完全的时候。经济财富等于一个经济行为人的资产价值与这些资产的成本之差。没有竞争缺陷，资产价值和成本之间的任何正偏差都将被竞争消除。然而，如果在市场中有一个或多个竞争缺陷——重要的进入壁垒、不均匀分布的信息或能力、高额交易成本、生产异构产品的机会、市场中的非营利最大化实体等，一些经济参与者或许就能够利用这些缺陷创造经济财富（Alvarez and Barney，2013）。

随着创业研究的发展，学者们越来越重视对创业机会形成过程的研究（Aldrich and Ruef，2006；Alvarez and Barney，2007），但是这并不意味着学者们的研究一开始就达成共识。事实上，关于机会是如何形成的，学者们曾经形成了两种主要观点（Alvarez and Barney，2013）。第一种观点认为机会是由原有市场或行业受到冲击形成的，而创业者随后发现了这些机会（Shane，2003），即机会发现观。第二种观点认为机会是由创造它们的创业者内生形成的（Alvarez and Barney，2007），即机会创造观。关于机会是发现的还是创造的，学者们曾经进行了激烈的辩论，二者也确实存在区别（见表2-1）。随着对机会研究的深入，关于机会是被发现还是被创造的，学者们逐渐达成新的共识，即创业过程可同时存在发现型与创造型机会（蔡莉等，2018），即机会的二元观（Alvarez and Barney，2013）。

表 2-1 机会发现观与机会创造观的区别

	机会发现观	机会创造观
历史根源	奥地利经济学，个体特质研究，机会认知研究	社会建构主义，进化论
机会的来源	对现有市场和行业的外生冲击所形成的客观机会	由寻求、利用机会的创业者内生形成的特定机会
创业者差异	创业者具有警觉性，能够意识到创业机会的存在	创业者具有创业实践能力和创造性想象能力
信息与决策制定	知识信息是有用的，客观地存在于社会环境中，可体现为技术、惯例和数据，允许基于风险的决策制定	那些创造机会的人形成了新的特定信息，这些信息以前是不存在的，决策是渐进的、归纳的、直觉的
认识论	批判的现实主义	进化的现实主义

资料来源：Alvarez 和 Barney（2013）。

（一）机会发现观

基于 Kirzner 对机会下的定义（Kirzner 1973，1997），一些学者认为机会是独立于创业者的，它们在市场上等待着被创业者发现（Ellis，2011；McMullen et al.，2007；Shane，2012）。从这个角度看，机会是外部冲击的结果，如市场或技术变化（Tushman and Anderson，1986；Alvarez and Barney，2007；Shane and Venkataraman，2000）、政治或其他社会制度的变化（Schumpeter，1939）、消费者偏好的变化等（Shane，2003）。对现有市场或行业的外生冲击至少可以通过两种方式形成机会（Venkataraman，1997）。一方面，正如 Kirzner（1973）所指出的，行业或市场竞争均衡的破坏会导致一些人意识到机会的存在，而其他人可能没有意识到，即外生冲击可以在市场或行业内产生大量与机会相关的信息；另一方面，Schumpeter（1934）认为，产业或市场竞争均衡的破坏会产生新的信息，而这些信息在外部冲击之前是无法获得的。然而，无论外生冲击是否形成了分布不均匀的信息，或关于一个行业或市场机会的新信息，这些机会都来自一个已经建立的行业或市场（Alvarez and Barney，2013）。机会发现观的支持者认为机会是客观存在的，并且独立于那些通过利用它们来获取经济财富的人的感知和行动之外（Kirzner，1973；Alvarez and Barney，2013）。它们尚未被观察并不否认它们存在的现实。事实上，它们就像在火车站丢失的行李，等待着某个异常警觉的人来认领（Alvarez and Barney，2007）。

由于这些机会是客观存在的，是由对既存的行业或市场的外来冲击造成的，而且这些冲击在原则上是可以观察到的，因此，与该行业或市场有关的每个人都应该知道冲击所造成的客观机会（Alvarez and Barney，2013）。当然，如果与某个行业或市场相关的所有人都知道冲击带来的机会，他们都可以尝试利用这些机会，他们创造经济财富的能力将不复存在（Barney，1991）。因此，敏锐的创业者才会注意到它们，并传达关于可用机会的信息（Alvarez and Barney，2013）。计划、创业警觉性和信息搜索以掌握机会特征等有助于创业者对机会的发现（Alvarez and Barney，2007；Tang and Tang，2012）。此外，创业者所处的客观环境会在创业者身上留下创业印迹，影响其发现创业机会的能力（斯晓夫等，2016）。

（二）机会创造观

有些机会不是由对原有市场或行业的外部冲击形成的，而是由那些寻求和创造经济财富的人的行为内生形成的（Alvarez and

Barney，2013）。一些学者依据熊彼特的观点，将机会视为"思想、知识和资源的新组合"（Dodgson，2011），他们认为机会并非独立于创业者，而是在创业者持续的创业实践和互动中创造出来的（Alvarez and Barney，2010；Dew et al.，2008；Venkataraman et al.，2012；Chetty et al.，2018）。在机会创造之初，创业者对其行为与可能面临的机会具备相关认识，同时他们对利用这些机会所需要的资源和能力有一定的理解（Alvarez and Parker，2009；Baker and Nelson，2005；Sarasvathy，2001）。这些关于机会的最初信念，以及开发这些机会所需要的资源和能力的认知就是社会建构（Alvarez and Barney，2013）。

在创造机会的过程中，创业者利用自己和合作伙伴的能力，创造性地试验意外事件（Dew et al.，2008）。这些机会来自"散布在人和企业之间的知识的创造性识别、组合和重组"（Chandra and Wilkinson，2012）。机会具有高度创造性（Alvarez et al.，2017）、路径依赖（Alvarez and Barney，2007）、特质性（Baker and Nelson，2005）、偶然性依赖（Barreto，2012）等特征。机会主要依赖人类活动（McMullen et al.，2007），包括创业者对潜在机会的本质的信念，以及他们以所拥有的资源实现对机会的追求的看法（Baker and Nelson，2005；Sarasvathy，2001）。创造性的机会来自创业者的迭代学习、先前的经验和知识、归纳、尝试以及直觉等（Alvarez and Barney，2007；Chetty et al.，2018）。

（三）机会二元观

一些学者认为机会是可以同时通过创业行为来发现和创造的（Johanson and Vahlne，2009；Venkataraman et al.，2012；Rider，2012）。这一观点强调了环境在获取知识和经验中的重要性，以及特定环境如何促进机会的创造或发现（Zahra，2008）。根据该观点，机会创造会带来机会发现，反之亦然（Welter and Alvarez，2015）。

在某个时间点创造的机会可能成为以后发现或创造其他机会的平台（Zahra，2008）。一些学者认为关于机会的研究，应解决机会发现和创造之间的联系，解决如何和何时发现、创造和转变机会（Alvarez and Barney，2010；Welter and Alvarez，2015；Zahra，2008）。蔡莉等（2018）的研究指出多主体互动会带来机会集，促进发现型与创造型机会间的转化，解释二者的转化机理。

还有些学者认为机会发现和机会创造联系密切（Dew et al.，2011；Garud et al.，2014；Venkataraman et al.，2012）。具体地说，机会发现会伴随机会创造（Eckhardt and Ciuchta，2008），例如，创业者发现将现有产品带到新市场的机会，同时对产品进行一些改造以更好地适应新市场的需要。机会创造也会伴随机会发现（Luksha，2008），例如，创业者将一种新产品推向市场，这需要首先开发一种产品，然后"修改"其现有需求（Sarasvathy，2001）。这一流程涵盖了混合的机会（包括客观和主观因素），并认为创业者不能白手起家。一些独立的、客观的机会要素必须存在，创业者可以在其中投资和发展（Garud et al.，2014；Ramoglou and Tsang，2017）。根据这一观点，机会开发是创业者的愿望、行为、预期（主观因素）和外部因素（如利益相关者、资源和制度）之间的交互作用（Venkataraman et al.，2012）。重点是通过创业者的行动和与其他利益相关者以及社会和物质环境的互动，将环境中的物质和思想等现实转化为新的机会（Ramoglou and Tsang，2016；Venkataraman et al.，2012；Chetty et al.，2018）。因此，机会发现观与机会创造观并非完全对立，客观上存在创业机会既可能是被发现出来的，又可能是被创造出来的，即发现与创造是兼容在一起的现象（斯晓夫等，2016）。

综上所述，机会观为本书研究创业供应链视角下的机会来源与形成过程、机会开发等提供了理论基础。在创业供应链视角下，企业机会不仅可以来源于对上下游企业的信息搜索而被发现的过程，也可以是基于企业在与合作伙伴合作时积累的经验和知识、归纳、尝试等被创造出来的。这些机会驱动企业为实现创业供应链视角下的机会-资源一体化而积极展开资源开发相关工作。

三 资源基础观

资源基础观是管理理论发展史上最具影响力和被引用频率最高的理论之一（Kellermanns et al.，2016）。资源基础观致力于解释企业可持续竞争优势的内部源泉（Kraaijenbrink et al.，2010）。由于资源基础观的简单性和有效性，其在解释资源和能力对可持续竞争优势乃至企业绩效的影响方面得到了较为广泛的接受和认可（Kraaijenbrink et al.，2010；Rashidirad et al.，2015）。

（一）资源基础观的提出背景

长期以来，企业竞争优势的来源和维持一直是战略管理理论研究的焦点，围绕这一问题，学者们开展了丰富的研究，并形成了一系列的理论和学派。其中，Porter（1979，1980，1985）的研究是最具代表性的，他依据经典产业组织理论的"结构-行为-绩效"范式，对竞争优势的来源进行分析，提出了"五种力量模型"，主张从外部环境中寻找帮助企业获取竞争优势的机会。Porter 的理论在解释企业竞争优势与外部环境关系方面得到了一定程度的认同，但这仅是对企业竞争优势来源的一半的解释，忽略了企业内部资源对竞争优势的作用（Barney，1986）。因为 Porter 的理论无法解释在同一产业中的不同企业存在绩效差异，也无法解释在同一产业内有些企业能够持续维持竞争优势（黄旭、程琳琳，2005）。学者们认识到对企业如何获取并保持竞争优势的问题，既要考虑外部环境，也要重视企业内部资源（Barney，1986），一些学者开始关注企业内部资源对竞争优势的影响。Wernerfelt（1984）首次提出"资源基础观"，从此资源基础观逐渐得到发展与完善，并成为产业组织理论的补充（Kraaijenbrink et al.，2010）。

（二）资源基础观的核心思想

资源基础观的思想源头被认为来自 Penrose（1959）的《企业成长理论》（王开明、万君康，2001）。Penrose（1959）提出了"组织不均衡成长理论"，认为企业是"被一个行政管理框架协调并限定边界的资源集合"，内部资源是企业成长的源泉。此后，虽然有些学者开展了一些资源与企业竞争优势的相关研究，但该领域的研究一直未引起学者们足够的关注与重视。Wernerfelt（1984）在美国的《战略管理杂志》发表《基于资源的企业观》一文，并被评为年度最佳论文之后，资源基础观才开始真正得到重视。Wernerfelt（1984）的文章标志着资源基础观的正式诞生。借鉴Penrose（1959）的观点，Wernerfelt（1984）提出企业是有形资源和无形资源的组合，而不是产品市场的活动，倡导从资源而非产品的角度进行企业战略决策的制定。

资源基础观的主要发展时期是从 1984 年到 20 世纪 90 年代中期（Kraaijenbrink et al.，2010）。在 Wernerfelt（1984）发表第一篇文章之后，学者们继续对资源基础观进行研究，形成了一些代表性观点。例如，Barney（1986）指出企业自身拥有的资源以及能力的积累和培养，可以使企业获得可持续竞争优势，有价值的、稀缺的、不可模仿的、不可替代的资源是企业获取竞争优势的关键。Grant（1991）主张"内部审视"的重要性，并认为企业内部资源与能力会引导企业战略发展方向，并成为企业利润的主要来源。Peteraf（1993）从竞争战略的视角对资源基础观的思想进行了研究，指出企业资源须具备企业的异质性、对竞争的事后限制、不完全流动性、对竞争的事前限制四个条件，才能够成为企业竞争优势的来源。

资源基础观的核心思想是企业要想获得可持续竞争优势，就必须获取并控制有价值的、稀缺的、不可模仿的、不可替代的资源和能力，同时使组织处于能够吸引和应用上述资源和能力的地位（Barney，

1991，2001；Barney and Hansen，1994）。企业的资源包括有形资源和无形资源，这些资源使企业可以构建和实施相关战略（Wernerfelt，1984；Barney，1991）。相比之下，能力"指的是公司的部署资源的能力，通常是组合资源使用、组织的过程，以达到预期的目的"（Amit and Schoemaker，1993）。能力有两个方面的特点。第一，它们是企业特有的，不能轻易地被从一个组织转移到另一个组织（Yang et al.，2016）。第二，能力的主要目的是提高企业资源的生产力以提升竞争优势（Makadok，2001）。企业资源和能力的任何不同都可能影响企业采纳的战略，进而影响他们的竞争优势和劣势（Teece and Pisano，1994）。企业可以构建和开发能够提供竞争优势的战略能力。但是，能力是有路径依赖性的，因果关系不明确，具有社会复杂性（Barney，1991），这些使开发新能力变得极其困难。资源基础观的一个重要的扩展观点是关系视角，认为企业的关键资源可以超越企业的边界，嵌于组织之间的惯例和流程（Yang et al.，2016）。因此，独特的竞争优势可能由于跨公司的互补资源和能力的协同组合而实现。

虽然一些研究讨论了资源基础观的局限性（Makadok and Coff，2002；Priem and Butler，2001；Barney，2001），但是这并不能减弱资源基础观作为理解企业战略和竞争优势的一个有效视角的价值（Yang et al.，2016）。特别地，虽然资源基础观并非一个规范的理论，但是它很好地解释了一家企业如何通过拥有、获取和利用恰当的资源和能力以获得并维持一定的竞争优势（Kraaijenbrink et al.，2010），为本书探索创业供应链视角下机会-资源一体化及其与企业绩效的关系提供了重要的理论基础。

四 机会与资源开发研究回顾

（一）机会开发相关研究

机会是创业过程的核心（Shane and Venkataraman，2000），在机

会主导的创业研究中，机会是发现的，还是创造的，曾经引起了学者们的争论。例如，Shane 和 Venkataraman（2000）认为机会是客观存在的，创业者的能力和对环境的认知决定了其能否将现存的机会开发出来。与之相对的，Dew 等（2008）认为机会是创造出来的，是创业者或创业企业利用其独特的知识与经验，进行系统的分析、评估以及不断的创新与创造而产生的。后来，学者们逐渐达成较为一致的意见，即机会发现与机会创造并不是完全独立的，两者之间存在良性循环，机会的来源可以是二者兼而有之的（Zahra，2008；Alvarez et al.，2013；Chetty et al.，2018；斯晓夫等，2016）。然而，不管机会是客观存在的，还是创业者主观创造的，创业机会的来源与外部环境的变化关系密切（仇思宁、李华晶，2018；陈海涛，2007）。

关于机会的来源，学者们提出了各自的观点。Shane（2000）认为市场供给和需求的变化会带来机会，即创业机会来源于市场。Cohen 和 Winn（2007）认为市场的不完善性，例如信息不对称、定价机制缺陷等，也会带来创业机会。张玉利（2013）指出新技术的出现也会产生创业机会，一方面，新技术可以让人们做以前做不到或方法较低效的事情；另一方面，新技术会改变企业之间的竞争模式，使得创办新企业的机会大大提高。Holmes 和 Schmitz（2001）认为政治变革是机会来源的另外一条重要途径，这些变革使人们能够开发商业创意，从而用新的方法使用资源，这些方法或者更有效率，或者将财富从一个人重新分配给另一个人。Sine 和 David（2003）认为创业机会还来源于制度的变革。制度变革意味着某些禁区或障碍的消除，将可能实现有价值经济因素的转移，或者创造更大的新价值（张玉利，2013）。Eckhardt 和 Shane（2003）认为创业机会产生于社会和人口的变化过程中，它一方面改变了人们的需求，另一方面使人们针对顾客需求所提出的解决方案比目前能够获得的方案更有效率。此外，张玉利（2013）认为产业结构的变革会改变行业竞争状态，可能会带来新的创业机会。可见，创业机会来源于市场、技术、政治、制度、产业结构等的变革。

机会开发是企业针对当前市场需求，对自身拥有的资源进行合理调配，将产品、服务或商业模式进行改良或创新而实现的机会，以及形成并保持理想状态商业系统的系列行为（刘佳、李新春，2013；王兆群等，2019）。机会开发是机会识别/创造、评估与利用的一系列过程。在创业机会开发的每一个阶段，机会都会被不断地评估、修正，创业企业会以主观判断或客观衡量的方式来判别创业行为是否能够进入下一个阶段（Tuomisalo，2019；Ucbasaran et al.，2009）。学者们在对机会开发进行研究的时候，通常会根据机会开发的阶段对其进行划分，具体包括：机会识别和机会利用（Shane and Venkataraman，2000；高洋等，2017），机会识别、机会评价以及机会利用（葛宝山等，2015；蔡莉、鲁喜凤，2016；刘振等，2019），机会识评和机会利用（彭秀青等，2016）。此外，根据业务创新程度与业务范围，机会开发可分为创新型机会开发和均衡型机会开发（王旭、朱秀梅，2010；王兆群等，2019；刘宁、胡海青，2019）。创新型机会开发是指手段与目的都不明晰的商机；均衡型机会开发是指手段、目的中最多存在一方不明的商机。Arrow（1974）认为创新型机会开发涉及创造一个新市场，均衡型机会开发则偏重对现有市场的再挖掘，因此二者存在较大区别。

在机会开发的相关研究中，机会识别与开发的影响因素得到了学者们的较多关注，并形成了不同的研究视角，主要有特质论、网络观、学习观以及生命周期视角等。特质论主要强调了创业者的警觉性、先验知识、受教育程度、创造性等对机会识别与开发的影响（Shane，2003；孙红霞、马鸿佳，2016；李华晶等，2016）；而网络观强调了创业者的个人社会网络对其产生创办新企业思路的影响（Holm et al.，2015；Hånell and Ghauri，2016；Snihur et al.，2017；刘娟、彭正银，2014）；学习观强调了组织内部的学习流程在应对政策和市场需求变化时，对机会识别、评估和利用的作用，尤其强调了资源约束下的创业企业如何突破资源瓶颈而开发出机会，并合理利用机会来产生价值（Kraus et al.，2011；Alimadadi et al.，2018）。此外，一些学者还从生命周期视角探究了内外部环境因素对机会开发的利用（薛红志，2011），以及机会开发的不同阶段及其子行为的价值（Ghorbel et al.，2017）。

（二）资源开发相关研究

在资源主导的创业研究中，学者们以资源基础观为理论基础，认为资源是企业成长过程中的重要因素，并展开了丰富的研究。企业在创业过程中，需要的资源多种多样，因此，对资源的分类，学者们也提出了不同的分类方法。Wernerfelt（1984）、Barney（1991）将企业资源划分为物力资源、人力资源和组织资源。其中，物力资源包括企业的有形技术、厂房以及设备等，人力资源包括企业员工的经验、知识、关系等，组织资源包括企业的报告结构、计划、控制和协调体系及企业内外部的非正式关系等。Grant（1991）对企业资源的划分比较细致，分为财务资源、物力资源、人力资源、技术资源、声誉资源和组织资源六类。根据资源的生产性用途，Amit 和 Schoemaker（1993）将企业资源划分为生产性资源和工具性资源两大类。基于资源的网络联系性，Black 和 Boal（1994）将企业资源分成内聚资源和系统资源两大类。Miller（1996）则根据资源的不可模仿性，将企业资源分为知识资源和权益资源。其中，知识资源是指通过建立知识壁垒使竞争对手无法模仿其流程或技能的资源；而权益资源是指那些可以通过产权（包括合同、所有者契约或专利）进行保护的资源。

资源对企业来说很重要，在动态的环境中，要使资源真正为企业带来竞争优势，实现企业绩效的提升，资源开发显得更为重要。资源开发是一个复杂的动态过程，企业需要对不同来源、不同层次、不同结构、不同内容的资源进行选择、汲取、配置、激活和有机融合，从而形成新的核心资源体系（Sirmon et al.，2007，2011；Sirmon and Hitt，2009；Xu et al.，2017；董保宝等，2011）。对资源开发过程，学者们提出了一些资源开发的子过程。资源开发涉及资源的协调与拓展，经过协调与拓展的资源会帮助企业形成一定的资源能力或竞争优势。Brush 等（2001）提出了资源集中、吸引、整合以及转化的开发路径，并证实了这些过程的相互联系与作用。Hitt 等（2006）认为资源开发包括整合与平衡资源，有利于构筑企业持续的竞争优势。Sirmmon 等（2007）的研究也指出资源开发是新企业创造价值的过程，资源开发包括识别、获取、整合以及利用等过程。资源识别是资源开发的初始过程，是企业对所拥有资源的系统分析，确定所需新资源的来源与类型。资源获取是企业通过一定手段寻求与获得资源的过程，其中资源获取的方式及其对绩效的影响受到的关注最多（Sirmon and Hitt，2009；Makri et al.，2010；马鸿佳等，2010；于晓宇，2013；彭学兵等，2019）。资源整合主要是匹配、重置资源以产生新能力的过程（McGregor，2009）。组织学习（Holcomb et al.，2009）、高层团队特征、企业规模以及外部网络（Kim and Jin，2017；彭伟、符正平，2015）等都对资源整合产生影响。资源利用是资源开发的最后阶段，是实现资源价值的过程，对组织整体能力的提升（Schiuma et al.，2012；赵兴庐等，2017）和绩效的改善（Blackhurst et al.，2011）具有重要作用。

（三）机会-资源一体化相关研究

机会视角和资源视角是目前创业研究的核心（葛宝山等，2015）。机会或资源视角的研究将创业活动予以分解，深入揭示创业的形成机理，深化了人们对创业活动的认识。然而，已有研究更多地侧重从其中一个视角来分析创业活动，忽略了创业实践中机会与资源的内在联系，缺乏对二者相互匹配及互动过程的解释（蔡莉、鲁喜凤，2016）。作为创业活动的两个关键要素，蒂蒙斯（Timmons，

1999）的创业模型早就强调了机会与资源的互动是创业成功的关键。Wirtz 等（2007）、Obloj 等（2010）则认为机会开发和资源开发两大行为是同时进行的，二者相互作用，互为补充，共同支撑创业行为的进行，机会开发加快了组织的资源开发，而资源开发又修正、完善了机会开发，二者共同保障了创业的成功进行。Reagans 和McEvily（2003）、Sasovova 等（2010）、蔡莉等（2012）、蔡莉和单标安（2013）、杨俊（2012）、蔡莉等（2019）也认为机会与资源本身是难以分割的，机会的识别与开发需要以资源的投入为前提，资源的开发需结合与之相匹配的机会才能创造价值。张霞等（2011）则从生命周期的角度提出，在新创企业生命周期的不同阶段，需要不断地平衡机会与资源的关系。鉴于机会开发与资源开发的紧密关系，机会-资源一体化作为一个新构念被提出。这一构念的提出不仅有效整合了机会与资源，而且突破了以往以机会为主导或以资源为主导的单一主线的创业研究，同时为创业研究开辟了新视角。

葛宝山等（2013）基于对蒂蒙斯思想，尤其是蒂蒙斯创业模型三要素的分析，认为机会与资源应该被当作一个整体，二者是相互依存的，首次提出了机会-资源一体化的构念，进一步基于中国情境构建了机会-资源一体化与创业学习、创业能力的作用关系模型（见图 2-6），认为三者在企业生命周期的不同阶段会发生变化与调整，而且三者的相互作用关系也会发生变化。关于机会-资源一体化的未来研究，葛宝山等（2013）认为，应该深入探讨机会开发的识别、评价与利用三个阶段，与资源开发的识别、获取、整合、利用四个阶段的相互作用关系，构建机会-资源一体化开发行为模型，并以案例研究方式对所构建的模型进行检验与完善。

葛宝山等（2015）认为，机会开发与资源开发密不可分，两者之间存在复杂且动态的相互作用过程，因此，应从系统的、整合的视角分析机会-资源一体化开发行为。根据对机会开发与资源开发的

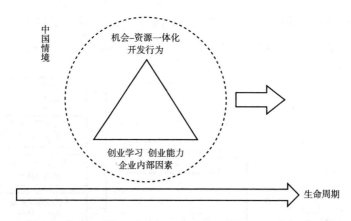

图 2-6　葛宝山等（2013）的机会-资源一体化开发行为

分类，形成二者的总关系线图（见图 2-7），进而构建机会-资源一体化开发行为层次体系（见图 2-8）。机会-资源一体化开发行为包括机会识别-资源识别一体化、机会识别-资源获取一体化、机会评价-资源识别一体化、机会评价-资源获取一体化、机会利用-资源配用一体化、机会利用-资源识别一体化、机会利用-资源获取一体化、资源配用-机会识别一体化以及资源配用-机会评价一体化等九个子系统。根据创业过程的准备、实施、成长等不同阶段，对应地，机会-资源一体化开发行为可以划分为准备阶段一体化开发行为、实施阶段一体化开发行为、成长阶段一体化开发行为。为保证机会-资源一体化开发行为这一新构念的合理性与有效性，葛宝山等（2015）

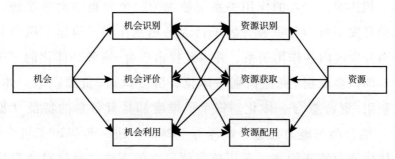

图 2-7　葛宝山等（2015）的机会与资源总关系线

对该构念进行了量表开发，涉及 14 条题项，并通过 214 份有效调查问卷对该量表进行信度与效度检验，结果表明新条目生成的合理性。

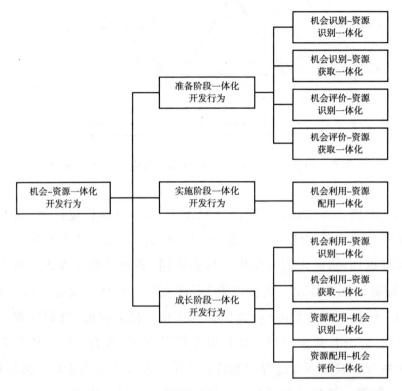

图 2-8　葛宝山等（2015）的机会-资源一体化开发行为层次体系

高洋等（2015）认为机会-资源一体化体现为机会与资源是一体的、相连的，二者的作用关系应被视为一个完整的动态系统。根据机会开发子行为和资源开发子行为的相互作用，构建了机会开发与资源开发的内在作用关系，并由此提出机会-资源一体化的三个子维度，即机会识别-资源识别一体化、机会识别-资源获取一体化、机会利用-资源整合一体化，每个子维度都具有各自的特征（见图2-9）。结合动态能力理论，高洋等（2015）进一步提出了机会-资源一体化能力的新构念，采用单案例研究的方法，通过对亚泰集团不同生命周期阶段机会-资源一体化过程的探析，揭示机会-资源一体化能力的衍生路径，并构建了机会-资源一体化能力的衍生机理模型。

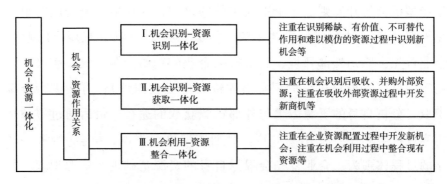

图 2-9　高洋等（2015）的机会-资源一体化的层次体系

蔡莉和鲁喜凤（2016）的研究指出机会与资源的一体化，不仅仅是机会开发与资源开发各阶段的相互作用，而且是二者的相互嵌入与有机结合，即机会开发过程中伴随资源开发，资源开发的同时也实现了机会开发。由于企业在创业过程中往往难以同时拥有机会和资源，因此蔡莉和鲁喜凤（2016）提出两种典型的创业行为：第一，机会驱动型创业行为，以发现机会为驱动，通过识别、获取、整合资源将机会予以开发从而创造价值的过程（Reynolds et al.，2003）；第二，资源驱动型创业行为，以掌握的优势或稀缺资源为驱动，识别、评价机会并将资源予以开发从而创造价值的过程（Haynie et al.，2009）。基于政府与市场的不同作用组合，蔡莉和鲁喜凤（2016）指出在"强市场-弱政府"环境下，企业创业以机会驱动型创业行为为主，有价值的市场和技术机会的识别是创业的关键；在"弱市场-强政府"环境下，企业创业以资源驱动型创业行为为主，掌握优势、稀缺资源是关键，同时，也存在机会驱动型创业行为。

彭秀青等（2016）的研究指出机会发现与机会创造中均存在机会-资源一体化开发行为。他们通过对三家案例企业的纵向案例研究，发现在上述两种不同的机会类型中，机会-资源一体化开发行为存在差异：发现型机会的开发是一个受外部环境影响的线性过程；而创造型机会的开发则是一个不断调整的过程，受环境影响的同时也优化外部环境。对发现型机会来说，机会-资源一体化的过程体现为：企业首先会感知外部环境；其次根据企业的初始资源，收集制度、市场等信息以实现对机会的识别与评价（即机会识评）；再次进行资源识取，分析自身的资源需求与外部资源获取的途径；最后通过资源配用实现机会利用（见图 2-10）。对创造型机会来说，机会-资源一体化的过程体现为：企业首先会根据自身的资源基础进行资源识取；其次通过与外部环境的互动形成机会概念，并对机会进行识别与评价；再次进行资源识取；最后通过资源配用改造微观环境，创造机会（见图 2-11）。

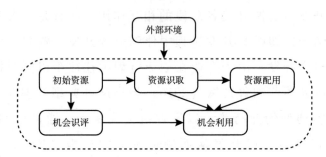

图 2-10　彭秀青等（2016）的发现型机会：机会-资源一体化

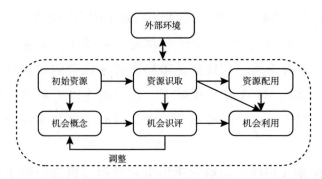

图 2-11　彭秀青等（2016）的创造型机会：机会-资源一体化

高洋和叶丹（2017）认为以往对机会和资源的研究都是"各自为政"，应该使二者整合到一起，以系统的思想看待机会与资源的整合行为，指出机会-资源一体化是机会开发与资源开发相互作用的复杂的、动态的创业过程。机会开发与资源开发的相互作用就是机会开发子行为即机会识别、机会利用与资源开发子行为即资源识取、资源整合的相互作用（见图2-12），进而构建了机会-资源一体化的层次体系，包括机会识别与资源整合一体化、机会利用与资源整合一体化、机会识别与资源识取一体化、机会利用与资源识取一体化（见图2-13）。根据资源的来源，资源整合主要是对企业内部资源的拼凑、细化与调整，因此机会识别与资源整合一体化、机会利用与资源整合一体化两个维度是实现企业内部成长的机会-资源一体化；资源识取是对企业外部稀缺资源的识别、获取、购买等，因此机会识别与资源识取一体化、机会利用与资源识取一体化是实现企业外部成长的机会-资源一体化。高洋和叶丹（2017）通过对3组（6家）案例企业的对比分析，探索了在识别型机会、发现型机会、创造型机会等不同机会类型下，企业内外部成长方式的差异，揭示了机会-资源一体化的内在机理。

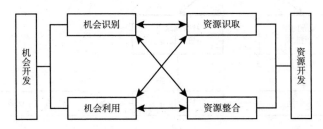

图 2-12　高洋和叶丹（2017）的机会开发与资源开发之间的作用关系

王玲等（2017）指出机会-资源一体化行为是企业创造性地开发资源以追求机会，进而实现价值创造的一系列行为，认为现有研究缺乏对机会-资源一体化的深入探索。他们通过对三家新能源汽车新企业的多案例研究，发现初始资源禀赋促使新企业进行手段导向

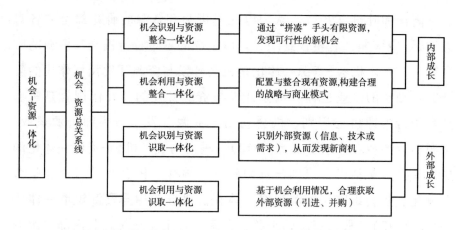

图2-13 高洋和叶丹（2017）的机会-资源一体化层次体系

型和社会网络型资源拼凑，手段导向型资源拼凑促进了新企业的机会识别，社会网络型资源拼凑促进了新企业的机会利用，最终构筑了新企业的竞争优势，由此提出了机会-资源一体化的理论模型（见图2-14）。

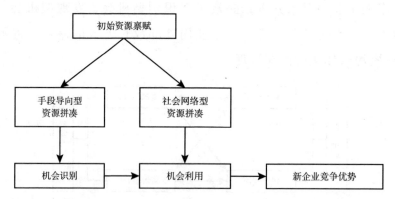

图2-14 王玲等（2017）的机会-资源一体化创业行为理论模型

董保宝和罗均梅（2018）在《VUC与新时代的创业研究——"2018年创业研究前沿专题论坛"观点综述》中提出，蔡莉教授认为创业需要整合机会与资源，对机会-资源一体化及其机理的研究需要根植于情境，尤其要关注情境维度和属性与机会-资源一体化的互动，例如创业生态系统与机会-资源一体化的互动；葛宝山教授认为机会-资源一体化既是企业学习的过程，也是动态能力形成的过程，机会-资源一体化行为与企业学习和动态能力构筑具有强烈的互动效应，同时认为对机会-资源一体化的研究应该依托中国的特殊情境展开；周培岩教授指出现有文献对税收政策与机会-资源一体化等创业行为关系的研究较少，更多的是聚焦微观层面，阐述了宏观政策与创业行为的关系。

董保宝和曹琦（2019）的研究总结了机会-资源一体化等创业行为的影响因素，及其对商业模式创新的影响（见图 2-15）。环境因素、组织因素和个体因素都会对机会-资源一体化产生影响。环境因素包括制度环境、技术环境、市场环境、社会环境以及自然环境五个方面；组织因素可体现为企业社区参与、家庭农场生产要素、市场导向以及创业导向等；个体因素可体现为人力资本、农场主特质、先前经验、社会网络等。处于高度动荡、充满不确定性的环境中，企业要想获得成功，创造全新的商业模式是关键（吴晓波、赵子溢，2017）。而商业模式的创新离不开对机会与资源的高效开发，离不开

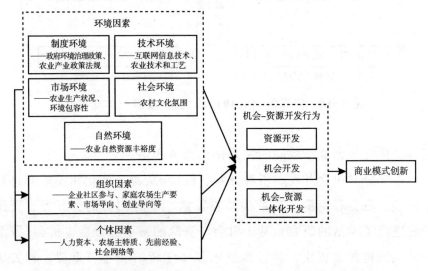

图 2-15　董保宝和曹琦（2019）的机会-资源开发行为关系模型

机会-资源一体化等创业行为（陈寒松等，2019；董保宝、曹琦，2019）。

高洋等（2019）根据资源的内外部之分，将机会-资源一体化划分为内部一体化和外部一体化两个维度。内部一体化主要是通过拼凑手头资源进行新机会的创造，并通过对手头资源的配置实现新机会；外部一体化强调识别稀缺资源，发现新机会，进一步获取外部资源，实现新机会（见图2-16）。高洋等（2019）通过实证研究的方法证明了机会-资源一体化积极影响创业绩效，内部一体化和外部一体化对创业绩效的作用存在互补效应，同时，网络关系对机会-

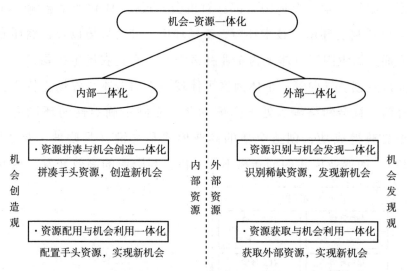

图2-16 高洋等（2019）的机会-资源一体化模型

资源一体化与创业绩效间的关系存在调节作用。

本部分对机会开发、资源开发、机会-资源一体化相关研究进行了回顾。机会和资源是创业的核心要素，学者们对机会开发、资源开发进行了丰富的研究。基于机会与资源的密不可分性，机会-资源一体化的构念被提出，并得到越来越多学者的关注与重视，相关研究情况见表2-2。根据对机会-资源一体化研究的梳理发现，现有研究主要围绕机会-资源一体化的内涵、维度及过程展开，个别研究探析了机会-资源一体化与新企业竞争优势、创业绩效的关系，也有研究强调了机会-资源一体化与情境、学习、能力的形成、网络关系以及商业模式创新等的关系。从对机会-资源一体化的研究方法看，大多数采用的是案例研究方法。可见对机会-资源一体化的研究还处于理论探索的初级阶段。基于学者们对机会-资源一体化的研究，本书将结合案例研究和实证分析，进一步对机会-资源一体化的内涵和维度进行界定和探索，探究在创业供应链视角下机会-资源一体化对创业供应链能力的构筑、企业绩效的提升等的作用。

表 2-2 机会-资源一体化相关研究概况

研究者	维度划分	主要观点/贡献	研究方法
葛宝山等(2013)		最先提出机会-资源一体化构念，并指出在中国转型经济情境下，机会-资源一体化与创业学习、创业能力存在相互作用关系，且三者在生命周期不同阶段会发生变化与调整	理论研究
葛宝山等(2015)	准备阶段一体化开发行为、实施阶段一体化开发行为、成长阶段一体化开发行为	将机会-资源一体化划分为三个阶段九个子系统，并开发和检验了机会-资源一体化的量表	实证研究
高洋等(2015)	机会识别-资源识别一体化、机会识别-资源获取一体化、机会利用-资源整合一体化	通过对亚泰集团不同生命周期阶段机会-资源一体化过程的探析，揭示机会-资源一体化能力的衍生路径，并构建了机会-资源一体化能力的衍生机理模型	案例研究
蔡莉、鲁喜凤(2016)	机会驱动型创业行为、资源驱动型创业行为	在"强市场-弱政府"环境下，企业创业以机会驱动型创业行为为主；在"弱市场-强政府"环境下，企业创业以资源驱动型创业行为为主，同时，也存在机会驱动型创业行为	理论研究

研究者	维度划分	主要观点/贡献	研究方法
彭秀青等(2016)		对发现型机会和创造型机会的开发,二者的机会-资源一体化过程存在差异	案例研究
高洋、叶丹(2017)	机会识别与资源整合一体化、机会利用与资源整合一体化、机会识别与资源识取一体化、机会利用与资源识取一体化	探索了在识别型机会、发现型机会、创造型机会等不同机会类型下,企业内外部成长方式的差异,揭示了机会-资源一体化的内在机理	案例研究
王玲等(2017)		初始资源禀赋促使新企业进行资源拼凑,手段导向型资源拼凑促进了新企业的机会识别,社会网络型资源拼凑促进了新企业的机会利用,最终构筑了新企业的竞争优势,从而提出了机会-资源一体化的理论模型	案例研究
董保宝、罗均梅(2018)		对机会-资源一体化及其机理的研究需要根植于情境,机会-资源一体化行为与企业学习和动态能力构筑具有强烈的互动效应	理论研究
董保宝、曹琦(2019)		环境因素、组织因素和个体因素都会对机会-资源一体化产生影响,商业模式的创新离不开机会-资源一体化等创业行为	
高洋等(2019)	内部一体化、外部一体化	机会-资源一体化积极影响创业绩效,内部一体化和外部一体化对创业绩效的作用存在互补效应,同时,网络关系对机会-资源一体化与创业绩效间的关系存在调节作用	实证研究

注：表格中空白处为文献未提及相关内容。

资料来源：根据相关文献整理。

第二节　创业供应链的相关研究

一　供应链管理理论

（一）供应链管理的提出背景

自 20 世纪 80 年代以来，企业所处的环境以及供需双方的主导关系都发生了变化，从过去企业主导的、静态的、简单的市场环境，变成了客户主导的、动态的、复杂的市场环境（沈厚才等，2000）。比竞争对手更快、更可靠地向客户提供没有缺陷的产品，不再被视为一种竞争优势，而只是进入市场的必要条件，客户要求的是产品始终如一地被以更快的速度和准确的时间进行无损伤的交付（Mentzer et al.，2001；Min et al.，2019）。同时，为保障上游供货的稳定与可靠性，全球化的采购成为一种趋势，这就迫使企业必须寻找更有效的方法来协调进出企业的原材料和零部件（Choudhary et al.，2018）。此外，信息技术的飞速发展，一方面缩短了国与国之间的地理和人文差距，全球采购与销售成为可能；另一方面也缩短了产品的生命周期，使竞争更加激烈（沈厚才等，2000）。因此，全球定位和基于业绩的激烈竞争，加剧了市场的不确定性，这些要求企业必须与上游供应商和下游经销商建立更紧密的合作关系（Mentzer et al.，2001；Kulkarni and Halder，2020），有必要对与上下游企业的合作进行总体规划、重组、协调、控制和优化，以提高整体效益（陈国权，1999；董安邦、廖志英，2002）。正是在这样的背景下，供应链管理理论被提了出来，并在 20 世纪 90 年代成为学术界研究的热点（Min et al.，2019）。

（二）供应链管理的内涵

供应链管理的思想最早可以追溯到 Forrester（1958）提出的分

销管理理论，该理论提出了企业之间关系的整体性。Forrester（1958）认为企业之间是相互交织在一起的，形成一个系统，该系统的动态性会影响企业在研发、生产、销售等职能方面的绩效。虽然Forrester的理论距离供应链管理的兴起有将近40年的时间，但他发现了关键的管理问题，并阐述了与当代商业文献中提到的供应链管理现象相关的动态因素（Mentzer et al.，2001）。

供应链管理尽管在20世纪90年代成为理论和实践研究的热点，但是其至今并未形成统一的概念。Jones 和 Riley（1985）认为供应链管理涉及从供应商到最终用户的全部材料流动。Stevens（1989）指出供应链管理的目标是使客户的需求与来自供应商的物料流保持同步，以便在高客户服务水平、低库存管理和低单位成本这三个经常被视为相互冲突的目标之间取得平衡。Monczka 等（1998）认为供应链管理就是以跨多个职能、多层次供应商的系统性视角，对物料的采购、流动等进行整合与管理。国内学者马士华等（1998）认为供应链管理是通过前馈的信息流和反馈的物料流及信息流，将供应商、制造商、分销商、零售商直到最终用户连成一个整体的模式。董安邦和廖志英（2002）提出供应链管理是以"6R"（Right Product，正确的产品；Right Time，正确的时间；Right Quantity，正确的数量；Right Quality，正确的质量；Right Status，正确的状态；Right Place，正确的地点）为目标对从供应商的供应商直到顾客的顾客整个网链结构上发生的物流、资金流和信息流进行综合、计划、控制和协调的一种现代管理技术和管理模式。尽管学者们提出了多种不同的供应链管理概念，但总的来说，供应链管理包含三个方面的含义，具体如下。

1. 供应链管理是一种管理思想

作为一种管理思想，供应链管理以系统的视角，将供应链视为一个整体，而不是一组分散、各自执行自己职能的组织（Ali et al.，2020）。换句话说，供应链管理的思想是将伙伴关系的概念扩展到多家企业中，以管理从供应商到最终客户的物流活动。因此，供应链管理是一种理念，即供应链中的每个企业都直接或间接地影响所有其他供应链成员的绩效，以及最终的、整体的供应链绩效（Cooper and Ellram，1993）。

供应链管理作为一种管理思想，寻求企业内部和企业间的运作和战略能力的同步和融合，以形成一种统一的、引人注目的市场力量（Carter et al.，2015）。供应链管理以一种整合的思想，指导供应链成员专注于开发创新解决方案，创造独特的、个性化的客户价值来源。供应链管理的目标是所有供应链活动同步以创造客户价值。因此，供应链管理思想的建议是供应链管理的边界不仅包括物流，还包括企业和供应链内的所有其他功能，以创造客户价值和满意度（Canbulut and Torun，2020）。在这种情况下，理解客户的价值和需求是至关重要的。换句话说，供应链管理思想促使供应链成员以客户为导向。

供应链管理作为一种管理思想具有以下特点：第一，以一个系统的方法看待整个供应链，并管理从供应商到最终客户的整体物流活动；第二，一种战略方向，致力于使内部和企业间的业务和战略能力同步并融合为一个统一的整体；第三，客户满意导向，关注创造独特和个性化的客户价值来源（Mentzer，2001）。

2. 供应链管理是践行供应链管理思想的一系列活动

为了践行供应链管理思想，企业必须采取一系列管理实践活动。因此，许多学者聚焦于供应链管理的活动内容，并提出了成功践行供应链管理思想所必须采取的不同活动，包括企业间行为整合、信息共享、利益与风险的共担、协作、共同致力于客户服务、过程整合、构建长期合作关系等。

为了在激烈的市场竞争环境中实现竞争的有效性，企业应该采取整合性行为，这不仅是企业内部的整合，还应将供应商与客户纳入整合的范围（Bowersox and Close，1996；Ralston et al.，2014）。

与整合性行为相关的，供应链成员之间的信息共享是实现供应链管理思想所必需的，特别是在规划和监控过程中（Mangalaraj et al.，2020）。有效的供应链管理也需要企业间风险与回报的共担和共享，这有利于企业构筑竞争优势，对供应链成员之间的长期合作也非常重要。供应链管理需要上下游企业之间的合作，不仅是就当前交易的合作，还应是不同管理层次的合作。如果供应链上的所有成员都有相同的目标，并且都专注于服务客户，那么供应链就会成功。供应链管理的实施还需要从采购到制造，再到配送整个供应链的流程整合（Irfan and Wang，2019）。有效的供应链管理是由一系列的伙伴关系组成的，因此，供应链管理需要伙伴建立和维持长期的关系。

3. 供应链管理是一组管理过程

与关注构成供应链管理的活动不同，其他作者关注的是管理过程。Davenport（1993）将过程定义为一组结构化的、可度量的活动，旨在为特定的客户或市场产生特定的产品或服务。La Londe 等（1994）提出 SCM 是管理关系、信息和跨企业边界的物料流动的过程，通过对从采购到消费的实物和相关信息流动的同步管理来提供增强的客户服务和经济价值。Ross（1998）将供应链过程定义为实际的业务功能、机构和操作，这些业务功能、机构和操作描述了特定供应链通过供应管道将商品和服务推向市场的方式。换句话说，过程是跨越时间和地点的工作活动的特定顺序，有开始、结束、明确的输入和输出，以及行动的结构。

要成功地实施供应链管理，供应链中的所有企业必须克服仅关注自身职能的缺点，而应采用过程方法。因此，供应链中的所有功能都被重新组织为关键流程。传统职能和过程方法之间的关键区别是，每一个过程的重点是满足客户的要求，而公司是围绕这些过程组织起来的。关键流程通常包括客户关系管理、客户服务管理、需求管理、订单履行、生产流程管理、采购、产品开发和商业化。

本书的研究基于创业供应链视角展开，供应链管理理论是本书的重要理论支撑。供应链管理注重对最终客户需求的理解，关注通过价值创造满足客户需求，重视上下游企业之间的信息共享、互补资源的整合与重组，都是本书研究企业实现机会-资源一体化的关键。另外，本书研究的权力不对称情况在供应链合作伙伴之间普遍存在。

二　创业供应链研究回顾

（一）创业供应链的内涵

国内外对创业与供应链的分别研究和应用都已经比较成熟，但对创业与供应链融合的研究刚起步，因此，对创业供应链的内涵，不仅尚未有一个统一的界定，而且明确提出创业供应链内涵的研究也比较少。Hult 等（2002）最早将创业与供应链联系起来，提出了供应链文化竞争力的概念。认为供应链文化竞争力是供应链发现和填补当前供应与市场需求之间空白的水平，包括创业、创新和学习等三个要素。供应链文化竞争力有助于缩短订单履行周期。Giunipero 等（2005）提出采购与供应管理应该融合创业精神，但没有提出创业供应链的概念。他们认为企业面临的商业环境变化特别快，采购与供应管理人员应具备一套具有创业精神的柔性技能体系，包括风险管理、决策制定、计划、内部沟通、自我激励以及创新等方面的技能。而且，Giunipero 等（2005）进一步证明了具备柔性技能体系的采购与供应管理者比不具备该技能体系的管理者体现出了更强的柔性，有利于提升企业的绩效。Amanor-Boadu 等（2009）认为传统供应链存在道德风险和机会主义，创业与供应链的融合可以避免这些问题的产生，并明确提出了创业供应链的概念；指出创业供应链是在对用之不尽，但会因误用和滥用而易贬值的有价值资源共同需求和依赖的基础上形成的企业之间的关系；强调以资源为基础，供应链成员之间在相互信任的基础上进行合作，避免价格竞争；

注重通过满足客户多样化的需求，达到市场扩张的目的。Hsu 等（2011）尽管也没有明确提出创业供应链的概念，但认为成功实施供应链管理的中小企业内部必定存在独特的能力。他们在文献回顾和对一些中小企业总经理的访谈之后，发现了一个新的构念，命名为创业供应链管理能力，并将其定义为一种识别和追求机会的不可模仿的能力，能帮助企业实现成功与成长，具体包括创新性、先动性、冒险性、关系资本和协调等五个方面的能力。Lee（2012）认为创业供应链是一个正在出现的新概念，不仅像传统供应链一样重视成本节约、产品质量和配送速度，而且重视企业的创新与成长；指出创业供应链是为了达到成长的目的，通过识别市场需求与机会，并对需求与机会做出反应的，联系了供应商的供应商和客户的客户的企业之间的关系。国内学者杨洪涛等（2011）认为创业企业从创业之初就应该定位组建创业供应链的战略高度来进行创业活动，并将创业供应链界定为：在初创期，企业为了开展某一领域的市场活动，谋求发展，凭借现有的资源特点，结合自身发展需要，在上下游企业中寻找有合作发展意愿并且资源相互匹配的企业，与之形成创业供应链，共同开拓市场。宋华和刘会（2014）指出创业供应链是一个崭新的研究领域，在理论和实践上都具有特殊的价值。他们认为创业供应链一方面需要供应链参与企业在内部以及企业之间进行信息分享和战略协作；另一方面强调供应链中创业导向的作用，注意观察和分析供应链环境的变化，通过供应链管理整合企业资源和能力，识别并抓住市场中的新机会，积极创新并勇于承担风险，进而提升供应链参与企业以及供应链整体的长期绩效。

综上可以看出，关于创业供应链的内涵与概念目前尚未清晰化。总体而言，创业供应链的内涵体现为四个方面。其一，创业供应链是创业和供应链的交叉与融合，既体现了创业的精髓，又充分应用了供应链管理的思想（见图 2-17）。多数学者从供应链的角度出发，提出在供应链的发展过程中，应该融入创业精神，以增强供应链柔性，降低供应链风险。也有学者从创业的角度出发，认为创业企业应该与具有合作意愿的上下游企业共同开发市场。其二，面对迅速变化的市场竞争环境，创业供应链重视创新、学习与成长，注重挖掘市场需求、识别市场机会，并对机会做出反应，从而实现供应链的成长。其三，在创业供应链的发展过程中，供应链上下游企业通过信息共享、资源整合，共同开拓市场，提升供应链绩效。其四，创业供应链体现了一些特定的能力，诸如创新性、先动性、冒险性、关系资本和协调等方面的能力。因此，本书将创业供应链定义为在竞争激烈的市场环境中，注重通过信息共享、资源整合追逐机会创造价值的，联系了供应商、制造商、分销商、零售商，直到最终用户，连成一个整体的功能网链结构。

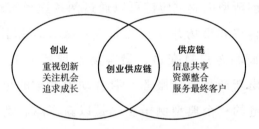

图 2-17　创业和供应链的交叉与融合

　　创业供应链与供应链管理、供应链创新是有区别的。供应链管理为企业获取竞争优势提供了一种新的思想和方法，强调通过供应链成员企业之间的协调与整合，实现供应链运作的最优化，从而把合适的产品以合理的价格及时准确地送到消费者手上。创业供应链与供应链管理的区别在于，供应链管理注重对供应链运作过程的优化，更好地满足最终用户的现有需求；而创业供应链强调在满足最终用户现有需求的同时，挖掘最终用户的潜在需求，追求新的市场机会，以实现供应链的成长。供应链创新与创业供应链则更容易混淆。实际上，创业供应链比供应链创新包含了更丰富的内涵。供应链创新的重要思想就是创新，体现为在供应链业务过程、供应链技术、供应链网络结构等三方面的创新（Arlbjorn et al.，2011），而创业供应链除了要求创新之外，还重视供应链企业之间的学习，具有先动性、冒险性等特点。

（二）创业供应链的分类

1. 根据创新程度分

根据创新程度，Lee（2012）认为创业供应链可以分为复制型创业供应链和创新型创业供应链。复制型创业供应链以现有产品和服务为基础，将它们推向新客户、新市场、新销售地。麦当劳和星巴克一直采用复制型创业供应链战略在全世界扩张。例如，它们到机场、医院或其他地方开设新门店，以抓住新客户，同时在新的地点服务老客户。创新型创业供应链可以通过两条途径实现创新与成长。一是针对现有客户和市场开发新产品或新服务。由于供应链管理人员长期与供应商和客户打交道，最容易发现新需求，识别新机会，进而可能开发出新产品或新服务。混合动力汽车的出现就是该类创新型创业供应链的一个典型例子。二是以新产品和新服务满足新客户和新市场的需求。为了抓住这种机会，供应链必须做出相应的变革。页岩气在过去几年的迅速发展给能源公司带来了开发新技术以满足新客户与新市场需求的机会。

2. 根据对资源的依赖程度分

以资源为基础，Amanor-Boadu 等（2009）将创业供应链分为地域资源型、地域-产品资源型和地域-产品-过程资源型三类创业供应链。地域资源型创业供应链以某个具有与众不同特点的地域为基础进行创业，通常可以在旅游产业中找到这类创业供应链。供应链成员利用该地域仅有的特点提供给顾客独到的体验。该创业供应链的集体竞争优势主要来源于他们共同拥有的稀有的、有价值的、不可替代的地域资源。供应链成员各自将地域资源的这些特点整合到企业战略中以实现企业整体战略目标。地域-产品资源型创业供应链围绕天然产自某个特殊区域的产品进行创业。因为地域-产品资源型创业供应链所提供的产品和某个特殊的地区相关联，所以在市场竞争中，来自该创业供应链的产品具有一定天然优势。意大利时装是地域-产品资源型创业供应链的一个很好实例。最后一个类型是地域-产品-过程资源型创业供应链。该供应链围绕着产自某个特殊地区，采用独特过程、投入或技术生产的产品进行创业。该产品相比前两个类型，创业供应链的产品具有更多的标准和限制条件。地域-产品-过程资源型创业供应链有明确的知识产权保护协议，以排除不具备条件的产品和厂家参与市场竞争。该知识产权保护协议得到法律的保护。意大利巴戈利诺镇罗克弗特奶酪是地域-产品-过程资源型创业供应链的典型例子。

可见，不同的学者从不同的角度对创业供应链进行了分类。由于 Amanor-Boadu 等（2009）的创业供应链分类方法与地域、产品、过程等资源密切相关，不能很好地适用不具备地域、产品或过程等资源特殊性的供应链，因此，本书认同 Lee（2012）的分类方法，将创业供应链分为复制型创业供应链和创新型创业供应链。

（三）创业供应链与机会、资源的相关研究

创业供应链是指在竞争激烈的市场环境中，注重通过信息共享、资源整合追逐机会创造价值的，联系了供应商、制造商、分销商、零售商，直到最终用户，连成一个整体的功能网链结构（郑秀恋、葛宝山，2017）。创业供应链不仅与传统供应链一样重视成本节约、产品质量和配送速度，而且重视企业的创新与成长（Lee，2012）。由于创业供应链也是一个新兴的研究领域（宋华、刘会，2014），现有文献中直接分析创业供应链与机会、资源相关的研究还很少见，鉴于创业供应链具备供应链的基本特征，本书在文献梳理时囊括了供应链与机会、资源相关的研究。

关于机会与供应链的关系，Blundel（2006）认为创业机会与已建立的垂直联系中的大企业密切相关，指出供应商从供应链中的大型零售商客户那里不仅可以获取诸如市场情报的有用信息，而且能够学到应对新挑战和新需求的方法，这些将有利于作为创业企业的供应商识别和开发新的市场机会。基于结构洞理论，Majumdar 和 Nishant（2008）认为供应链上企业之间的间隙可以提供产业趋势、市场、竞争和技术的宝贵信息，进而有利于发现和创造市场机会，最终帮助企业实现创新与成长。Brent Ross（2011）认为创业机会不能在与其他企业毫无联系的情况下开发出来，许多创业的个体或企业与上下游企业建立了联盟，以共同开发市场机会。Anastasiadis 和 Poole（2015）的研究指出在生产者、贸易商和零售商之间分享关于农业生产实践、供应来源、分销渠道、消费者偏好等信息是对新市场机会有效应对的一种基本做法。Jha（2016）基于博弈模型，指出需求预测信息共享有利于供应链合作企业新产品的开发。Bouncken 等（2016）认为处于供应链不同层次的企业提供了互补的跨学科知识：处于上游的供应商提供了技术、创造力、专业知识；而制造商和更多的下游零售商、服务企业传递市场信息以帮助设计出满足客户需求的新产品。类似的，Dutta 等（2017）指出供应链上游伙伴关系促进企业尝试进入基础研究和科学发现，促进企业利用新知识；下游伙伴关系使企业能够聚焦于知识的开发，以提高商业化的成功率。Kache 和 Seuring（2017）也认为供应链上下游企业间的信息共享可以帮助企业评估现有机会并寻求新的机会。Tatham 等（2017）则从供应链管理技能的视角进行研究，指出解决问题的技能、预测技能以及客户/供应商关系管理技能是供应链管理者在激烈的商业环境中感知和塑造威胁与机会的重要技能，这些技能有助于企业在动荡的商业环境中感知和抓住机会。

关于资源，资源基础观认为，企业可持续的竞争优势来源于独特的、不可流动的、不可模仿的、不可替代的资源。Dyer 和 Singh（1998）、Lavie（2006）进一步认为应该将资源基础观所说的资源边界扩展到企业之间、供应链环境中，认为企业也可以借助供应链伙伴的互补资源获得可持续的竞争优势。Arend 和 Wisner（2005）也认为供应链有利于初创企业获得合作伙伴的互补资源。Dutta 和 Hora（2017）则具体分析了供应链上下游可以给企业带来的专业领域知识、市场信息、渠道资源等互补资源。Veleva 等（2018）则基于循环经济视角，提出小型创业企业与大企业构建的逆向供应链中，二者因为相互利用对方的互补资源，为废旧产品创造新价值，为具备新价值的产品寻找新客户，从而创造了具有社会效益的新商机。国内学者宋华和刘会（2014）指出供应链伙伴关系的建立，有助于企业借助其他企业的资源。杨洪涛等（2011）认为创业供应链就是要结合自身发展需要，寻找上下游资源匹配的企业进行合作。郑秀恋和葛宝山（2017）则指出在创业供应链的发展过程中，供应链上下游企业通过信息共享、资源整合，共同开拓市场。

　　综合创业供应链现有研究发现，学者们对创业供应链的内涵、创业供应链与供应链管理和供应链创新的区别、创业供应链的分类，以及创业供应链与机会、资源的相关研究进行了一系列的探讨，这有利于本书以创业供应链为视角展开研究。然而，已有研究尚未基于创业供应链视角就机会与资源的相互整合、实现机会-资源一体化进行深入研究，特别是机会-资源一体化对企业绩效的影响机理更为罕见。基于创业供应链的研究基础以及存在的理论缺口，本书选择从创业供应链视角研究机会-资源一体化及其对企业绩效的影响。

第三节　供应链相关能力的研究

一　动态能力理论

　　企业能力理论的思想可以追溯到亚当·斯密、阿尔弗雷德·马歇尔等的理论。1776 年，斯密在《国富论》中提出，劳动的专业化分工提高了工人操作的熟练程度，从而提高了劳动生产率，有利于企业的经济增长。1980 年，马歇尔发表《经济学原理》，认为有必要将企业内部分工产生的经济问题和企业之间交互作用产生的外部经济问题进行区分。马歇尔经济思想理论受到 Penrose 的追捧，Penrose 对其开展了深入研究。Penrose 于 1959 年发表的《企业增长理论》成了现代经济学中对企业能力研究的起源。1990 年，Prahalad 和 Hamel 在《哈佛商业评论》发表了企业核心能力的第一篇文章，即《企业的核心能力》。逐渐地，企业核心能力理论成为指导企业构筑竞争优势的重要理论。随着环境的动荡性、不确定性等的加剧，以及对企业核心能力研究的深入，人们发现，企业核心能力所体现的核心刚性使企业很难适应外部迅速变化的环境，企业很难维持持久的竞争优势。基于此，Teece 等（1997）提出了动态能力理论，并引起越来越多学者对动态能力的关注与研究。

动态能力理论的发展源于资源基础观的理论框架（Bowman and Ambrosini，2003），同时也得益于早期包括组织学习、创新管理、产品和过程开发、知识产权和人力资源等不同研究领域的发展（Nelson and Winter，1982；Penrose，1959；Teece，1976）。来自不同领域研究思想与成果的聚合，为理解企业资源管理和实现可持续竞争优势提供了广阔的研究范围（Teece et al.，2016）。资源基础观关注资源识别和选择，而动态能力则强调资源的配置和能力构建，以适应信息技术和客户需求的变化（Helfat and Peteraf，2003）。动态能力解释市场的不确定性和动态的商业环境是如何形成商业背景的，在这样的背景下竞争优势源于企业的能力，以适应环境的不确定性和变化（Eisenhardt and Martin，2000）。

（一）动态能力的内涵

关于动态能力，Teece（2000）分别对"动态"和"能力"进行了详细的阐述。指出"动态"包含两个方面的含义：一是为了与不断变化的环境保持一致而更新能力的能力；二是当进入市场的时间非常关键、技术变革速度非常快、未来竞争的性质和市场难以确定时，就需要做出某些创新反应。对"能力"，Teece（2000）指出，它体现了战略管理在适当调整、整合和重新配置内部和外部组织技能、资源和职能能力以适应不断变化的环境需求方面的关键作用。尽管 Teece 等（1997）是最先提出了动态能力概念的，但是后续学者的研究则使动态能力概念得到了拓展和完善。学者们的研究可以概括为涉及动态能力的本质、主体、行为、作用对象以及目标等五个方面的内容（Di Stefano et al.，2014）。借鉴 Di Stefano 等（2014）的研究，本书对动态能力概念进行了梳理，并总结出如表 2-3 所示的动态能力代表性定义。

表 2-3　动态能力定义汇总

研究者	定义
Teece and Pisano（1994）	动态能力是使公司能够创造新产品和流程并对不断变化的市场环境做出反应的能力和能力的子集
Teece et al.（1997）	动态能力是整合、构建、重新配置内外部能力以应对快速变化的环境的能力
Teece（2000）	动态能力是一种能力，能够重新配置、重新定向、转变、恰当地塑造和整合现有核心能力与外部资源、战略和互补资产，以迎接熊彼特时代竞争和模仿的挑战
Eisenhardt and Martin（2000）	动态能力是企业运用资源的过程，特别是集成、重新配置、获取和释放资源以匹配市场变化的过程
Amit and Zott（2001）	动态能力是能够使企业创造和获取熊彼特租金的组织过程
Zollo and Winter（2002）	动态能力是一种学习的、稳定的集体活动模式，通过这种模式，组织系统地生成和修改操作惯例，以提升组织效能
Zahra and George（2002）	动态能力是企业重新配置资源，适应变化的市场环境，以达到获取竞争优势的目的的能力
Winter（2003）	动态能力是那些用于扩展、修改或创建普通能力的能力
Aragon-Correa and Sharma（2003）	动态能力是一组具体的、可识别的过程，在企业间以最佳实践的形式存在显著的共性，这使它们能够产生新的、创造价值的战略

续表

研究者	定义
Knight and Cavusgil(2004)	动态能力是管理者更新公司能力的能力
Colbert(2004)	动态能力是管理者在不断变化的市场环境下将资源转化为新的生产性资产的组织和战略过程
Santos and Eisenhardt (2005)	动态能力是一种组织过程,成员通过控制资源来开发新的价值创造策略,强调在现有基础上的行动和创造新事物的目标
Zahra et al. (2006)	动态能力是按照主要决策者所设想和认为的适当的方式重新配置公司资源和惯例的能力
Prashant and Harbir (2009)	动态能力是企业有目的地创造、拓展或调整组织资源或技能的能力
Helfat et al. (2007)	动态能力是有目的地创造、拓展或调整资源基础的组织能力
Barreto(2010)	动态能力是指企业有系统地解决问题的潜力,由其感知机会和威胁的能力、及时做出以市场为导向决策的能力和改变其资源基础的能力构成。
Benner and Tushman(2013)	动态能力是企业持续竞争的能力
蔡莉、尹苗苗(2008)	动态能力是改变组织的资源和能力的能力
冯军政、魏江(2011)	动态能力是能够改变企业常规能力的高阶能力
朱晓红等(2019)	动态能力是由资产位势打造的并通过演化和共演路径实现的组织过程
马鸿佳等(2015)	动态能力是企业不断地整合、构建和重新配置内部和外部的竞争力以应对环境快速变化的能力

资料来源：根据相关文献整理。

1. 动态能力的本质

关于动态能力本质的争论，主要形成了两类不同的观点，一类认为动态能力是一种能力，即能力观；另一类认为动态能力是一种过程或者惯例，即过程观。持能力观的开创性代表是 Teece 等（1997），定义动态能力是整合、构建、重新配置内外部能力以应对快速变化的环境的能力。类似的，Zahra 等（2006）指出动态能力是按照主要决策者所设想和认为的适当的方式重新配置公司资源和惯例的能力。Prashant 和 Harbir（2009）定义动态能力是企业有目的地创造、拓展或调整组织资源或技能的能力。国内学者冯军政和魏江（2011）认为动态能力是能够改变企业常规能力的高阶能力。持过程观的开创性代表是 Eisenhardt 和 Martin（2000），他们定义动态能力是企业运用资源的过程，特别是集成、重新配置、获取和释放资源以匹配市场变化的过程。Amit 和 Zott（2001）持有相类似的观点，认为动态能力根植于管理和组织过程。朱晓红等（2019）指出动态能力的本质是由资产位势打造的并通过演化和共演路径实现的组织过程。对动态能力定义的能力观和过程观，宝贡敏和龙思颖（2015）认为这两种视角并不矛盾，动态能力通过嵌入企业惯例和过程中发挥作用。

2. 动态能力的主体

Stefano 等（2014）用内容分析法对动态能力的主体进行研究，发现过往文献分析的动态能力的主体有组织或企业整体和管理者个体两个层面。以组织层面对动态能力进行研究的文献居多，Helfat 等（2007）将动态能力定义为有目的地创造、拓展或调整资源基础的组织能力。Prashant 和 Harbir（2009）与 Teece（2000）的研究都认为动态能力的主体是组织。而 Zahra 等（2006）则支持动态能力的主体是决策者个体，他们将动态能力定义为按照主要决策者所设想和认为的适当的方式重新配置公司资源和惯例的能力。相似的，Knight 和 Cavusgil（2004）也持动态能力的主体是管理者个体的观点，认为动态能力反映了管理者更新公司能力的能力，从而达到与不断变化的商业环境相匹配的目的。

3. 动态能力的行为

学者们关于动态能力的行为的研究，可以归纳为两个方面的内容，即改变现有基本状况和创造新东西。有的学者认为动态能力就是单一的改变现状的行为，例如，Zahra 等（2006）定义动态能力是重新配置组织资源和惯例的能力。也有学者认为动态能力就是创造新东西的行为，例如，Aragon-Correa 和 Sharma（2003）定义动态能力为一组具体的、可识别的过程，在企业间以最佳实践的形式存在显著的共性，这使它们能够产生新的、创造价值的战略。还有多数的学者认为动态能力既有改变现状的行为，又有创造新东西的行为，例如，Santos 和 Eisenhardt（2005）指出动态能力是一种组织过程，成员通过控制资源来开发新的价值创造策略，强调在现有基础上的行动和创造新事物的目标。

4. 动态能力的作用对象

从现有研究看，动态能力的作用对象有能力/资源和机会两种。学者们基于自身的研究目的，有的支持动态能力作用的是能力/资源，例如，Winter（2003）指出动态能力是那些用于扩展、修改或创建普通能力的能力；Colbert（2004）认为动态能力是管理者在不断变化的市场环境下将资源转化为新的生产性资产的组织和战略过程；蔡莉和尹苗苗（2008）指出动态能力是改变组织的资源和能力的能力。也有支持动态能力是作用于机会的，例如，Teece（2000）认为动态能力能够快速、熟练地感知机会并抓住机会。

5. 动态能力的目标

通过对过往文献的分析，发现动态能力的目标主要包括适应环境变化、持续竞争、获取竞争优势、提升效能、获取熊彼特租金（Stefano et al.，2014）。例如，Teece 等（1997）就指出动态能力是整合、构建、重新配置内外部能力以应对快速变化的环境的能力。马鸿佳等（2015）的研究定义动态能力为企业不断地整合、构建和重新配置内部和外部的竞争力以应对环境快速变化的能力。Benner 和 Tushman（2003）提到动态能力是企业持续竞争的能力。Zahra 和 George（2002）提出动态能力是企业重新配置资源，适应变化的市场环境，以达到获取竞争优势的目的。Zollo 和 Winter（2002）认为动态能力是一种学习的、稳定的集体活动模式，通过这种模式，组织系统地生成和修改操作惯例，以提升组织效能。Amit 和 Zott（2001）认为动态能力是能够使企业创造和获取熊彼特租金的管理与组织过程。

（二）动态能力的维度

对动态能力维度的研究，学者们提出了不同的维度划分方法。

早期动态能力维度划分以资源整合、重构能力等行为维度为主（宝贡敏、龙思颖，2015）。Teece 等（1997）的研究指出整合能力、建构能力以及重构能力是动态能力的三个子维度。Eisenhardt 和 Martin（2000）尽管以过程观定义动态能力，但也指出动态能力包括资源整合能力、资源重构能力、资源获取与释放能力；产品开发惯例、战略决策制定过程是企业资源整合能力的体现；资源重构能力尤其注重对以知识为基础的资源的复制、传播和再组合；新知识创造惯例、联盟和并购惯例都是资源获取与释放能力的体现。Zahra 和 George（2002）对吸收能力进行了研究，认为吸收能力是一种动态能力，与知识的创造和利用相关联，包括知识的获取能力、吸收能力、转化能力和利用能力等维度。Zollo 和 Winter（2002）研究的组织学习与动态能力关系的文献中，将动态能力划分为知识重组、再造、获取后的整合等能力。

随着动态能力研究的发展，在维度划分时，学者们认为除了先前的整合、重构等行为维度外，动态能力还应包含认知方面的维度（冯军政、魏江，2011）。Teece（2007）指出处于客户需求和技术变化迅速的、开放的全球化经济体中，企业需要构筑动态能力以获取竞争优势并长久保持竞争优势。在集成和综合了战略管理、商业历史、工业经济学、法律和经济学、组织科学、创新研究等领域的概念和研究成果后，Teece（2007）构建了动态能力基础与企业绩效的框架体系，指出动态能力包括机会与威胁的感知能力、机会利用能力，以及通过加强、合并、保护和在必要时重新配置企业的无形资产和有形资产来保持竞争力的能力。焦豪等（2008）在基于创业导向和组织学习对动态能力构建路径的分析中，提出企业动态能力包含环境洞察能力、变革更新能力、技术柔性能力与组织柔性能力。Liao 等（2009）认为动态能力可分为机会识别型整合能力和机会利用型整合能力。Barreto（2010）认为动态能力是致力于应对变化的外部环境，他在对过往多个领域关于动态能力研究形成的丰富成果进行回顾与分析的基础上，提出动态能力包括感知机会和威胁的能力、及时做出市场导向决策的能力、改变资源基础的能力。Teece（2014）在对比动态能力与普通能力的研究中，把动态能力分为机会感知能力、机会利用能力和资源重构能力。吴航（2016）在研究动态能力与创新绩效的关系时，提出动态能力包括机会识别能力和机会利用能力。张璐等（2018）在研究战略导向与动态能力的相互作用关系时，将动态能力划分为感知识别能力、组织学习能力、资源整合能力和组织重构能力。

此外，较多的学者在对动态能力进行研究时，认为学习能力也是动态能力的一个子维度。例如，董保宝和李白杨（2014）的研究将动态能力划分为五个维度：战略隔绝、环境适应能力、变革能力、整合资源能力和学习能力。Wilhelm 等（2015）认为动态能力应包括感知能力、学习能力和重构能力三个维度。马鸿佳等（2015）将动态能力划分为环境适应能力、资源整合能力、学习能力。张璐等（2018）在研究对动态能力的维度划分时也包括了组织学习能力的子维度。动态能力维度划分汇总见表 2-4。

表 2-4 动态能力维度划分汇总

研究者	动态能力维度划分
Teece et al.（1997）	整合能力、建构能力、重构能力
Eisenhardt and Martin（2000）	资源整合能力、资源重构能力、资源获取与释放能力
Zollo and Winter（2002）	知识重组能力、知识再造能力、知识获取后的整合能力
Zahra and George（2002）	知识获取能力、知识吸收能力、知识转化能力、知识利用能力
Teece（2007, 2014）	机会感知能力、机会利用能力、资源重构能力
Liao et al.（2009）	机会识别型整合能力、机会利用型整合能力
Barreto（2010）	感知机会和威胁的能力、及时做出市场导向决策的能力、改变资源基础的能力
Wilhelm et al.（2015）	感知能力、学习能力、重构能力
宝贡敏、龙思颖（2015）	资源整合能力、资源重构能力、认知能力
冯军政、魏江（2011）	机会感知能力、资源整合能力、资源重构能力
焦豪等（2008）	环境洞察能力、变革更新能力、技术柔性能力、组织柔性能力

续表

研究者	动态能力维度划分
董保宝、李白杨（2014）	战略隔绝、环境适应能力、变革能力、整合资源能力、学习能力
马鸿佳等（2015）	环境适应能力、资源整合能力、学习能力
吴航（2016）	机会识别能力、机会利用能力
张璐等（2018）	感知识别能力、组织学习能力、资源整合能力、组织重构能力

资料来源：根据相关文献整理。

　　动态能力理论是本书对创业供应链能力内涵和维度进行界定和梳理的重要理论基础。基于动态能力理论，本书将深入探索创业供应链视角下机会-资源一体化与创业供应链能力各维度之间的关系，并进一步探索创业供应链能力与企业绩效之间的关系。

二　供应链相关能力研究回顾

　　随着市场竞争的日趋激烈，竞争的态势逐渐由企业之间转向供应链之间，同时，学者们对供应链相关能力成为企业获取竞争优势乃至提升绩效的主要源泉达成共识。基于过往文献的梳理，本书发现供应链相关能力主要涉及供应链能力、供应链管理能力、供应链动态能力以及创业供应链能力四个方面，下面将逐一对这四个方面的能力进行回顾。

（一）供应链能力相关研究

1. 供应链能力的概念界定与维度构成

　　Morash（2001）是最早对供应链能力进行研究的，他认为供应链能力是企业获取竞争优势的源泉，指出供应链能力包括客户服务、质量、信息系统支持、配送柔性、低物流成本、生产力、配送速度七个方面的维度。Wu等（2006）对供应链能力进行了后续研究，认为该能力的理论基础为资源基础观，指出供应链能力是企业识别、开发、整合内外部资源以改善供应链活动的能力，并提出供应链能力的维度包含企业之间活动整合、供应链响应性、信息交换、企业之间协调四个方面。后来的学者在研究供应链能力的时候也有采用 Wu 等（2006）对供应链能力的定义和维度划分的，如 Mohammadi 等（2012）。Rajaguru 和 Matanda（2013）对供应链能力的定义与 Wu 等（2006）基本一样，但在维度划分上有所区别，认为供应链能力包括物流绩效能力、供应链关系能力、供应链响应性三个方面。Liao 和 Kuo（2014）等对供应链能力的定义与 Wu 等（2006）、Rajaguru 和 Matanda（2013）基本一致，不过在维度划分上又有所不同，认为供应链能力包含供应链流程功能、产品/服务标准化和统一、提高产品和服务质量、维护与合作伙伴的关系、与合作伙伴共同解决问题的能力等维度。Green 等（2014）则从供应链能力作用的角度对其进行定义，指出供应链能力是供应链以低水平成本、高质量产品和服务满足客户需求的能力，但没有划分具体维度构成。Liu 等（2016）对供应链能力的定义则很具体，指出供应链能力是供应链管理技能、知识、惯例和能力的综合，是随着时间的推移，通过企业内部以及与合作伙伴之间复杂的相互作用而形成的，具备该能力的企业能够协调供应链活动，部署流向需求终点的资源，具体包含内部整合、外部整合、供应商评价、供应链管理技能/知识、供应链柔性、信息技术/信息系统支持六个维度。该定义指出了供应链能力的构成、特征及形成机理等。在针对供应链能力进行研究的文献中，也发现了个别以中小企业为研究样本的，分别是 Swee Lin Tan 等（2014）和 Mandal 等（2016）的两篇文献。Swee Lin Tan 等（2014）在针对澳大利亚家族型中小企业的研究中，指出供应链能力是企业识别、开发、整合内外部资源以改善供应链活动的能力，包括企业之间活动整合、供应链响应性、信息交换、企业之间协调四个维度。显然，Swee Lin Tan 等（2014）也是采纳了 Wu 等（2006）对供应链能力的定义和维度划分的。Mandal 等（2016）以中小企业为研究样本，指出供应链能力是帮助企业有效率、有效益地执行供应链活动的能力，包括供应链柔性、供应链响应性、供应链预见性、供应链合作等维度。

国内对供应链能力进行研究和界定的文献相对较少。林焜和彭灿（2010）对供应链能力进行了研究，但是没有明确提出供应链能力的概念，指出供应链能力由静态能力和动态能力组成。提出供应链静态能力是指供应链成员企业间通过分工协作，维持供应链日常生产运作的常规能力，包括运作能力、流程管理能力两个维度；供应链动态能力是指供应链各成员企业在动荡的竞争环境下，为适应外部环境及市场需求的变化，在长期的分工协作过程中形成的、与环境匹配的复杂能力系统，其维度有产品创新能力、重构与转变能力、学习与吸收能力。洪江涛和高亚翀（2014）、冯华和包文辉（2017）、冯华等（2018）也分别对供应链能力进行了概念界定和维度划分。国内外学者对供应链能力的概念和维度划分的梳理与总结见表2-5。

表 2-5　供应链能力概念及维度构成汇总

研究者	定义	维度构成
Morash（2001）	供应链能力是企业获取竞争优势的源泉	客户服务、质量、信息系统支持、配送柔性、低物流成本、生产力、配送速度
Wu et al.（2006）；Swee Lin Tan et al.（2014）	供应链能力是企业识别、开发、整合内外部资源以改善供应链活动的能力	企业之间活动整合、供应链响应性、信息交换、企业之间协调
Rajaguru and Matanda（2013）	供应链能力是组织识别、利用、吸收内外资源和信息以改善整体供应链活动的能力	物流绩效能力、供应链关系能力、供应链响应性
Liao and Kuo（2014）	供应链能力是组织识别、利用和吸收内部、外部资源与信息以改善整体供应链活动的能力	供应链流程功能、产品/服务标准化和统一、提高产品和服务质量、维护与合作伙伴的关系、与合作伙伴共同解决问题的能力
Green et al.（2014）	供应链能力是供应链以低水平成本、高质量产品和服务满足客户需求的能力	

续表

研究者	定义	维度构成
Mandal et al.（2016）	供应链能力是帮助企业有效率、有效益地执行供应链活动的能力	供应链柔性、供应链响应性、供应链预见性、供应链合作
Liu et al.（2016）	供应链能力是供应链管理技能、知识、惯例和能力的综合，是随着时间的推移，通过企业内部以及与合作伙伴之间复杂的相互作用而形成的，具备该能力的企业能够协调供应链活动、部署流向需求终点的资源	内部整合、外部整合、供应商评价、供应链管理技能/知识、供应链柔性、信息技术/信息系统支持
林焜、彭灿（2010）	供应链能力包含供应链静态能力和供应链动态能力	
	供应链静态能力是指供应链成员企业间通过分工协作，维持供应链日常生产运作的常规能力	运作能力、流程管理能力
	供应链动态能力是指供应链各成员企业在动荡的竞争环境下，为适应外部环境及市场需求的变化，在长期的分工协作过程中形成的、与环境匹配的复杂能力系统	产品创新能力、重构与转变能力、学习与吸收能力
洪江涛、高亚䚡（2014）	供应链能力可确保企业将正确的产品种类，在正确的时间点，运送到正确的地点，并配送给正确的人	行动有效性、所用时间更少、所需成本更低、供应链对市场的反应能力
冯华、包文辉（2017）；冯华等（2018）	供应链能力是组织识别、使用和吸收内外部资源与信息以提高供应链整体效率的能力，是一个面向物流和面向顾客服务的综合性能力	企业之间活动整合、供应链响应性、信息交换、企业之间协调

注：表格中空白处为文献未提及相关内容。

资料来源：根据相关文献整理。

通过对现有文献的追踪与梳理，本书发现供应链能力的概念已经界定了它的主要特征和包含的思想。其一，现有供应链能力的概念高度强调对供应链资源的识别、开发、整合以及利用等方面的能力（Wu et al.，2006；Rajaguru and Matanda，2013；Liu et al.，2016）。一方面企业面临着激烈的市场竞争，另一方面企业自身拥有的资源又有限，供应链则成为企业调动更多有利资源的一个很好的渠道，因此对供应链资源的识别、开发、整合与利用等方面的能力显得更加重要。其二，现有供应链能力概念突出了供应链能力对绩效的作用。如 Green 等（2014）认为供应链能力与低成本、高质量以及客户满意度相关联；Sabry（2015）认为供应链能力会降低成本、缩短对客户的反应时间。其三，供应链能力是随着时间推移，在与成员企业的相互作用中形成的（Liu et al.，2016）。因此，供应链能力是不能轻易被模仿的，可以为企业创造竞争优势。其四，供应链能力可被区分为静态和动态两个方面。其五，在以成熟企业为主要样本的供应链能力研究中，也有个别以中小企业为研究样本的。综合供应链能力的上述特征，并借鉴前人对供应链能力的界定，本书提出供应链能力主要是指企业识别、开发、整合及利用供应链资源，以改善供应链整体活动的能力，该能力是随着时间的推移，通过企业与供应链伙伴之间复杂的相互作用而形成的，并包含静态和动态两个方面。

对供应链能力的维度构成，由表 2-5 可以看出，供应链能力的测度呈现多样性，但是其核心维度还是主要集中在供应链整合、信息交换、供应链响应性、伙伴关系能力、供应链协调、供应链柔性等方面。供应链能力维度的多样性划分方法提出了对该概念维度构成进行深入研究的必要性。

2. 供应链能力相关的实证研究

影响因素分析是现有供应链能力实证研究文献主要聚焦的内容，此外，多数文献也探讨了供应链能力对企业绩效的积极作用。例如，Wu 等（2006）通过研究证实了信息技术对供应链能力的积极作用，并进一步证明了供应链能力与营销绩效、财务绩效的积极关系。他们认为信息技术虽然可以给企业带来缩短供货周期、增强柔性和提高效率等方面的好处，但是信息技术容易在企业之间复制，不能产生持久竞争优势，因此，从资源基础观的角度提出了供应链能力的构念并进行了相关的研究。Tan 等（2014）则采用结构方程模型的方法证明了市场导向对供应链能力的积极影响，以及供应链能力对销售绩效的积极作用。他们认为市场导向可以帮助企业收集到更多的有利信息，是供应链伙伴之间信息共享的一个基础，有利于实施供应链管理，进而提高供应链能力。类似的，Morash（2001）证明了供应链战略对供应链能力和绩效的影响；Rajaguru 和 Matanda（2013）通过实证分析证明了组织间的信息技术整合会对供应链能力产生积极的影响；Green 等（2014）则证明了准时化战略对供应链能力和组织绩效的积极影响。国内学者洪江涛和高亚翀（2014）运用结构方程模型，结合 165 家供应链上下游企业的调查数据，证明了供应链能力与企业短期绩效、长期绩效以及知识传输都存在积极关系，供应链能力不仅会直接影响企业长期、短期绩效，也会借助知识传输这一中介变量间接影响企业长期、短期绩效。冯华和包文辉（2017）根据 283 份调研问卷，以结构方程模型的方法，证实社会控制、信息技术和供应链整合均对供应链能力产生积极影响，此外，供应链整合在社会控制和信息技术与供应链能力之间还起到了中介作用。除了上述对供应链能力的影响因素的分析，以及供应链能力与绩效关系的研究外，Liu 等（2016）也以资源基础观为基础证实了供应链能力对绿色设计、绿色采购、绿色生产的积极作用。

综上所述可以发现，信息技术、市场导向、供应链战略、社会控制等因素都影响着供应链能力的提升；供应链能力与企业绩效是正相关的；知识传输、供应链整合在供应链能力与企业绩效之间起着中介作用。供应链能力对企业绩效的积极作用也充分说明了供应链能力满足资源基础观中定义的能力，是嵌于组织网络之间，跨越边界，并与特定组织业务相结合而形成的，是相当复杂的、有价值的、难以模仿的，可以产生持续的竞争优势（Liu et al.，2016）。因此，对企业来说，为了提升绩效，供应链能力的提高颇具意义，而与供应链能力相关的影响因素和调节因素也应当引起企业的重视。

（二）供应链管理能力相关研究

1. 供应链管理能力的概念界定与维度构成

通过对国内外的文献进行梳理，本书发现 Ellinger 等（2011）、Sabry（2015）、张峰（2016）等针对成熟企业的供应链管理能力展开了具体的研究。以资源基础观为理论基础，Ellinger 等（2011）指出供应链管理能力是供应链成员企业之间及内部整合的一个功能，但并未具体指出供应链管理能力包含哪些维度。Sabry（2015）认为供应链管理能力允许供应商、制造企业、经销商、客户进行运作整合，以降低成本、缩短对客户的反应时间，并指出供应链管理能力包含由外向内过程能力、由内向外过程能力、跨越过程能力等三个维度。张峰（2016）指出供应链管理能力是指企业设计、管理、整合供应链的知识或技能，包括成本控制、准时制生产流程的执行、对市场需求变化的反应等维度。类似于供应链能力的研究，针对供应链管理能力的研究也发现了个别以中小企业为研究样本的文献，即来自 Fung 和 Chen（2010）的研究。以资源基础观为理论基础，Fung 和 Chen（2010）指出供应链管理能力是同时管理供应商、客户和内部组织资源的能力，包括供应商管理能力、以客户为中心的能力、业务过程能力三个维度。上述学者对供应链管理能力概念和维度研究的梳理与总结见表 2-6。

通过上述分析可以发现，供应链管理能力的概念突出强调了对包括供应商、制造企业、经销商、客户在内的供应链成员所拥有资源以及业务流程的整合与管理，并认为供应链管理能力能够改善企

表 2-6　供应链管理能力概念及维度构成汇总

研究者	定义	维度构成
Fung and Chen（2010）	供应链管理能力是同时管理供应商、客户和内部组织资源的能力	供应商管理能力、以客户为中心的能力、业务过程能力
Ellinger et al.（2011）	供应链管理能力是供应链成员企业之间及内部整合的一个功能	
Sabry（2015）	供应链管理能力允许供应商、制造企业、经销商、客户进行运作整合，以降低成本、缩短对客户的反应时间	由外向内过程能力、由内向外过程能力、跨越过程能力
张峰（2016）	供应链管理能力是指企业设计、管理、整合供应链的知识或技能	成本控制、准时制生产流程的执行、对市场需求变化的反应

注：表格中空白处为文献未提及相关内容。
资料来源：根据相关文献整理。

业的绩效。鉴于供应链管理能力是以资源基础观为理论基础提出的，同时根据学者们对供应链管理能力内涵的界定，我们认为供应链管理能力更侧重于是一种静态的能力，在相对稳定的环境中帮助企业创造竞争优势。此外，供应链管理能力的研究样本主要是成熟企业，但也有个别以中小企业为研究样本的。因此，本书界定供应链管理能力主要是指企业管理供应链资源和业务流程，以实现降低成本、缩短对客户的反应时间的能力，是一种静态的能力。在供应链管理能力的维度划分方面，学者们则根据自身研究的需求对其进行划分，不同的学者所划分的维度不同。

2. 供应链管理能力相关的实证研究

针对供应链管理能力的实证研究主要集中于供应链管理能力与绩效之间的关系。Fung 和 Chen（2010）通过对位于香港的 147 家中小国际贸易中介企业进行调查，证明了供应链管理能力和企业绩效之间具有正向相关关系，此外，还证明了人力资本对供应链管理能力与企业绩效之间关系的调节作用。其中，组织绩效体现为满足和超过客户需求、客户业务关系管理、柔性、利润以及准时配送等。Sabry

（2015）通过对来自埃及的家具、纺织等制造企业的调研，证明了构成供应链管理能力的三个维度具有相互作用关系，同时证明了供应链管理能力中的两个维度，即由内向外能力和跨越过程能力，对由感知的产品价值、客户忠诚度、市场绩效和财务绩效四个方面构成的企业绩效有积极影响。张峰（2016）以北京、天津、山东等环渤海地区企业的中高层经理为调研对象，所得数据通过层级回归模型和结构方程模型，证明了供应链管理能力与产品研发能力、顾客关系管理能力具有交互作用关系，并且证明了这三方面能力一起对创新性优势和低成本优势具有积极作用，进而对企业绩效产生积极影响。

通过对上述供应链管理能力实证研究文献的分析，本书发现供应链管理能力与企业绩效之间存在积极的关系；产品研发、顾客关系管理与供应链管理能力之间存在作用关系；供应链管理能力的维度构成之间也存在一定的相互作用关系。

（三）供应链动态能力

1. 供应链动态能力的概念界定与维度构成

动态能力理论的发展为供应链动态能力的研究提供了理论基础。在国外的文献中，Beske（2012）较早对供应链动态能力进行了理论探索，以动态能力理论为基础，分析了供应链动态能力对可持续供应链管理绩效的影响，认为供应链动态能力体现为供应链应对市场变化的能力，该动态能力包含知识获取与评价、供应链伙伴开发、共同开发新能力、供应链反馈性、供应链重构等维度。对应于各个维度，Beske（2012）认为供应链是一种战略联盟，涉及多个组织，需要从合作伙伴处获取相关知识；应当重视对合作伙伴的帮助，所有伙伴共同发展是必要的，毕竟供应链的优势受制于供应链中最弱的成员；利用供应链伙伴重组资源形成新的能力；供应链运作过程应在动态环境中保持系统的适应性和功能；在动态环境中对供应链进行重构，因为新伙伴很重要，一些社团、非政府组织，甚至竞争对手都可能成为供应链新成员，这对获取竞争优势有重要价值。Masteika 和Čepinskis（2015）提出供应链动态能力是创造和转变运作能力组合、资源效率与工作过程的能力，包含感知、抓住机会、学习、整合、协调、重组等维度。此外，Wang 等（2016）指出供应链动态能力是整合企业内外部资源、有效利用资源以及快速应对外部环境变化的能力。

国内对供应链动态能力的研究也不多见，但取得了一定的进展。林焜和彭灿（2010）基于复杂多变的市场环境和日益激烈的市场竞争对供应链动态能力开展了相关的研究与探索，指出供应链动态能力是供应链适应环境变化的一种能力，包括所有通过改变供应链资源、生产运作等来创造价值的活动，主要表现为创新、组织学习、组织变革等方面的能力，具体包含产品创新能力、重构与转变能力、学习与吸收能力三个维度。以动态能力理论为基础，许芳等（2015）基于竞争的日趋激烈与市场环境的多变性，开展了与供应链动态能力相关的探索与研究。宋华和陈思洁（2017）的研究指出企业要想通过供应链增强资金柔性，前提是能够与供应链合作伙伴合力打造供应链动态能力（知识触达能力、协调能力、重构能力），并在此基础上推进合作创新战略。国内外文献对供应链动态能力的定义及维度构成梳理结果见表 2-7。

表 2-7　供应链动态能力概念及维度构成汇总

研究者	定义	维度构成
Beske（2012）	供应链动态能力是供应链应对市场变化的能力	知识获取与评价、供应链伙伴开发、共同开发新能力、供应链反馈性、供应链重构
Masteika and Čepinskis（2015）	供应链动态能力是创造和转变运作能力组合、资源效率与工作过程的能力	感知、抓住机会、学习、整合、协调、重组
Wang et al.（2016）	供应链动态能力是整合企业内外部资源、有效利用资源以及快速应对外部环境变化的能力	

续表

研究者	定义	维度构成
林焜、彭灿（2010）	供应链动态能力是供应链适应环境变化的一种能力，包括所有通过改变供应链资源、生产运作等来创造价值的活动，主要表现为创新、组织学习、组织变革等方面的能力	产品创新能力、重构与转变能力、学习与吸收能力
许芳等（2015）	供应链动态能力就是链上参与主体通过组织学习来感知和响应动态环境，并据此整合和重构组织内外部资源与运营能力，创新和改进服务与流程，从而适应外部环境的变化以及复杂的内部合作关系，进而使整条供应链获取持续竞争优势的活动模式	环境感知能力、资源整合能力、组织变革能力
宋华、陈思洁（2017）		知识触达能力、协调能力、重构能力

注：表格中空白处为文献未提及相关内容。
资料来源：根据相关文献整理。

　　通过上述对供应链动态能力概念的研究，本书发现供应链动态能力体现了以下四个方面的特征：第一，供应链动态能力概念的提出是基于市场竞争的日益激烈和环境的高动态性，企业适应环境并实现发展的需要；第二，供应链动态能力突出强调供应链适应外部市场环境变化的能力（Beske，2012；Wang et al.，2016；林焜、彭灿，2010；许芳等，2015）；第三，供应链动态能力重视对供应链所具有资源的重新配置与整合（Masteika and Čepinskis，2015；Wang et al.，2016；许芳等，2015）；第四，供应链中的学习也是供应链动态能力所关注的内容（林焜、彭灿，2010；许芳等，2015）。综合供应链动态能力的特征，参考以往对供应链动态能力的定义，郑秀恋等（2018）提出供应链动态能力主要是指企业重新配置与整合供应链资源，适应市场环境变化的能力。就供应链动态能力的维度构成而言，与供应链能力一样，呈现了多样性，其核心维度主要集中在资源整合能力、供应链伙伴开发、供应链学习能力、供应链感知能力、供应链协调能力等方面。

2. 供应链动态能力相关的实证研究

国内外供应链动态能力研究以供应链动态能力的概念模型和维度划分为主，相关的实证研究显得比较匮乏。从已有的供应链动态能力研究来看，关于供应链动态能力的实证研究，一方面是针对供应链动态能力与绩效的作用关系的探究，另一方面则是对供应链动态能力的影响因素的分析。如林焜和彭灿（2010）以典型汽车制造企业为实证研究样本，分析了知识共享与供应链动态能力之间的关系，进一步探讨了供应链动态能力与包括财务价值、客户价值、内部运作、未来发展等方面的供应链绩效之间的关系。Wang 等（2016）则通过结构方程模型证实了包括承诺和信任两个维度的伙伴关系质量对供应链动态能力形成的积极影响。

根据上述分析，本书得出供应链动态能力对供应链绩效有积极作用。为了提升供应链绩效，企业可致力于供应链动态能力的构建。在实证研究的文献中，我们发现知识共享、伙伴关系质量等都会对供应链动态能力产生积极影响。因此，为了提升供应链动态能力，企业可以从提高知识共享水平、提升伙伴关系质量等角度入手。

（四）创业供应链能力

1. 创业供应链能力的概念界定与维度构成

创业供应链能力由郑秀恋等（2018）提出，主要是指新创企业或中小企业识别和追求机会，管理与整合创业供应链资源，以创新为主，改善创业供应链活动的能力。本书将重视创新与成长的供应链相关能力都纳入创业供应链能力研究范畴。在这一领域，重视创新与成长的创业供应链管理能力被 Hsu 等（2011）提了出来。Handfield 等（2009）认为在竞争日益激烈的全球化市场中，许多企业借助供应链构建核心战略能力，以获取竞争优势。但在相同的细分市场中，参与到供应链中的企业也会有着非常不同的绩效水平（Hsu et al.，2009）。对于中小企业来说，它们规模小，资源有限，缺乏品牌效应，管理不完善。试图借助供应链获取竞争优势的中小企业必须依赖独特的优势，以克服规模小和资源有限等方面的不利情况（Bayraktar et al.，2010）。因此，以资源基础观为理论基础，Hsu 等（2011）指出成功实施供应链管理的中小企业内部必定存在独特的能力，在文献回顾和对一些中小企业总经理的访谈之后，他们提出了一个新的构念，将之命名为创业供应链管理能力，并将其定义为一种识别和追求机会的不可模仿的能力，能帮助企业实现成功与成长，具体包括创新导向、先动导向、协调能力、关系资本能力和风险承担五个方面的维度。Hsu 等（2011）认为由于创业供应链管理能力是随着时间的推移，在供应链成员中产生的，镶嵌于供应链运作过程的能力，很难被外界所观察，很难在组织之间转移，也很难被竞争对手所复制，所以创业供应链管理能力是创业供应链所具有的稀有的、不容易被模仿的、有价值的能力，是创业供应链持续获得竞争优势的一个重要来源，会提升创业供应链绩效。此外，宋华和刘会（2014）认为创业供应链管理能力是企业构建竞争优势的来源，能够使企业通过供应链管理整合资源和提升能力，识别并抓住市场中的新机会，积极创新并勇于承担风险，进而提升供应链的长期绩效；在维度划分方面，则采纳 Hsu 等（2011）的划分方法。郑秀恋和葛宝山（2017）在对创业供应链进行研究时，提出创业供应链应该具备一些特定的能力，也认为这些能力体现为创新性、先动性、冒险性、关系资本和协调等方面的能力。

动态能力理论也为学者们研究处于供应链中的新创企业或中小企业的动态能力问题提供了理论基础。如 Woldesenbet 等（2011）基于不断变化的商业环境，以及包括新创企业在内的小企业生存和发展的需要，以来自 3 个行业的 18 家企业的调研资料为依据，采用案例研究的方法探讨了处于供应链中、向大企业供货的小企业所具备的创业能力与动态能力之间的关系，及其对企业绩效的影响。作者将该动态能力定义为以主要决策者设想和认定的恰当方式重新配置资源和惯例的能力，包括网络与桥接能力、资源整合能力、战略服务交付能力三个方面的维度。Lee 和 Rha（2016）认为全球商业环境变得日益复杂和具有动态性，包含新创企业在内的中小企业面临供应链风险问题的干扰，认为处于供应链中的中小企业的动态能力体现为供应链的适应性、柔性和敏捷性，是快速、有效解决供应链中断所带来的问题的能力，具体维度有供应链感知能力、供应链抓住机会能力、供应链重组能力。其中供应链感知能力体现为对供应链风险以及供应链中潜在机会的感知；供应链抓住机会能力体现为在供应链中断后能快速应对，并能在恰当时机抓住供应链中潜在机会；供应链重组能力体现为能够有效重组资源。Brusset 和 Teller（2017）认为市场环境的复杂性、降低的库存水平以及更广阔的市场区域等提高了供应链风险，因此，处于供应链中包含新创企业在内的中小企业需要在动荡的环境中构筑动态能力，并认为该能力是一种集体活动的学习模式和战略惯例，能够有效率、有效益地部署供应链伙伴之间的资源，能够使组织生成和调整运作实践，以获得一种新的资源配置，进而实现和保持竞争优势。国内外文献对创业供应链能力的相关定义及维度构成梳理结果见表 2-8。

表 2-8　创业供应链能力相关概念及维度构成汇总

研究者	相关定义	维度构成
Hsu et al.（2011）；宋华、刘会（2014）	创业供应链管理能力是一种识别和追求机会的不可模仿的能力，能帮助企业实现成功与成长	创新导向、先动导向、协调能力、关系资本能力、风险承担
Lee and Rha（2016）	处于供应链中的中小企业的动态能力体现为供应链的适应性、柔性和敏捷性，是快速、有效解决供应链中断所带来的问题的能力	供应链感知能力、供应链抓住机会能力、供应链重组能力

研究者	相关定义	维度构成
Brusset and Teller (2017)	处于供应链中的包含新创企业在内的中小企业的动态能力是一种集体活动的学习模式和战略惯例，能够有效率、有效益地部署供应链伙伴之间的资源，能够使组织生成和调整运作实践，以获得一种新的资源配置，进而实现和保持竞争优势	
郑秀恋等（2018）	创业供应链能力主要是指新创企业或中小企业识别和追求机会，管理与整合创业供应链资源，以创新为主，改善创业供应链活动的能力。	

注：表格中空白处为文献未提及相关内容。
资料来源：根据相关文献整理。

为了更好地厘清创业供应链能力的内涵，结合上述对创业供应链管理能力和处于供应链中的中小企业动态能力的研究，郑秀恋等（2018）将创业供应链能力分为创业供应链管理能力和创业供应链动态能力，并认为创业供应链管理能力是一种静态能力，体现为新创企业或中小企业对供应链上所具备的资源以及业务流程的管理，可以划分为供应商管理能力、以客户为中心的能力、业务过程能力等维度；创业供应链动态能力是一种动态能力，体现为新创企业或中小企业在高度动态的环境中，能够适应环境的变化，整合供应链资源，识别并抓住市场中出现的新机会，实现企业的创新与成长，可以划分为供应链感知能力、供应链抓住机会能力、供应链重组能力等维度。基于创业供应链管理能力和创业供应链动态能力的动静态属性，在较为稳定的市场环境中，创业供应链管理能力会主导竞争优势，为新创企业或中小企业带来绩效；在高度动态的环境中，为了实现企业的创新与成长，更多的时候，创业供应链动态能力主导竞争优势，帮助企业实现发展与壮大。

2. 创业供应链能力相关的实证研究

针对创业供应链能力的相关实证研究主要聚焦于能力与绩效的关系探讨。例如，Hsu 等（2011）根据收集的印度尼西亚、马来西亚、菲律宾、越南和泰国等 5 个东南亚国家的汽车制造业 OEM 供应商的数据，证明了创业供应链管理能力对销售增长、市场增长、利润、市场份额四个方面的绩效有积极影响，并认为供应链管理经验、产业特点等可能是影响创业供应链管理能力的重要因素。Woldesenbet 等（2011）基于从 18 家小企业得到的数据，证明了向大企业供货的小企业的动态能力与创业能力是交织在一起的，创业能力使企业能够进入新产品市场，动态能力帮助小企业在这样的市场中成长。Lee 和 Rha（2016）根据收集到的 316 份有效问卷，采用一致性因素分析和结构方程模型证实了中小企业供应链动态能力的三个维度间的积极关系，以及对供应链弹性和企业绩效的积极作用。

从上述分析可以发现，创业供应链能力与中小企业的绩效之间存在积极的关系，与供应链弹性之间也存在积极关系。同时，创业供应链能力的维度之间也存在一定的相互作用关系。此外，供应链管理经验和产业特点可能对创业供应链能力产生影响。

综合上述研究可知，随着竞争态势由企业之间转向供应链之间，供应链相关能力研究逐渐成为学者们研究的焦点，相关实证研究总结见图 2-18。然而供应链相关能力的研究体系比较多样化，出现了供应链能力、供应链管理能力、供应链动态能力、创业供应链能力等多种相关的研究。对同一种能力，学者们基于自身的研究视角在内涵界定和维度划分上有所不同。同时，不同能力之间还会出现一些交叉重叠的地方，相互之间概念界定不清晰。关于供应链相关能力的研究也主要集中在能力对绩效的作用方面，鲜有从中介作用的角度展开的。基于此，本书对供应链相关能力进行了系统地梳理与回顾，以提炼研究的创业供应链能力的内涵和维度，并探讨在创业

供应链视角下创业供应链能力在机会-资源一体化与企业绩效之间的
中介作用。

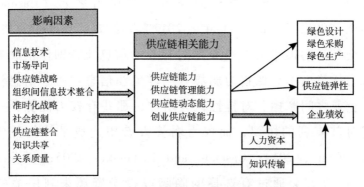

图 2-18 供应链相关能力实证研究

资料来源：根据相关文献整理。

第四节 权力不对称的相关研究

为了竞争成功，企业需要获取一些不在其控制内的资源，这样
的资源包括物质资源以及无形资产（Reimann et al.，2017）。在这一
过程中，企业依据自身资源特质和对外部资源的依赖，通过发展与
其他成员企业的关系，来整合互补性资源（陈劲、阳银娟，2014）。
如果一家公司控制了另一家公司所需要的资源，且由于资源特别重
要或资源的替代性来源难以发现，就拥有了权力（Reimann et al.，
2017）。权力是一方将自身意愿强加到另一方的能力（Emerson，
1962）。Tang 和 Tang（2012）的研究指出权力具有两个特征，即必
要性和排他性，必要性体现为权力优势方或其所控制的资源对权力
弱势方的生存、运营或发展的重要性，排他性则体现为权力优势方
是权力弱势方获得资源的唯一来源。当权力优势方不再是权力弱势
方的基本资源提供者，或者权力弱势方有其他替代资源来获得相同

的资源时，权力优势方对权力弱势方的权力会大大降低（Tang 和 Tang，2012）。

权力不对称是指一方权力与另一方权力之差（Casciaro and Piskorski，2005；Reimann et al.，2017）。在权力不对称的情况下，潜在的交易活动很难培育企业之间有效的信息流，即使信息是可用的，权力优势方不会像权力弱势方一样关注信息。由于信息沟通的阻碍，企业之间摩擦、对抗性行为增加，那些有权力优势企业倾向于签署对其有利的协议，而权力弱势方希望达成平等收益的协议（Poppo et al.，2014；Casciaro and Piskorski，2005；任星耀等，2009）。优势方会通过有选择的隐瞒或授予资源来利用他的权力（Tanskanen and Aminoff，2015；Reimann et al.，2017；Madichie et al.，2017）。Levina 和 Orlikowski（2009）也指出权力不对称改变了权力主体的能力和资源，进而会改变权力主体行动的可能性。Mitsuhashi 和 Greve（2009）认为，在权力对称的情况下，如果双方资源具有较高程度的互补性和兼容性，企业则倾向于通过协同合作来配置和交换资源。但在权力不对称的情况下，掌握关键资源的优势方会做出得到较少交易支付的预期，从而控制弱势方和采取机会主义行为以保持其权力地位；弱势方在合作过程中会迫于对方的权力优势接受大多数的要求，处于易受控制的被动地位（Wu and Choi，2005；Cox，2001，2007）。双方的利益诉求和目的不同，优势方倾向于达成对己方有利的协议，弱势方则希望通过协商得到合理的收益，这导致讨价还价的过程复杂化，使企业双方都承担了高额的交易成本（Emerson，1962；刘宝红，2015），合作双方之间很难建立令人满意的交易关系（Casciaro and Piskorski，2005）。

在供应链关系中，企业通过建立合作关系来打破边界的限制，更有效地获取外部资源（Villena et al.，2011；崔蓓、王玉霞，2017；冯华、魏娇娇，2019）。权力被用于在供应链上下游的交易中，要求获得更高的价值份额（Touboulic et al.，2014；Crook and

Combs，2007）。供应链中权力的相关文献探索了不同类型的权力如何影响供应链关系的重要方面，如信任（Fullerton，2005；Ryu et al.，2007；Viitaharju and Merja，2012；Terpend and Krause，2015；Rufin and Molina，2015）、关系承诺（Zhao et al.，2008；Zhang and Zhang，2013；Giannakis，2007；Hingley，2005）、供应链绩效和满意度（Benton and Maloni，2005）等。Kumar 等（1995）认为权力不对称会减弱供应网络企业间的信任和互惠等，提高制造商、供应商间的冲突水平，导致企业对分配公平和过程公平更为敏感和紧张。Gulati 和 Sytch（2007）的研究也指出权力不对称会影响供应商与制造商之间的信任与互惠，以及信息交流的范围与深度，导致企业之间资源优化组合效率降低，最终影响上下游企业的互动和运营效率。Cox（2007）的研究认为，如果供应链上下游之间存在权力不对称，优势方可能会犹豫与弱势方构建长期合作关系，弱势方则会预期难以从双方的交易中获益，这样双方就难以形成良好的合作关系。Keltner 和 Robinson（1997）也从信息沟通的角度进行分析，认为在权力不对称的供应链关系中，由于权力优势方信息沟通的激励较弱，供应链中难以形成有效的信息流，降低了企业沟通的频率和效率，不利于企业通过信息交流来进行有效协商和共同解决上下游企业合作中存在的问题。Woldesenbet 等（2011）的研究指出，在存在权力不对称的供应链合作关系中，小型供应商要与大型采购组织建立合作的、知识共享的伙伴关系，并获得令人满意的供应链绩效，是一个难以逾越的挑战。Elking 等（2017）的研究也探索了权力不对称是会对买卖伙伴关系产生不利影响的。不过，从另外一个角度，Woldesenbet 等（2011）也提出小型供应商与大型采购组织构建的供应链合作关系，是小型供应商学习的一个来源，从大型采购组织处，小型供应商可以学习创新、快速反应、风险管理等知识。

Pfeffer 和 Salancik（1978）的研究指出，A 对 B 的权力即 B 对 A 的依赖。在过往的文献中，学者们对依赖及依赖不对称也展开了相关的研究。基于对营销渠道的研究，Kale（1986）指出依赖是营销渠道成员为实现企业战略目标，进而需要与渠道伙伴维持交换关系的心理和行为状态。合作伙伴相互依赖的程度会受交换关系的产出、替代关系的多寡与难易、替代成本三大因素影响（Heide and John，1988）。类似的，在对依赖不对称的研究中，学者们也得出结论，依赖不对称会降低合作双方的信任水平，增加合作过程中的冲突，不利于价值的创造，对合作关系产生负面影响（Heide，1994；Kumar et al.，1995；Patnaik，2016；姜翰、金占明，2008）。不过，强势方的专用性投资、弱势方的参与、明确的合同等第三方变量是会弱化甚至抵消依赖不对称的负面影响的（任星耀等，2009）。依赖不对称还会对供应网络中企业间的合作关系强度与风险分担之间的关系产生显著的负向调节作用，通过在合作伙伴间形成适度的信任与互惠，则可以抑制依赖不对称的负向调节作用（崔蓓、王玉霞，2017）。

梳理已有研究可以发现，权力不对称普遍存在于供应链的合作伙伴之间。权力不对称会影响供应链合作伙伴之间信息共享和资源整合的范围与深度。现有对权力不对称的研究主要探讨权力不对称对合作伙伴关系的作用，鲜有基于权力不对称的调节作用展开研究的，更无就创业供应链视角下权力不对称对创业行为与能力的调节作用进行探讨的。基于过往的研究成果和理论缺口，本书将探讨创业供应链视角下权力不对称在机会-资源一体化和创业供应链能力之间的调节作用。

第五节　本章小结

本章主要对本书涉及的理论基础和相关的研究进行系统的梳理与回顾。根据本书的研究内容回顾了创业机会与资源的相关研究、创业供应链相关研究、供应链相关能力的研究以及权力不对称的相关研究。为填补研究空白，丰富相关领域的研究，本书基于创业供应链视角，探索机会-资源一体化对企业绩效的影响机理以及创业供应链能力的中介作用，并引入权力不对称，探究权力不对称对机会-资源一体化和创业供应链能力之间关系的调节作用。本章的理论基础和相关文献研究的回顾为后续理论模型的构建、研究假设的提出以及研究结果的讨论奠定了理论基础。

第三章　机会-资源一体化对企业绩效影响机理的案例研究

为了深入探究创业供应链视角下机会-资源一体化对企业绩效的影响机理，本章在理论分析的基础上构建创业供应链视角下行为-能力-绩效的预测模型，采用探索性多案例研究方法对一汽-大众以及一汽-大众上游一级供应商 A 企业、二级供应商 B 企业、下游一级经销商 C 企业，进行相关二手资料的收集和半结构化深入访谈，基于对所得定性数据资料的编码分析，提炼创业供应链视角下机会-资源一体化、创业供应链能力、权力不对称的内涵及维度。在此基础上，基于多个案例间的交互验证，本书得出研究的核心构念之间的关系，并提出研究命题，构建创业供应链视角下机会-资源一体化对企业绩效的影响机理理论模型，为后续研究假设提出和实证分析提供理论基础和实践证明。

第一节　基于"行为-能力-绩效"的模型预设

案例研究的开展首先需要明确所要研究的问题，进而根据研究问题，结合理论基础和相关研究情况预设理论模型。本书旨在探索创业供应链视角下机会-资源一体化对企业绩效的作用机理。根据前文的理论基础分析和相关文献研究的回顾，按照"行为-能力-绩效"的经典研究范式，本书对研究的理论模型进行初步预设。创业供应链视角下，创业供应链成员企业基于创业供应链的机会-资源一体化行为，提升了企业的创业供应链能力，从而实现企业绩效的改善。根据上述逻辑，本书构建"机会-资源一体化-创业供应链能力-企业绩效"预设模型。本章后部分内容将聚焦于总结与提炼本书相关的核心构念的内涵和维度，深入探索构念之间的关系并构建理论研究模型，从而深入挖掘创业供应链视角下机会-资源一体化对企业绩效的影响机理。

第二节　案例研究设计

案例研究已经成为管理领域的重要研究方法之一。为保证本案例研究的合理性与严谨性，本书在案例设计方面遵循一定的案例研究范式。首先，介绍多案例研究方法的选择；其次，分析案例企业的选取理由，并对案例企业进行简要介绍；再次，阐述数据收集的几种方法以及信效度的保障；最后，对所收集的一手和二手数据资料进行编码和分析。

一　研究方法

本书采用被 Yin（2003）称作多案例研究的方法来探索创业供应链视角下机会-资源一体化对企业绩效的影响机理。采用多案例研究方法的具体理由有如下三点。第一，本书研究的主要目的在于揭示创业供应链视角下创业供应链成员企业如何通过机会-资源一体化提升创业供应链能力，进而改善企业绩效的过程机理。案例研究方法被认为在回答"如何"和"过程"式的研究问题时特别有效（Eisenhardt，1989），因此本书适合采用多案例研究的方法。第二，本书从创业供应链视角研究机会-资源一体化对创业供应链能力以及企业绩效的影响，这是一个尚未开发的研究领域，而案例研究正适合在一个新的研究领域中构建新理论（Yin，2003）。在现有文献中，关于机会-资源一体化对企业绩效影响的研究还很少见，更未有从创业供应链视角探索创业供应链能力在机会-资源一体化和企业绩效之间的中介作用研究的。第三，虽然单案例研究能充分地描述一种现象（Eisenhardt and Graebner，2007），但多案例研究往往能为理论构建提供更为坚实的基础（Eisenhardt，1989；Yin，2003）。尤其在本书中，我们希望通过分析创业供应链上下游成员企业的机会-资源一体化对企业绩效的作用机理，实现对所产生理论的重复、对比与扩展，从而增加案例研究的有效性。因此，为构建创业供应链视角下机会-资源一体化、创业供应链能力、企业绩效与权力不对称之间的关系模型，本书采用探索性多案例研究方法，完善创业供应链视角下机会-资源一体化、创业供应链能力、权力不对称的内涵及维度，总结与提炼构念之间的因果逻辑关系，从而构建本书的理论模型。

二 案例选取

（一）样本选择

基于本书的研究主题，根据案例企业选择的典型性原则和目的抽样法则（肖静华等，2015），本书对研究对象进行了慎重选择，并最终选取了一汽-大众以及一汽-大众上游一级供应商 A 企业、二级供应商 B 企业、下游一级经销商 C 企业 4 家企业为样本，进行深入调研。4 家企业和最终用户形成的创业供应链见图 3-1。之所以选择汽车行业，并聚焦于以一汽-大众为核心的 4 家相关企业，是因为以下四点具体理由。一是汽车行业是一国综合实力的体现，代表了国家的工业水平，在国民经济发展中起着重要作用，是我国的支柱产业之一，因此选择汽车行业具有典型性。二是汽车供应链是众多行业供应链中最繁杂的行业供应链之一，上游涉及大量不同层级的供应商，下游需要面对大量的经销商。此外，就我国目前汽车市场竞争白热化，以及产品技术更新换代快等方面的特点，打造强有力的供应链对成员企业来说非常重要，因此，对汽车供应链的研究颇具代表性。三是一汽-大众是我国知名的汽车制造企业，汽车销量连年位居前列。2019年，面对严酷的市场竞争环境，一汽-大众更是成为国内车企销售冠军，成为2019年首个产销双双突破200万辆的汽车制造企业。因此，以一汽-大众为核心的供应链具有典型性。四是所选4家企业形成的供应链具备创业供应链的特征。近年来，一汽-大众更是加快发展步伐，产能布局已覆盖东北、西南、华南、华东以及华北等五大区域。这得益于一汽-大众的快速发展，其上下游企业也获得了较快的发展，不少企业实现了新工厂、新门店的建设与布局，一级供应商A企业、二级供应商B企业、一级经销商C企业就是其中的典型。因此，本书选取以一汽-大众为核心的4家创业供应链成员企业进行研究，是具有很高的研究价值的。

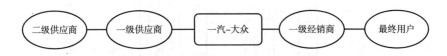

图 3-1　以一汽-大众为核心的创业供应链

（二）案例简介

一汽-大众，成立于1991年，是我国第一个按经济规模起步建设的汽车生产企业。经过30余年的发展，生产基地布局已覆盖东北长春、西南成都、华南佛山、华东青岛以及华北天津。具体发展历程见图3-2。一汽-大众从建厂初期只有捷达一个品牌1款产品，发展到现在拥有奥迪、大众、捷达三大品牌20余款产品。多年来，在竞争异常激烈的中国汽车市场中，一汽-大众一直稳居国内车企销量排名的前列，且排名稳中有升，2019年取得了销量排名第一的成绩。一汽-大众在自身快速发展的同时，也为其供应链上下游企业带来了大量的机会。

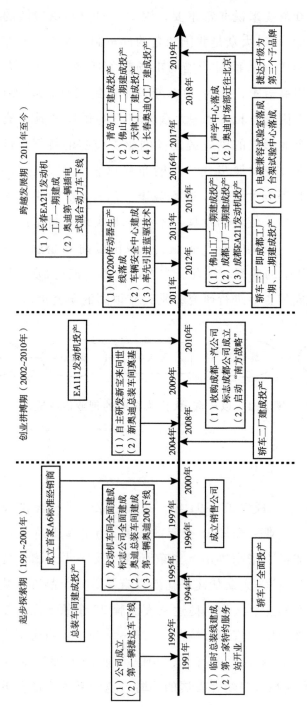

图 3-2　一汽-大众发展历程

资料来源：根据相关资料整理。

在上游，有 600 多家供应商为一汽-大众服务；在下游，一汽-大众与 1000 多家一级经销商合作，建立了一个覆盖全国、高效运转的营销网络。

一级供应商 A 企业，成立于 2003 年，总部位于长春，是一家合资的大型汽车零部件生产企业。经营业务范围包括汽车保险杠、相关汽车零部件及塑料制品的研发、制造和售后服务。2005 年，抓住一汽-大众为打破保险杠产品的供应商独家供货情况的机会，以及凭借自身不俗的实力，该公司通过竞标，成功成为一汽-大众的第二家保险杠产品供应商。供应一汽-大众的首款产品为速腾保险杠。随着一汽-大众建设新工厂的步伐，该公司从 2011 年开始走出长春，先后在佛山、青岛、天津等地建设了新工厂，以满足一汽-大众对保险杠产品的需求。

二级供应商 B 企业，成立于 2003 年，总部位于长春，是专业从事汽车塑料件、喷漆件、镀铝件模具制造及产品加工，集研发、销售于一体的高新技术企业。B 企业与 A 企业的合作始于 2007年，当时，B 企业的创始人经朋友介绍，参加了 A 企业组织的注塑件供应招标活动，B 企业以价格优势胜出，顺利成为 A 企业的供应商。B 企业作为一汽-大众的二级供应商，虽不直接给一汽-大众供货，但作为以一汽-大众为核心的供应链中的一员，B 企业在给 A 企业供货的项目启动前期以及供货过程中，均与一汽-大众质保部有接触，以确保 B 企业的供货质量。2011 年，以 A 企业启动佛山工厂建设为契机，B 企业在佛山开始建设新工厂，以满足客户需求。

一级经销商 C 企业，成立于 1997 年，是一家民营汽车经销企业。创始人早期以汽车维修起家，1997 年公司成立后，主要针对一汽-大众的大众品牌和奥迪品牌的汽车提供售后维修服务。2000年公司成为吉林省首家奥迪特许经销商，同年，符合一汽-大众建设标准的奥迪 4S 店和大众 4S 店分别落成。2003 年，为向用户提供更为多样化的产品，该公司竞标成为上海大众的经销商之一，并建立了相应的4S店。2010年，得益于用户对一汽-大众产品的青睐与认可，为更好地占领长春东部市场，并为用户提供更为便利与周到的服务，该公司通过竞标顺利建成另一家一汽-大众4S店。基于丰富的管理经验和良好的发展势头，该公司在2017年还分别投资建设了两家其他品牌的4S店。4家案例企业的相关信息见表3-1。

表3-1 案例企业背景信息

企业名称	所有制	创建时间	进入一汽-大众供应链时间	主营业务	生产基地/门店布局
一汽-大众	合资	1991年	—	汽车研发、制造和销售	长春、成都、佛山、青岛、天津
一级供应商A企业	合资	2003年	2005年	汽车保险杠、相关汽车零部件及塑料制品的研发、制造和售后服务	长春、佛山、青岛、天津
二级供应商B企业	民营	2003年	2007年	汽车塑料件、喷漆件、镀铝件，以及模具等的研发、生产和销售	长春、佛山
一级经销商C企业	民营	1997年	1997年	汽车销售、维修以及二手车业务	在长春拥有6家4S店

资料来源：根据相关资料整理。

三 数据收集及信效度保障

为了提高本书的理论构建效度，实现"三角验证"，本书的调研人员从多个渠道收集多样化的信息资料，具体资料来源包括以下三种。一是二手资料。通过网站搜索获得4家案例企业相关的新闻资料；在知网、谷歌学术等数据库收集相关的期刊论文和硕博论文；在企业官网、管理咨询平台等获得企业官方年报、企业宣传PPT、行业发展报告等。关于一汽-大众的二手资料很丰富，其他3家企业则比较少。二是半结构化访谈。实地调研的时间集中在2019年4

月~6月。调研人员对 4 家案例企业进行了 5 次正式访谈和 9 次补充访谈。基于多样性和相互印证的考虑,访谈对象有企业高管、中层管理者、技术骨干以及基层员工等。访谈平均用时 80 分钟,多数在50~100 分钟完成。每次正式访谈都由两名调研人员共同完成,一人主要负责访谈,另一人主要做记录,并负责遗漏问题的补充提问。正式访谈均进行了现场录音和后续的文字整理。9 次补充访谈是对正式访谈中存在的不清楚的地方,以电话和微信方式进行补充访谈。访谈之后,本书遵循"24 小时"规则完成访谈记录和印象的整理。通过访谈,调研人员深入了解了企业创建以来的发展历程、大事件,掌握了创业供应链视角下企业的机会-资源一体化过程对企业创业供应链能力构筑、绩效提升的影响,以及创业供应链中合作伙伴之间权力不对称对机会-资源一体化与创业供应链能力之间关系的调节作用。三是现场观察。调研人员实地观察了一汽-大众及其上游两家零部件供应商在不同区域生产基地的办公部门、生产车间、物流中心、LILA 库房等;观察了下游经销商不同门店的新车销售展厅、二手车展厅以及维修车间等,并与现场相关人员进行了简单的交流。为保证所得观察资料的可靠性,本次调研采用多人多次进行观察。数据收集的概况见表 3-2。

表 3-2 案例数据收集概况

案例资料来源		一汽-大众	A 企业	B 企业	C 企业
二手资料		新闻资料、期刊论文、硕博论文、企业官方年报、企业宣传 PPT、行业发展报告等			
半结构化访谈	正式访谈次数	1 次	1 次	2 次	1 次
	对象	高级经理	总经理	总经理/副总经理	总经理
	补充访谈次数	2 次	2 次	2 次	3 次
	对象	经理/技术骨干	总经理助理/工程师	经理/技术骨干	总经理助理/销售总监/售后服务总监
	访谈总数	3 次	3 次	4 次	4 次

续表

案例资料来源	一汽-大众	A 企业	B 企业	C 企业
现场观察	办公部门 生产车间 LILA 库房	办公部门 生产车间	生产车间 物流中心	新车销售展厅 二手车展厅 车辆维修车间

资料来源：根据相关资料整理。

为确保案例研究的规范性与科学性，本书在研究设计、数据收集、数据编码和数据分析的四个阶段采用了 Eisenhardt（1989）所提案例研究方法中的信度和效度保障策略。在信度方面，通过制订周详的研究计划和建立研究数据库来保障本案例研究的信度。一方面，基于对相关理论和文献的系统梳理与回顾，初步形成本书的研究计划，并通过与导师、相关领域专家以及研究小组成员的反复讨论，最终形成一份周详的研究计划；另一方面，将通过网络、半结构化访谈以及现场观察等渠道所得的数据资料进行系统整理，建立后续研究所需的数据库。

在效度方面，为保障本案例研究的准确性，确保考察内容与所得结果相吻合，本书关注了构念效度、内部效度和外部效度等三个方面的内容。数据收集的三角验证、建立连贯的证据链和魔鬼辩护师的挑战是本书提高构念效度所采取的措施。三角验证即通过网络、半结构化访谈、现场观察等多种渠道收集案例企业的一手、二手资料，并在访谈时注意访谈对象的多样性，从而保证数据资料的相互印证。为确保调研资料形成连贯的证据链，本书的数据收集过程主要依据创业供应链视角下机会-资源一体化对创业供应链能力和企业绩效影响的思路展开。在访谈过程中，调研人员采用半结构化访谈方式，依据事先拟定的调研提纲进行访谈，鼓励访谈对象就本书所涉及内容积极发言，在一定程度上控制访谈对象的发言方向。为避免研究过程中的盲点，从最初的研究设计到后续的研究过程，笔者都积极向导师及相关领域专家汇报和征求意见。关于内部效度，本书主要通过建构性解释、时间序列设计以及分析与之相对应的竞争性假设的方式来保证内部效度。建构性解释，即对调研所得资料进行分析，提出研究命题，核查并进一步修改研究命题，提升研究命题与理论模型之间的匹配性。时间序列设计，即按照关键事件发生的先后顺序，编制大事年表，从中分析创业供应链视角下机会-资源一体化与创业供应链能力以及企业绩效可能存在的关系。本书在案例研究中分析与之相对应的竞争性假设，即在研究对象之间进行对比，并将所进行的案例研究的分析结果与机会-资源一体化、创业供应链能力、权力不对称等相关方面的现有研究结论进行比较。关于外部效度的保障途径，本书一方面通过对过往文献的系统梳理，为案例研究构建坚实的理论基础；另一方面，遵循差别复制逻辑，在本书的 4 个案例企业之间进行跨案例比较分析。

四　数据编码与分析

根据所收集的资料，我们对其进行编码分析，从中获得相关数据，并在此基础上构建理论。为了提高研究的信效度，本书主要采用三级归纳式编码，在对原始数据进行概念化、范畴化的基础上，提炼研究的核心构念，并挖掘构念间的逻辑关系。在具体编码的过程中，我们采用定性研究软件 NVivo 12.0 来辅助完成编码，以确保数据处理过程的标准化和系统化。编码过程为：首先，对一汽-大众等 4 家企业的资料按照大事年表分别进行整理；其次，进行"背对背"开放式编码，将原始数据概念化得到一级标签，将从 4 家案例企业获取的一手资料分别标记为 V1、A1、B1、C1，将 4 家案例企业的相关二手资料分别标记为 V2、A2、B2、C2；再次，进行主轴式编码，通过反复迭代比较，将一级标签整合到主范畴或二阶范畴；最后，进行选择式编码，在主范畴基础上提炼核心范畴，进一步分析核心范畴之间的逻辑关系。具体编码过程见表 3-3。

表3-3 核心范畴、二阶范畴、一级标签及企业编码条目统计

核心范畴	二阶范畴	一级标签示例	企业编码条目				小计
			一汽-大众	A	B	C	
机会驱动型机会-资源一体化	以机会为驱动进行资源开发	根据市场前景积极进行战略布局(V1);从它的战略规划中发现机会,然后着手进行产能的升级(A1);得到信息第一时间就开始为竞标做准备(B1)等	9	8	6	7	30
资源驱动型机会-资源一体化	以优势资源进行机会开发	以技术优势不断开拓市场(V2);通过机构调整形成产品优势,为企业带来更多机会(A1);在资源的不断调整中获得客户更多的认可并创造形成(B1);在二手车方面积累了大量经验和优势资源,由此开发了奥迪二手车业务(C1)等	10	7	5	7	29
机会能力	机会识别与利用	能够对市场做出较好的判断(V1);从它的战略规划中看到机会(A1);积极关注客户战略规划,从中寻找机会(B1);从客户的业务咨询中发现机会(C1)等	8	10	8	8	34
资源能力	资源整合与重组	我们能够整合上下游资源为我们的服务(V1);在组织机构改革方面做得比较成功(A1);不断进行设施设备的升级与调整(B2);充分利用主机厂的资金和技术支持(C1)等	11	9	7	8	35
关系能力	合作伙伴构建	与上下游形成良好合作关系(V2);我们知道怎么与客户打交道(A1);客户对我们是比较认可的(B1);合作多年,关系是比较融洽的(C1)等	12	10	9	8	39
企业绩效	绩效	中国汽车市场的引领者(V2);形成"四地工厂"的产业布局(A2);卖出更多产品(B1);开拓了新业务(C1)等	8	7	7	6	28
权力不对称	权力的影响作用	有比较强的影响力(V1);按照它的要求做(A1);只能照办(B1);听从安排(C1)等	5	7	5	6	23

资料来源：根据相关资料整理。

第三节　基于理论回顾和案例分析的核心构念界定

一　机会-资源一体化

学者们早就注意到了机会和资源的紧密关系，但机会-资源一体化概念的提出则比较晚，不仅目前尚未形成统一的意见，而且多数学者在对机会-资源一体化进行研究时并未明确指出机会-资源一体化的含义，只是重点强调了机会开发与资源开发的密切关系。葛宝山等（2013）基于对蒂蒙斯思想，尤其是蒂蒙斯创业模型三要素的分析，认为机会与资源应该被当作一个整体，二者是相互依存的，首次提出了机会-资源一体化的构念。

葛宝山等（2015）认为机会开发与资源开发密不可分，两者之间存在复杂且动态的相互作用过程，应从系统的、整合的视角分析机会-资源一体化开发行为。高洋等（2015）认为机会-资源一体化体现为机会与资源是一体的、相连的，二者的作用关系应被视为一个完整的动态系统。蔡莉和鲁喜凤（2016）的研究指出，机会与资源的一体化不仅仅是机会开发与资源开发各阶段相互作用，而且是二者的相互嵌入与有机结合，即机会开发过程伴随资源开发，资源开发的同时也实现了机会开发。高洋和叶丹（2017）认为以往对机会和资源的研究都是"各自为政"，应该使二者整合到一起，以系统的思想看待机会与资源的整合行为，指出机会-资源一体化是机会开发与资源开发相互作用的、复杂的、动态的创业过程。王玲等（2017）指出机会-资源一体化行为即创造性地开发资源以追求机会，进而实现价值创造的一系列行为。综合上述学者的研究观点，本书认为机会-资源一体化是机会开发与资源开发相互嵌入、有机结合，进而实现价值创造的复杂的、动态的创业过程。

关于机会-资源一体化的维度划分，学者们也提出了一些不同的划分方法。葛宝山等（2015）根据机会开发的机会识别、机会评价、机会利用三个阶段，与资源开发的资源识别、资源获取、资源配用三个阶段的相互作用，将机会-资源一体化划分为机会识别与资源识别一体化、机会识别与资源获取一体化、机会评价与资源识别一体化、机会评价与资源获取一体化、机会利用与资源配用一体化、机会利用与资源识别一体化、机会利用与资源获取一体化、资源配用与机会识别一体化以及资源配用与机会评价一体化九个维度。采用类似方法，高洋等（2015）将机会-资源一体化划分为机会识别-资源识别一体化、机会识别-资源获取一体化、机会利用-资源整合一体化三个维度；高洋和叶丹（2017）将机会-资源一体化划分为机会识别与资源整合一体化、机会利用与资源整合一体化、机会识别与资源识取一体化、机会利用与资源识取一体化四个维度。不过，蔡莉和鲁喜凤（2016）的研究指出机会与资源的一体化，不仅仅是机会开发与资源开发各阶段的相互作用，而且是二者的相互嵌入与有机结合，并基于创业是由机会驱动还是资源驱动，提出两种典型创业行为：机会驱动型创业行为与资源驱动型创业行为。本书认同并借鉴蔡莉和鲁喜凤（2016）的观点，即机会-资源一体化不仅是简单的机会开发与资源开发的相互作用，二者是相互嵌入、有机结合的，因此将机会-资源一体化划分为机会驱动型机会-资源一体化与资源驱动型机会-资源一体化两个维度。创业供应链视角下机会驱动型机会-资源一体化始于对机会的开发，充分利用创业供应链中的资源，实现机会-资源一体化。创业供应链视角下资源驱动型机会-资源一体化，始于对资源的开发，尤其是对企业自身资源和来自创业供应链资源的开发，随后识别来自创业供应链上下游伙伴的机会，最后进行资源整合以利用机会。

通过对调研所得一手、二手数据资料的编码分析，发现一汽-大众以及 A 企业、B 企业、C 企业等 4 家案例企业均有创业供应链视角下机会驱动型机会-资源一体化典型例证（见表 3-4）。得益于经济的快速发展、人民消费水平的提升，从 2000 年起，我国居民的汽车产品需求持续旺盛。巨大的市场需求给国内汽车制造企业带来了机会。重视发展与壮大的一汽-大众识别到了巨大的市场机会。2014 年，为了提升汽车产能、丰富产品线，以更好地满足消费者的用车需求，一汽-大众的"2020 战略"明确提出了建设五大生产基地的战略布局。在生产基地的建设过程中，一汽-大众充分整合了企业内部的资源，以及来自供应链等相关各方的资源。以五大基地的收官之作华北天津基地为例，该基地的总投资约 195 亿元，年产能规划为 30 万辆。早在 2014 年，一汽-大众的股东中国第一汽车股份有限公司与德国大众汽车股份公司（简称"德国大众"）就在北京签署了《关于建立一汽-大众新生产基地联合声明》，约定共同投资建设新基地。在基地的建设过程中，在土地占用、税收等方面，一汽-大众积极争取到了天津市政府的大力支持，这保障了一汽-大众能以 23 个月的国内乃至国际罕见的速度，在一片荒芜之地建成一座高标准的现代化工厂。另外，为保障天津生产基地的正常运转，一汽-大众还带动了一批零部件供应商落户天津，总产值达 300 亿~400 亿元。2018 年，一汽-大众产销突破 200 万辆，在车市略显低迷的时期，这样的成绩离不开几个新生产基地的贡献。

作为一汽-大众的上下游企业，A、B、C 企业都因为一汽-大众的发展获得了重要的机会。例如，一汽-大众投资生产新车型、兴建新生产基地直接为 A 企业带来了机会。每年一汽-大众都会制订下一年以及未来几年的战略规划，并与上下游企业分享这份战略规划。从这份战略规划中，A 企业能够获得未来一汽-大众投资新车型或者建设新生产基地的计划，并识别其可能给企业自身带来的机会。为了获得新的机会，A 企业一方面确保现有业务的供货质量，另一方面积极为新机会做扩充产能方面的准备，包括新的生产空间的规划、管理与技术人才的储备、新生产设备的投资等。对于 A 企业来说，涂装设备的投资是关键。早在 2006 年，为了更好地对一汽-大众供货，A 企业在原有投资 1200 万元的半手工涂装线的基础上，购买了当时最先进的杜尔涂装设备，而这种设备售价一般在 6000 万~8000 万元。A 企业设备的投资得到了母公司的大力支持。先进生产设备的投资使一汽-大众对 A 企业在产能和供货质量方面获得了充足的信心。后续 A 企业几个新工厂的建设也均投资购买了最先进的生产设备。

B 企业是一汽-大众的二级供应商，其直接的下游客户主要是 A 企业，对 A 企业的销售额占 B 企业销售总额的 40%~50%。得益于 A 企业的迅速发展，B 企业也获得了一些新的市场机会。看到 A 企业因一汽-大众的发展而不断壮大，B 企业认为自己也会因此有更多的机会，因而，积极进行资源方面的整合，为抓住机会做好充分准备。2011 年，A 企业佛山分公司的项目启动，对 B 企业来说就是一个巨大的机会。得知这一消息后，B 企业迅速对生产设备、人员、厂房方面的资源进行调整与安排，确保形成新的产能，这些为后来 B 企业成功中标佛山项目奠定了基础。另外，作为一家地处东北的民营企业，B 企业的创始人认为南方是一个市场、文化、政策等都更为开放的地区，在佛山建设新的工厂将非常有利于其开拓南方市场。

C 企业是一汽-大众的一级经销商，一汽-大众产品的畅销为该公司带来了大量的销售机会。2009 年，基于长春地区消费者对一汽-大众产品的认可，一汽-大众规划在长春东部增加一家大众品牌汽车 4S 店。由于业务关系第一时间得知此消息的 C 企业，马上就新门店建设的关键因素，即土地资源展开工作，并顺利在一汽-大众规划的区域内，成功谈好一块土地的使用权。而多年的销售与维修服务又为 C 企业可能的新门店建设储备了大量的优质人才。高效的资源开发使 C 企业于 2010 年如愿以偿，又开设了一家新的大众品牌 4S 店。

表 3-4　创业供应链视角下机会驱动型机会-资源一体化典型例证

企业名称	机会开发	基于机会的资源开发	创业供应链视角下机会驱动型机会-资源一体化
一汽-大众	自 2000 年起,中国汽车市场持续快速增长,为国内车企带来了巨大的机会。为满足最终用户对一汽-大众"高品质"汽车的需求,2014 年,一汽-大众制定"2020 战略",明确提出形成五大生产基地的战略布局	在新生产基地建设方面,一汽-大众积极利用中国第一汽车股份有限公司和德国大众汽车股份公司两大股东的投资;在土地占用和税收方面,积极寻求政府部门的支持;在供应配套方面,带动供应商等在其周边投资建厂,形成零部件产业园和物流园区,以保障一汽-大众的正常生产运作	2018 年,随着青岛、天津等生产基地以及佛山工厂二期的建成投产,一汽-大众完成了大生产基地的战略布局,该布局支撑企业实现产销首次突破 200 万辆
A 企业	从一汽-大众共享给供应商的战略规划中发现因一汽-大众建设新生产基地而可能给自己带来的机会	一方面保证现有对一汽-大众产品供货的业绩水平,另一方面提前为新机会做产能方面的准备,包括厂房、生产设备、人才方面的准备,甚至不惜花重金购买最先进的涂装设备	成功中标一汽-大众在佛山、青岛、天津等生产基地的保险杠供货业务,并跟随一汽-大众在这三座城市分别建设了新工厂
B 企业	是 A 企业的重要注塑件供应商,A 企业建设新工厂、扩大产能给 B 企业带来了新的机会	在给 A 企业供货的过程中,B 企业十分重视供货产品的质量。在得知 A 企业中标一汽-大众佛山项目保险杠产品供应商后,迅速对企业自身的生产设备、人员、厂房方面的资源进行调整与安排,确保形成新的产能,为后来成功中标 A 企业新项目的供货奠定了基础	成功成为 A 企业佛山新工厂的注塑件供应商,并因此在佛山建设了新工厂。凭借新工厂,B 企业也得以更好地开发市场、文化、政策等均比东北开放的南方地区市场
C 企业	是一汽-大众的一级经销商,一汽-大众产品的畅销给 C 企业带来大量的销售机会。2009 年,鉴于产品的热卖,一汽-大众	C 企业马上就新门店建设的关键因素——土地资源展开工作,并顺利在一汽-大众规划区域内谈好了一块土地的使用权。而多年	如愿以偿又开设了一家新的大众品牌 4S 店。新门店的建成非常有利于 C 企业更好地满足长春东部消费者对一汽-大众

续表

企业名称	机会开发	基于机会的资源开发	创业供应链视角下机会驱动型机会-资源一体化
C 企业	规划在长春东部新增一家 4S 店。由于业务关系，第一时间得知此消息的 C 企业认为这是公司占领长春东部市场、扩大销售的一个好机会	的销售与维修经验也为 C 企业积累了大量优质人才，这也成为 C 企业竞标的重要资源	产品的需求，并因此扩大销售

资料来源：根据相关资料整理。

　　4 家案例企业同时也存在创业供应链视角下资源驱动型机会-资源一体化的典型例证（见表 3-5）。一汽-大众捷达车的销售就是资源驱动型机会-资源一体化的一个典型例证。捷达于 1979 年诞生在德国，1991 年因一汽-大众正式与中国市场结缘。捷达车在上市之后很快得到了"皮实、耐用"的美誉，成为很多首次购买汽车用户的第一选择。为了持续地吸引消费者，一汽-大众调动企业内外部的资源，在自主开展工程设计的同时，与德国大众强强联手，不断赋予捷达新的内涵。在中国市场一路走来的 31 年里，捷达创造了无数个新技术尝试应用的第一：第一个使用自动挡，第一个引进 ABS 系统，第一个全系列发动机电喷化……在并称为车坛"老三样"的夏利、富康等都早已告别市场时，捷达以其旺盛的生命力，创造着车坛神话，并因此被称为车坛"常青树"。捷达车畅销的 31 年也是中国汽车市场迅速增长的 31 年。一汽-大众在对技术资源不断开发的同时，通过"华西村一次购买 250 辆捷达车""60 万公里无大修的奇迹""赛事营销"等关键事件对捷达进行推广，抓住了市场机会，满足了众多消费者的需求，取得了 28 年（截至 2019 年）累计销量超过 420 万辆的骄人成绩。2019 年 2 月 26 日，一汽-大众宣布捷达成为其旗下继大众品牌、奥迪品牌之后的第三个子品牌——捷达品牌。从此刻起，捷达华丽转型，由一款车升级为一个品牌，被一汽-大众赋予了全新的使命，并将为一汽-大众创造更多的价值。

在A企业的发展历程中，转机发生于2009年，A企业将原生产部拆分成两个制造厂，实现了更多机会的利用，是该公司资源驱动型机会-资源一体化的一个典型例证。在给一汽-大众供应保险杠产品之前，A企业已经开始给另一家生产日系车型的企业供应保险杠产品。作为A企业当时的两个重要客户，一家生产日系车型，另一家生产德系车型。生产日系车型的企业在检验A企业供应的保险杠产品时，主要衡量其稳定性和功能。而生产德系车型的一汽-大众在对A企业供应的保险杠进行检验时，除了考核稳定性和功能性之外，还注重外观和匹配性。这就导致按相同的标准生产出来的产品，在生产日系车型的企业可以顺利通过检验，而在一汽-大众处经常遭遇投诉与退货。认识到该问题会给供应链带来风险，为了解决这一问题，A企业于2009年对组织结构进行大刀阔斧的改革，将原来的生产部拆分为两个制造厂，按照不同标准有针对性地服务于客户。A企业的做法得到一汽-大众的高度认可，为A企业后续得到更多的供货机会奠定了良好的基础。A企业之所以选择上述做法，也是因为在企业发展过程中，A企业凭借业务合作关系了解到一汽-大众产销不断迈上新台阶，其需要的保险杠产品数量和型号在不断增多。后来的事实也证明，A企业当时的做法是极其正确的，在后续一汽-大众新产品的发包中，A企业也因为其立场、态度、品质而获得一汽-大众更多产品的供货权。

在给A企业供货的过程中，B企业也是积极进行内部资源的整合，以在适当的时候，能更好地抓住来自A企业的机会。作为A企业重要的注塑件供应商，B企业始终认为机会不是等来的，而是留给有准备的企业的。因此，一直以来，B企业都非常重视创新、重视企业内部资源的调整与完善，例如，其在注塑机运行中新增加了"机械手"，既缩短了由人工接件的周期，又减轻了员工的劳动强度；采用冰水机设备，加快了模具冷却速度，缩短了生产节拍，增加了产量；增加生产线的防错工装，避免了员工在生产时将产品"混放"；增加两台海天1850T注塑机，既缓解了生产压力，提升了产能，还能接新项目等。B企业在设施设备的调整与完善中，对A企业供货的效率、可靠性、准确性以及能力等方面都得到提升，得到了A企业的高度信任与认可，为获得更多的市场机会奠定了良好的基础。后续，B企业成功实现对A企业的供货，由一开始的宝来到速腾、高尔夫等车型的注塑件，再后来还得到了奥迪品牌车型注塑件的订单。

C企业的二手车业务的开拓与发展，正是其在创业供应链视角下资源驱动型机会-资源一体化的一个典型例证。1997年，在公司成立之初，C企业主要为一汽-大众的大众品牌和奥迪品牌汽车提供售后维修服务。在积累了一定资金和经验之后，C企业于2000年建立了4S店，业务内容主要是新车销售、售后维修以及备件销售。经过十多年的发展，C企业在奥迪二手车评估、翻新以及车辆销售方面积累了大量经验，并储备了一批优秀的人才。同时，在接触客户的过程中，C企业也了解到有些客户想置换二手奥迪车购买新车，有些客户想购买质优价廉的奥迪二手车。2010年，C企业成立了奥迪二手车业务部门，为公司开拓了新业务，该业务成了公司四大业务之一。在二手车业务发展的过程中，C企业也得到了一汽-大众在二手车品牌推广以及二手车相关专业技能提升方面的大力支持。2016年，得益于一汽-大众的支持，C企业的二手车业务得到升级，成立了奥迪官方二手车认证中心，并设立了二手车展厅，为客户提供更全面、更优质的二手车服务，巩固了其在长春乃至东北地区二手车业务的领先地位。

表 3-5　创业供应链视角下资源驱动型机会-资源一体化典型例证

企业名称	资源开发	基于资源的机会开发	创业供应链视角下资源驱动型机会-资源一体化
一汽-大众	积极整合相关资源,保持捷达"皮实、耐用"品质的同时,持续进行创新。在自主工程设计的同时,与德国大众强强联手,不断赋予捷达新的内涵,创造了无数个新技术尝试应用的第一	中国汽车市场经历了由公款购车到私人购车、公务、出租三分天下,再到私人购车占主流的三个演变阶段,汽车消费需求迅速增长。在此过程中,一汽-大众积极通过"华西村一次购买 250 辆捷达车""60 万公里无大修的奇迹""赛事营销"等关键事件对捷达进行推广	由于技术的不断创新,以及积极利用关键事件的推广等,捷达以其旺盛的生命力,创造着车坛神话,被称为车坛"常青树",取得了累计销量超过 420 万辆的骄人成绩
A 企业	在 A 企业发展早期,面对生产日系汽车和德系汽车的不同客户,由同一个生产部生产出来的保险杠产品常在生产德系汽车的一汽-大众处遭遇不合格的命运。为更有针对性地服务客户,A 企业在组织结构上进行改革,将生产部拆分为两个制造厂,使生产的产品更具优势	在 A 企业发展的过程中,一汽-大众也在飞速发展,产销不断上新台阶,需要配套的保险杠产品数量和型号在不断增多。A 企业对组织结构进行调整,很好地满足了一汽-大众的需求,为后续得到更多的配套机会奠定了良好的基础	在后续一汽-大众新产品的发包中,A 企业因为其立场、态度、品质得到一汽-大众的高度认可,获得了更多产品的供货权
B 企业	B 企业一直重视企业内部设施设备的改进与完善,在注塑机运行中新增加了"机械手";采用了冰水机设备;增加生产线的防错工装;增加了两台海天 1850T 注塑机	B 企业在设施设备的调整与完善中,对 A 企业供货的效率、可靠性、准确性以及能力等方面都得到提升,得到了 A 企业的高度信任与认可,为获得更多的市场机会奠定了良好的基础	由于 B 企业的不懈努力,对 A 企业供货的车型也由一开始的宝来到速腾、高尔夫等车型,再后来还得到了奥迪品牌车型注塑件的订单

续表

企业名称	资源开发	基于资源的机会开发	创业供应链视角下资源驱动型机会-资源一体化
C 企业	C 企业以提供汽车售后维修服务起家，积累了一定资金和经验之后，建设了 4S 店。经过十多年的发展，C 企业在奥迪二手车评估、翻新以及车辆销售方面积累了大量经验，并储备了一批优秀的人才	在接触客户的过程中，C 企业了解到有些客户想置换二手奥迪车购买新车，有些客户想购买质优价廉的奥迪二手车，发现了奥迪二手车业务的机会	C 企业于 2010 年成立了奥迪二手车业务部门，开拓了新的业务，该业务成为了公司四大业务之一。2016 年，在一汽-大众的支持下，二手车业务得到升级，成立了奥迪官方二手车认证中心，并设立了二手车展厅

资料来源：根据相关资料整理。

二 创业供应链能力

创业供应链能力由郑秀恋等（2018）提出，他们认为创业供应链能力是指新创企业或中小企业识别和追求机会，管理与整合创业供应链资源，以创新为主，改善创业供应链活动的能力。创业供应链能力是一个全新的构念，该构念的提出离不开与其相关的供应链能力、供应链管理能力、供应链动态能力以及创业供应链管理能力研究的发展。关于供应链能力，Wu 等（2006）指出供应链能力是企业识别、开发、整合内外部资源以改善供应链活动的能力；Liu 等（2016）指出供应链能力是供应链管理技能、知识、惯例和能力的综合，是随着时间的推移，通过企业内部以及与合作伙伴之间的复杂的相互作用而形成的，具备该能力的企业能够协调供应链活动，部署流向需求终点的资源；冯华和包文辉（2017）则认为供应链能力是组织识别、使用和吸收内外部资源与信息以提高供应链整体效率的能力，是一个面向物流和面向顾客服务的综合性能力。关于供应链管理能力，Sabry（2015）指出供应链管理能力是供应商、制造企业、经销商、客户进行运作整合，以降低成本、缩短对客户的反应时间；Fung 和 Chen（2010）认为供应链管理能力是同时管理供应商、客户和内部组织资源的能力。关于供应链动态能力，Masteika 和 Čepinskis（2015）指出供应链动态能力是创造和转变运作能力组合、资源效率与工作过程的能力；Wang 等（2016）认为供应链动态能力是整合企业内外部资源、有效利用资源以及快速应对外部环境变化的能力。关于创业供应链管理能力，Hsu 等（2011）指出创业供应链管理能力是一种识别和追求机会的不可模仿的能力，能帮助企业实现成功与成长。Woldesenbet 等（2011）研究了小企业向大企业供货过程中体现出来的动态能力，并将该能力定义为以主要决策者设想和认定的恰当方式重新配置资源和惯例的能力。Lee 和 Rha（2016）指出处于供应链中的中小企业的动态能力体现为供应链的适应性、柔性和敏捷性，是快速、有效解决供应链中断产生的问题的能力。综合上述学者们的研究观点，本书界定创业供应链能力为企业整合创业供应链资源，识别与追求机会，促进企业适应外部环境变化并获得发展的能力。

对创业供应链能力的维度划分，同样需要借鉴过往供应链相关能力的维度划分方法。以资源基础观为理论基础，Wu 等（2006）对供应链能力展开了相关的研究，提出供应链能力的维度包含企业之间活动整合、供应链响应性、信息交换、企业之间协调四个方面。Liu 等（2016）将供应链能力划分为内部整合、外部整合、供应商评价、供应链管理技能/知识、供应链柔性、信息技术/信息系统支持六个维度。侧重于过程方面的能力，Sabry（2015）将供应链管理能力划分为由外向内过程能力、由内向外过程能力、跨越过程能力。Masteika 和 Čepinskis（2015）提出供应链动态能力包含感知、抓住机会、学习、整合、协调、重组等维度。Hsu 等（2011）将其提出的创业供应链管理能力定义为一种识别和追求机会的、不可模仿的能力，划分为创新导向、先动导向、协调能力、关系资本能力和风险承担五个维度。以供应链中的小企业为研究对象，Woldesenbet 等（2011）指出小企业向大企业供货过程中体现出的动态能力可以划分为网络与桥接能力、资源整合能力、战略服务交付能力三个维度。类似的，Lee 和 Rha（2016）指出供应链中的小企业具备的动态能力包括供应链感知能力、供应链抓住机会能力、供应链重组能力。供应链相关能力的维度划分充分体现了对供应链资源的整合与重构能力，对来自供应链以及外部市场的机会的感知与利用能力，对供应链上下游合作伙伴关系的维持能力。基于本书关注的创业供应链视角下的创业供应链能力，本书将创业供应链能力划分为机会能力、资源能力和关系能力三个维度。

（一）机会能力

本书将机会能力进一步划分为机会识别能力和机会利用能力两个子维度。机会识别能力是指企业通过对内外部环境的审视与分析进而确认机会的能力（Teece，2007；Muzychenko，2008；马鸿佳等，2014）。在创业供应链环境中，上游供应商的新技术、新发明有利于企业开发出新产品，下游客户未被满足的需求与新产品开发，都将为企业带来技术与市场机会，而这些需要企业能够充分掌握创业供应链上下游企业的信息，并能准确做出判断。可以通过审视（Scanning）、搜索（Search）、试验（Experimentation）和想象（Imagination）四种机制进行机会识别（Zahra et al.，2008）。具体而言，该能力是企业基于创业供应链，能够审视新产品、新技术，搜索下游客户的新需求，尝试不同的产品或商业模式，想象出全新的产品或概念（Chandler et al.，2011）。机会利用能力则是指企业对机会识别评估之后，及时做出决策，实现对新机会的利用的能力（Rasmussen et al.，2011）。为实现对机会的利用，企业应以最快的速度解决创业供应链中出现的问题，致力于改善创业供应链的适应性和柔性，有效整合供应商等合作伙伴，实现对客户需求的快速反应，适应不断变化的市场环境（Lee and Rha.，2013）。

（二）资源能力

本书将资源能力进一步划分为资源整合能力和资源重组能力两个子维度。资源整合能力是企业能够对企业内外部资源进行选择、汲取、配置，形成更具系统性和价值性资源体系的能力（董保宝等，2011）。基于创业供应链，企业可以对合作伙伴之间的信息技术、战略渠道以及市场知识等进行整合，这些是上下游伙伴之间信息共享、企业间协调、伙伴响应性的必要的先决条件（Tan et al.，2014）。资源整合能力是对资源体系的动态改进，对新产品在市场上实现成功，诸如向大企业供货等至关重要（Woldesenbet et al.，2011）。为了促进销售增长和获得竞争优势，企业应该具备资源重组能力，即重组、重新部署和重新配置其资产和组织结构的能力（Lee and Rha，2016）。基于创业供应链的资源重组可涉及对资产、战略、运作、组织结构等的重组，以应对或适应信息系统、产品、客户、供应商的变化，从而保持高绩效水平（Gosling et al.，2010；Kumar et al.，2006；Lee and Rha.，2013）。通过资源重组，企业不仅可以降低成本，缩短供货时间，还能够降低库存，减少应对市场变化所需的资源（Harrison and New，2002；Kumar et al.，2006）。

（三）关系能力

关系能力是指有效管理与合作伙伴关系的能力（Lado et al.，2011）。基于创业供应链，通过正式和非正式的沟通渠道，关系能力帮助实现信息在创业供应链成员间分享（Lee et al.，2010）。此外，创业供应链中的关系活动，诸如与下游客户和上游供应商的相互作用，有利于企业特定产品和服务的提出，这包括创造产品的知名度，展示产品属性，或调整产品以满足特定需求（Hsu et al.，2011）。

为实现这个方案，企业可以构建与创业供应链伙伴的关系，利用伙伴的核心能力，更好地管理交易过程的不确定性（Handfield and Bechtel，2002）。在创业供应链中，关系能力不仅代表着一家企业如何与一个特定的伙伴相互作用，而且代表着它如何与供应链上的成员构建关系。关系能力是追求创业和面对新信息、商业机会等资源所必要的能力（Woldesenbet et al.，2011）。在运作层面，与关键创业供应链合作伙伴建立密切关系带来了改进的质量、降低的成本、更快的配送等好处；在战略层面，这样一种伙伴关系实现了产品质量的改善、创新、领先的竞争和增加的市场份额（Mohanty and Gahan，2012；Anbanandam et al.，2011）。

通过对案例企业的资料进行分析，可以发现4家案例企业创业供应链能力方面的具体表现（见表3-6）。受访者所述内容涉及创业供应链能力的不同方面，如一汽-大众受访者谈道："消费者市场是机会的来源，我们有专门的团队研究市场，能够对市场做出较好的判断。"A企业受访者谈道："作为一汽-大众的重要一级供应商，我们很重视来自一汽-大众的机会，从一汽-大众的战略规划中往往能看到我们的机会。"上述内容主要与创业供应链能力中的机会能力相关。而A企业受访者谈道："为了让一汽-大众满意，我们会对组织机构进行大刀阔斧的改革，会花重金购买最先进的设备，甚至会请求一汽-大众给我们提供一些技术方面的指导和帮助。"B企业受访者谈道："这几年，工厂也在不断改进当中，设施设备的投资与完善是重点。"上述内容主要反映了创业供应链能力中的资源能力。B企业受访者所提及的"客户还是比较信任我们的，当年，去南方建工厂，很大原因也是客户邀请我们去的"，以及C企业受访者所提及的"我们是一汽-大众最早的经销商之一，多年来，我们的合作关系一直很融洽"，则主要涉及了创业供应链能力中的关系能力方面。

表3-6　案例企业的创业供应链能力代表性描述

案例企业	机会能力	资源能力	关系能力
一汽-大众	消费者市场是机会的来源,我们有专门的团队研究市场,能够对市场做出较好的判断	我们新生产基地的建设都是很快的,这离不开上下游企业的支持,当然我们能较好地利用这些资源	我们试图构建与上下游企业良好的合作伙伴关系,也取得了良好的效果
A企业	作为一汽-大众的重要一级供应商,我们很重视来自一汽-大众的机会,从一汽-大众的战略规划中往往能看到我们的机会	为了让一汽-大众满意,我们会对组织机构进行大刀阔斧的改革,会花重金购买最先进的设备,甚至会请求一汽-大众给我们提供一些技术方面的指导和帮助	一汽-大众对我们还是比较满意的,否则也不可能跟随一汽-大众在外埠建这些工厂
B企业	我们的客户能从一汽-大众的发展中看到机会,我们也能,我们也是积极关注客户的战略规划,从中寻找机会	这几年,工厂也在不断改进当中,设施设备的投资与完善是重点	客户还是比较信任我们的,当年,去南方建工厂,很大原因也是客户邀请我们去的
C企业	了解和咨询二手车业务的顾客还是比较多的,因此,我们认识到这就是我们要找的机会	每隔几年我们都会对门店进行一定的翻新与改进,也会很好地利用一汽-大众给予经销商的各种资金与技术支持	我们是一汽-大众最早的经销商之一,多年来,我们的合作关系一直很融洽

资料来源:根据相关资料整理。

三　权力不对称

权力是一方将自身意愿强加到另一方的能力(Emerson,1962)。如果一家公司控制了另一家公司所需要的资源,且由于资源特别重要或资源的替代性来源难以发现,就拥有了权力(Reimann et al.,2017)。权力不对称是指一方权力与另一方权力之差(Casciaro and Piskorski.,2005;Reimann et al.,2017)。在供应链关系中,相互间的合作关系打破了企业的边界,有利于企业对外部资源的获取(崔蓓、王玉霞,2017)。因为供应链上下游企业控制的资源重要性存在差异，在供应链上的地位也不同，所以供应链中权力不对称的情况较为普遍。本书关注的权力不对称主要聚焦于创业供应链中权力优势方对弱势方的权力体现。

一汽-大众等4家企业之间的关系都体现了权力不对称的存在（见表3-7）。如一汽-大众受访者谈道："作为供应链上的核心企业，一汽-大众的作用与地位是突出的，当然对上下游企业还是有比较强的影响力的。"A企业受访者谈道："一汽-大众经常会在质量、物流、安全等方面给我们提一些具体的要求，一般情况下，我们都得按照它的要求去做。"B企业受访者谈道："我们的下游客户，包括一汽-大众对我们的影响还是比较大的，很多规定出来后，我们只能照办。"C企业受访者谈道："在展厅布置、人员安排、促销力度等方面，很多的时候都要听从一汽-大众的安排。"

表3-7 案例企业的权力不对称代表性描述

案例企业	权力不对称
一汽-大众	作为供应链上的核心企业，一汽-大众的作用与地位是突出的，当然对上下游企业还是有比较强的影响力的
A企业	一汽-大众经常会在质量、物流、安全等方面给我们提一些具体的要求，一般情况下，我们都得按照它的要求去做
B企业	我们的下游客户，包括一汽-大众对我们的影响还是比较大的，很多规定出来后，我们只能照办
C企业	在展厅布置、人员安排、促销力度等方面，很多的时候都要听从一汽-大众的安排

资料来源：根据相关资料整理。

第四节 基于案例研究的模型构建

一 机会-资源一体化对创业供应链能力的影响

机会-资源一体化是企业的一种学习过程，也是动态能力的形成过程，与能力的形成具有很强的互动效应（董保宝、罗均梅，2018）。重复性的实践、学习与经验的积累可以帮助企业加速构筑动态能力（Eisenhardt and Martin，2000；宝贡敏、龙思颖，2015）。创业供应链能力作为一种动态能力，包括机会能力、资源能力和关系能力，是企业基于创业供应链进行机会开发与资源开发的相关能力，它的构筑必然与机会-资源一体化关系紧密。在本书中，一汽-大众的机会驱动型机会-资源一体化是其一次次对最终用户市场需求的识别，整合企业自身、创业供应链成员乃至政府相关部门的资源，建设新生产基地，以实现对机会的利用，这些是学习、实践与经验积累的过程，有利于提升一汽-大众的机会能力、资源能力和关系能力。同样，在一汽-大众的资源驱动型机会-资源一体化过程中，一汽-大众在整合相关资源的基础上，识别机会，最终实现对机会的利用，也是学习、实践与经验积累的过程，有利于提高一汽-大众的创业供应链能力。对于 A、B、C 3 家企业来说，它们基于创业供应链视角下的机会-资源一体化过程，也是机会开发、资源开发以及创业供应链成员企业间关系的维护等实践经验积累的过程，这些实践经验的积累有利于它们构筑创业供应链能力。

通过对案例资料的分析，我们可以发现一系列创业供应链视角下机会-资源一体化对创业供应链能力关系产生影响的典型例证（见表 3-8）。机会-资源一体化与创业供应链能力中的机会能力的关系，如一汽-大众受访者谈道："GDPower 持续排名第一，证明消费者对我们公司产品很认可，从中我们也看到了市场机会，在一次次对机会进行开发的过程中，我们不断地吸取教训、总结经验，相关的能力也因此得到了提升。"A 企业受访者谈道："我们通过一汽-大众发布的未来发展战略规划发现市场机会，通过主动参与或负责一汽-大众下一代产品研发，把握了未来产品发包机会……多年下来，我们积累了不少挖掘一汽-大众带给我们的市场机会的经验。"B 企业受访者也指出："对下游客户，我们一贯坚持在保证供货质量的同时，降低成本，以更优势的价格争取新产品发包机会。这是我们获取下游客户新订单的法宝，当然难度是越来越大，但我们坚持不懈，取得的效果还不错，说明我们的能力在增强。"由此可见，创业供应链视角下，机会-资源一体化会对创业供应链能力中的机会能力产生积极的影响。

关于机会-资源一体化与创业供应链能力中的关系能力的关系，如一汽-大众受访者谈道："为了更好地满足消费者的需求，我们公司在人、财、物方面做了很多工作，建设了一系列实验中心，更懂得了怎么去对资源进行安排和调整，以抓住消费者带给我们的机会。"A企业受访者谈道："早年，为了满足一汽-大众的需要，我们曾经把一个生产部门拆分为两个制造厂，如今，汽车行业在转型，我们则通过调整资源投入比例，增加产品电气自动化功能的研发，适应一汽-大众发展能源汽车的需要。可以说，这些年，随着一汽-大众的发展，我们在资源整合与重组方面的能力是增强了。"C企业受访者也谈道："为了建设新门店、开拓新业务，我们需要对企业能够调动的资源重新进行组合与安排，以满足公司发展的需要，在这个过程中，我们积累了经验，提升了能力。"由此可见，创业供应链视角下，机会-资源一体化会对创业供应链能力中的资源能力产生积极的影响。

表 3-8 创业供应链视角下机会-资源一体化与创业供应链能力关系

案例企业	典型语句示例
一汽-大众	GDPower持续排名第一，证明消费者对我们公司产品很认可，从中我们也看到了市场机会，在一次次对机会进行开发的过程中，我们不断地吸取教训、总结经验，相关的能力也因此得到了提升
	为了更好地满足消费者的需求，我们公司在人、财、物方面做了很多工作，建设了一系列实验中心，更懂得了怎么去对资源进行安排和调整，以抓住消费者带给我们的机会

续表

案例企业	典型语句示例
A 企业	我们通过一汽-大众发布的未来发展战略规划发现市场机会,通过主动参与或负责一汽-大众下一代产品研发,把握了未来产品发包机会……多年下来,我们积累了不少挖掘一汽-大众带给我们的市场机会的经验
	早年,为了满足一汽-大众的需要,我们曾经把一个生产部门拆分为两个制造厂,如今,汽车行业在转型,我们则通过调整资源投入比例,增加产品电气自动化功能的研发,适应一汽-大众发展能源汽车的需要。可以说,这些年,随着一汽-大众的发展,我们在资源整合与重组方面的能力是增强了
B 企业	对下游客户,我们一贯坚持在保证供货质量的同时,降低成本,以更优势的价格争取新产品发包机会。这是我们获取下游客户新订单的法宝,当然难度是越来越大,但我们坚持不懈,取得的效果还不错,说明我们的能力在增强
	在我们企业的发展过程中,始终重视与客户的关系处理。经过多年经验的积累,我们更是知道怎么去和客户打交道,怎么维护好与客户所构建的合作伙伴关系
C 企业	为了建设新门店、开拓新业务,我们需要对企业能够调动的资源重新进行组合与安排,以满足公司发展的需要,在这个过程中,我们积累了经验,提升了能力
	上游,一汽-大众会给我们很多指导和帮助,下游,客户就是上帝。与上下游构建友好关系一直是我们工作的重点。从效果看,我们在这方面的能力是有增强的

资料来源：根据相关资料整理。

关于机会-资源一体化与创业供应链能力中的关系能力的关系,如 A 企业受访者谈道："公司 80% 以上的业务都是来自一汽-大众,一汽-大众对我们的重要性可想而知。合作十多年来,一汽-大众能够陆续把这么多的业务给我们,不仅说明我们公司是有实力的,也说明我们在处理与重要客户方面的关系的能力是有的,而且是越来越强的。"B 企业受访者谈道："在我们企业的发展过程中,始终重视与客户的关系处理。经过多年经验的积累,我们更是知道怎么去和客户打交道,怎么维护好与客户所构建的合作伙伴关系。"类似的,C 企业受访者也指出："上游,一汽-大众会给我们很多指导和帮助,下游,客户就是上帝。与上下游构建友好关系一直是我们工作的重点。从效果看，我们在这方面的能力是有增强的。"由此可见，创业供应链视角下，机会-资源一体化对创业供应链能力中的关系能力发挥积极作用。

二 机会-资源一体化对企业绩效的影响

学者们对机会开发（Barreto，2012；陈海涛，2007）、资源开发（Wiklund and Shepherd，2009；鲁喜凤、郭海，2018；彭学兵等，2019）以及创业供应链能力（Wu et al.，2006；Hsu et al.，2011；洪江涛、高亚翀，2014）与企业绩效的关系展开了一些相关的研究。基于现有研究内容，为了探究创业供应链视角下机会-资源一体化对企业绩效的影响，以及创业供应链能力在其中所起的作用，本书对一汽-大众等4家案例企业进行了分析。

本书提炼的绩效评价指标主要包括企业在市场份额、整体竞争力、客户关系、产品质量、新收入来源等方面的表现。根据对案例企业的半结构化访谈所得的一手资料、问卷调查以及从网络等多种渠道获得的二手资料，本书提炼出了案例企业的绩效状况。在本书的4个案例企业中，虽然并非每家企业在绩效方面都是行业的佼佼者，但与同行业相比，都体现了较高的绩效水平。通过案例企业调研，我们发现创业供应链视角下机会驱动型机会-资源一体化与资源驱动型机会-资源一体化的交互作用对企业绩效产生了影响，同时创业供应链能力在机会-资源一体化与企业绩效之间的关系还起了中介作用（见表3-9）。例如，一汽-大众一方面"基于对市场和未来的精准洞察，进行了前瞻性战略布局"，实现了产能的升级，抓住了市场给企业带来的机会；另一方面，"以我们技术、人才、物质方面的优势资源，开发新产品新业务，摩捷共享汽车就是这么诞生的"，在此过程中"我们能够更好地把握市场"，"协调各种资源"，"处理好上下游企业的关系"，一汽-大众也因此成了中国汽车市场的引领者，正如他们所述，"在中国改革开放的浪潮下，一汽-大众以前瞻战略视野紧握时代脉搏，持续引领中国汽车行业发展"，"在我们的工厂里，生产线云集国内外领先技术，代表着国内汽车工艺的最高水平"，"我们华南、华东及华北基地工厂的建设都走在了国内乃至国际汽车制造行业的前列"。

A 企业在其发展过程中也是一方面注重挖掘来自下游大客户——一汽-大众的机会，通过一汽-大众分享的战略规划识别出能够带给 A 企业的机会，针对机会，及时进行资源方面的准备，如其受访者所述，"我们是人不够呀，产能不够呀，地方不够呀，我们都会进行调整，然后到真正竞标的时候，我们就拿出我们所做的这些工作，这些是能满足大众新车型的产能、质量与需求的关键"。另一方面，"我们投资最先进的涂装设备，以此打造优势资源，并开发适合企业发展的机会"。在此过程中，"我们总结了如何寻找机会，如何整合各种资源的经验，提升了能力"，"也积累了如何与下游客户，尤其像一汽-大众这样的大企业沟通与交流的经验"。因此，A 企业"最近几年，公司核心业务增长稳健，跟随一汽-大众的发展步伐，我们已建成长春、佛山、青岛、天津'四地五厂'的产业布局，拥有 7 座现代化联合厂房"，"通过不断探索，将以人为本、绿色环保与创新思维相结合，推进了快速换模技术、集中供料系统、智能超市、AGV、物流仿真、薄壁化、轻量化等行业领先制造技术在我们工厂的实际应用"。

B 企业会效仿其下游客户 A 企业，从下游客户的战略规划、日常接触与沟通中寻找适合自己发展的机会，下游客户的新工厂建设、新产品研发与投放对自己来说都是机会，如 B 企业的受访者所述："一旦我们的客户得到大众的新订单，我们就积极跟进，开发客户对我们注塑件的新需求。"同时，B 企业通过对资源的调整与优化，创造优势资源，进而寻找新的机会。在机会-资源一体化的过程中，B 企业的创业供应链能力得到提升，如其受访者提及的："我们会及时对成功的订单开发案例进行总结，形成新的能力，以适应不断变化的市场环境的要求。"B企业受访者因此有如是表述："作为一汽-大众上游的二级供应商，我们的直接客户给一汽-大众的供货量还是很大的，所以在效益方面，只要一汽-大众的车畅销，我们的效益就没问题。"

类似于上述几家企业，C企业积极采用机会驱动型机会-资源一体化与资源驱动型机会-资源一体化，因此构筑了企业的创业供应链能力，如其企业受访者谈道："在不断地开发与拓展新业务的过程中，我们的能力在增强，例如与主机厂及客户的关系处理能力，新业务的拓展能力，公司内外部资源的整合能力等。"在绩效方面，C企业也体现了不俗的成绩，如其受访者所述，"虽然竞争很激烈，我们在长春乃至东北地区还是很有影响力的"，"在新业务开拓方面，例如汽车金融、二手车业务，相比竞争对手，我们不仅做得早，还做得好，这两项业务分别是我们公司的四大业务之一"。

表3-9　创业供应链视角下机会-资源一体化与企业绩效关系

案例企业	典型语句示例
一汽-大众	基于对市场和未来的精准洞察,进行了前瞻性战略布局;以我们技术、人才、物质方面的优势资源,开发新产品新业务,摩捷共享汽车就是这么诞生的;我们能够更好地把握市场;协调各种资源;处理好上下游企业的关系;在中国改革开放的浪潮下,一汽-大众以前瞻战略视野紧握时代脉搏,持续引领中国汽车行业发展
A企业	我们是人不够呀,产能不够呀,地方不够呀,我们都会进行调整,然后到真正竞标的时候,我们就拿出我们所做的这些工作,这些是能满足大众新车型的产能、质量与需求的关键;我们投资最先进的涂装设备,以此打造优势资源,并开发适合企业发展的机会;我们总结了如何寻找机会,如何整合各种资源的经验,提升了能力;也积累了如何与下游客户,尤其像一汽-大众这样的大企业沟通与交流的经验;最近几年,公司核心业务增长稳健,跟随一汽-大众的发展步伐,我们已建成长春、佛山、青岛、天津"四地五厂"的产业布局,拥有7座现代化联合厂房

续表

案例企业	典型语句示例
B 企业	一旦我们的客户得到大众的新订单,我们就积极跟进,开发客户对我们注塑件的新需求;我们会及时对成功的订单开发案例进行总结,形成新的能力,以适应不断变化的市场环境的要求;作为一汽-大众上游的二级供应商,我们的直接客户给一汽-大众的供货量还是很大的,所以在效益方面,只要一汽-大众的车畅销,我们的效益就没问题
C 企业	在不断地开发与拓展新业务的过程中,我们的能力在增强,例如与主机厂及客户的关系处理能力,新业务的拓展能力,公司内外部资源的整合能力等;虽然竞争很激烈,我们在长春乃至东北地区还是很有影响力的;在新业务开拓方面,例如汽车金融、二手车业务,相比竞争对手,我们不仅做得早,还做得好,这两项业务分别是我们公司的四大业务之一

资料来源：根据相关资料整理。

三　权力不对称的影响

权力不对称在供应链中普遍存在，但是现有对供应链中权力不对称的研究还很少见，更未有基于创业供应链视角对权力不对称在机会-资源一体化与创业供应链能力之间关系中的调节作用展开研究的。在4个案例企业构成的创业供应链中，一汽-大众是该创业供应链的核心企业，对上下游企业都有较强的影响力，属于权力优势方。相比之下，权力不对称对权力弱势方造成的影响更值得关注。因此，为了探究创业供应链视角下权力不对称对权力弱势方的影响，本书对A、B、C等3家案例企业中的权力不对称的作用进行了分析。

创业供应链视角下，权力不对称的影响不容小觑，在针对A、B、C案例企业的调研过程中，受访者所述内容中普遍涉及权力不对称的影响，这些影响既包括对机会-资源一体化过程产生影响的因素，也包括对创业供应链能力的提升产生影响的因素（见表3-

10）。A企业是一汽-大众的一级供应商，一方面，在买方市场的情况下，A企业的产品基本只供应给一汽-大众，其他客户的供货量都很少；另一方面，得益于一汽-大众的带动，A企业建成了"四地五厂"的战略布局，但是其整体实力是远不及一汽-大众的，因此，在A企业与一汽-大众的合作关系中，A企业的员工能感受到权力不对称的影响，如其受访者所述，"我们与一汽-大众的合作伙伴关系实际上并不是那么平等，这影响了企业之间的信息沟通，进而影响我们对相关问题的判断与决策，我们因此也丢失了一些机会"，"地位不对等，企业间资源整合的深度与范围是会受影响的，不利于我们对机会的开发"。B企业是A企业的上游供应商，是一汽-大众的二级供应商，由于同处一条创业供应链，一汽-大众和A企业的发展与B企业息息相关。由于身处上游，离市场较远，同时实力和规模又与下游的一汽-大众和A企业存在较大的差距，因此，B企业的员工也能感受到权力不对称的影响，同样如其受访者所述，"与下游客户合作，我们处于被动地位，迫于对方的优势地位，我们会接受对方的大多数要求，有时候有些信息，他们也不会第一时间和我们进行分享"，"在质量水平提高、流程优化等方面，下游客户给我们提供了不少帮助，不过对一些关键资源的交换与转移，他们是会持消极态度的，对这种情况我们也没办法"。C企业是一汽-大众的一级经销商，二者的合作已经有20多年之久，合作关系还是比较良好的。但在调研过程中，C企业的受访者也表露了合作中权力不对称的影响，如"一汽-大众一开始就凭借其品牌影响力以及强大的资本优势，在与我们的合作关系中占据主导地位，我们很多工作都要听从其安排，包括一些关键资源的调整"，"经销商很难以对等的实力与主机厂取得相同的地位，我们的合作关系会因此受到影响"。

表 3-10　权力不对称对案例企业的影响

案例企业	典型语句示例
A 企业	我们与一汽-大众的合作伙伴关系实际上并不是那么平等,这影响了企业之间的信息沟通,进而影响我们对相关问题的判断与决策,我们因此也丢失了一些机会; 地位不对等,企业间资源整合的深度与范围是会受影响的,不利于我们对机会的开发
B 企业	与下游客户合作,我们处于被动地位,迫于对方的优势地位,我们会接受对方的大多数要求,有时候有些信息,他们也不会第一时间和我们进行分享; 在质量水平提高、流程优化等方面,下游客户给我们提供了不少帮助,不过对一些关键资源的交换与转移,他们是会持消极态度的,对这种情况我们也没办法
C 企业	一汽-大众一开始就凭借其品牌影响力以及强大的资本优势,在与我们的合作关系中占据主导地位,我们很多工作都要听从其安排,包括一些关键资源的调整; 经销商很难以对等的实力与主机厂取得相同的地位,我们的合作关系会因此受到影响

资料来源：根据相关资料整理。

四　研究模型

遵循多案例研究的"复制逻辑",通过对 4 个案例企业的资料进行分析后可以发现,创业供应链视角下机会-资源一体化、创业供应链能力、企业绩效三者之间存在内在联系,权力不对称对机会-资源一体化与创业供应链能力之间的关系有所影响。

具体而言,根据上述案例分析,创业供应链视角下,企业基于机会,充分利用创业供应链中的资源创造价值的创业行为（即机会驱动型机会-资源一体化）,以及基于优势资源,识别机会进而创造价值的创业行为（即资源驱动型机会-资源一体化）,使企业构筑了创业供应链能力,包括机会能力、资源能力和关系能力三个维度,进而提升了企业绩效。此外,创业供应链普遍存在权力不对称,它会对机会-资源一体化与创业供应链能力之间关系产生影响。即创业供应链视角下，机会-资源一体化积极影响创业供应链能力，进而作用于企业绩效，而权力不对称对机会-资源一体化与创业供应链能力之间的关系起到调节作用。在此基础之上，形成了本书的理论研究模型（见图3-3）。

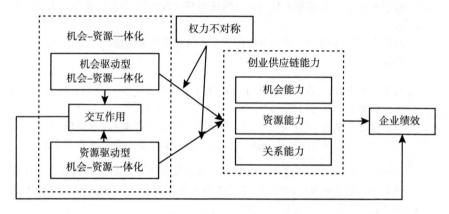

图3-3　机会-资源一体化对企业绩效的影响机理

第五节　本章小结

本章采用多案例研究的方法，基于蒂蒙斯创业模型、机会观、资源基础观等基础理论以及创业供应链、创业行为、供应链相关能力、权力不对称的相关研究，选择一汽-大众以及一汽-大众一级供应商 A 企业、二级供应商 B 企业、一级经销商 C 企业等 4 家企业为案例研究对象，进行深入调研和二手资料的收集。根据理论分析和案例研究资料提炼并验证核心构念机会-资源一体化、创业供应链能力、权力不对称的内涵和维度。进一步地，根据案例编码形成核心构念间的关系，构建创业供应链视角下机会-资源一体化、创业供应链能力、企业绩效、权力不对称的理论模型，试图揭示创业供应链视角下机会-资源一体化对企业绩效的影响机理，探究权力不对称的调节作用，从而为本书的研究假设提出和实证分析奠定基础。

第四章 机会-资源一体化对企业绩效
影响机理的理论分析

本章将基于前文的理论基础和相关研究回顾,探讨研究模型中各变量间的关系并提出相关假设以挖掘创业供应链视角下机会-资源一体化、创业供应链能力、企业绩效以及权力不对称之间的关系。主要研究假设涉及的创业供应链视角下机会-资源一体化各维度与企业绩效的关系、机会-资源一体化各维度分别与创业供应链能力各维度之间的关系、创业供应链能力各维度与企业绩效的关系、创业供应链能力各维度在机会-资源一体化与企业绩效之间的中介作用、权力不对称对机会-资源一体化和创业供应链能力之间关系的调节作用。本章的研究目的是从理论方面探析创业供应链视角下机会-资源一体化是如何促进企业绩效提升这一问题的内在机理。

第一节 机会-资源一体化与企业绩效

机会驱动型机会-资源一体化以机会的发现为驱动,通过识别、获取以及整合企业内外部的资源,实现机会利用,从而为企业创造价值(Reynolds et al., 2003;蔡莉、鲁喜凤, 2016)。机会利用实际上是企业识别、整合资源,为商业机会形成新产品或新服务,并从中获得相应的投资回报(Choi and Shepherd, 2004;王玲等, 2017)。有些企业在发现机会之后,会积极调整企业内部的组织结构,重新进行资源配置,通过模式创新来适应外部需求,实现市场的开拓（彭秀青等，2016）。Alvarez 等（2014）认为，对于企业来说，发现机会，对机会所蕴含的价值进行评估，确认为有价值的机会及整合相关资源，以实现机会的利用，这个过程是能够为企业带来利润的。现有文献直接研究机会驱动型机会-资源一体化与企业绩效关系的还很少见。

在以机会为主导的创业行为研究中，较多学者的研究已经表明，机会识别与利用有助于企业获取竞争优势，提升企业绩效。如 Anh 等（2009）认为有价值的机会能够为企业带来竞争利基，帮助企业实现既定战略，进而提升组织绩效。Christensen（2005）的研究指出创业机会的开发有助于企业构筑竞争优势，二者关系密切。买忆媛和甘智龙（2008）基于 GEM 数据实证研究了我国典型地区创业环境对创业机会与创业能力实现的影响，发现机会与创业企业的竞争优势具有显著的关系。王朝云（2014）认为利用网络识别的机会对企业竞争优势的构建具有重要的作用。Cavalcante 等（2011）从机会创造视角分析了机会开发与商业模式、创新以及竞争优势的关系。鉴于竞争优势与企业绩效的密切相关性，构筑了竞争优势的企业必然能够实现绩效的提升。实际上，在以机会为主导的研究中，资源开发尽管未被展开更多的讨论，但是要实现机会的利用，资源开发必不可少，缺少了资源的支撑，再好的机会也将无法被利用。

基于创业供应链视角，一些学者也证明了利用供应链发现机会，整合资源，实现机会的利用，有利于企业提升绩效。如 Brent Ross（2011）认为供应链的出现给创业企业的绩效带来了深远的影响，那些能够与上下游企业建立合作联盟，致力于发现来自上下游伙伴的机会，并能够整合上下游资源实现对机会进行利用的企业，其绩效要比自建供应链企业的高。来自创业供应链的市场情报是企业识别与发现机会的一个重要渠道，一旦机会被识别，企业除了调动内部资源外，还应积极培育与管理来自上下游伙伴的资源，实现机会的利用，在提升服务效率与客户满意度的同时，获得更多投资回报

（Handfield et al.，2009；Anastasiadis and Poole，2015；Tatham et al.，2017）。此外，Kache 和 Seuring（2017）认为，从机会的角度看，供应链上下游企业间的信息共享可以帮助企业评估现有机会并寻求新的机会，获得新的收入来源。

资源驱动型机会-资源一体化就是企业以能够整合的有价值的或稀缺的资源为驱动，识别、评价机会，对资源进行开发，从而创造价值的过程（Haynie et al.，2009；蔡莉等，2016）。对于企业来说，如果拥有了有价值的、稀缺的、不可模仿或不可替代的资源，企业就有获得持续竞争优势的潜力（Barney，1991，2001），进而提升企业绩效。葛宝山等（2015）认为企业在对资源的合理配置与利用过程中，可能产生一些有价值的新想法，企业则可能因此获得新的价值。彭秀青等（2016）的研究指出企业在运作的过程中利用不断积累的丰富的市场、声誉乃至关系资源等，帮助其实现机会的开发，培育长期竞争优势。类似的，王玲等（2017）的研究证明新企业主要通过手段导向型资源拼凑进行机会的识别，通过社会网络型资源拼凑实现机会的利用，进而构筑竞争优势。企业一旦构筑了竞争优势，将可能获得由此带来的体现在生产效率、产品质量、竞争地位以及销售收入等一些方面的绩效提升。可见，资源驱动型机会-资源一体化是有助于企业提升绩效的。

在以资源为主导的创业行为研究中，较多的学者研究表明，资源的开发能够为企业带来竞争优势。Stratman 和 Roth（2002）从资源的角度研究了新创企业资源规划能力的构建，认为企业必须获取稀缺的资源，由此形成的能力是竞争对手无法模仿的，也是企业维持竞争优势的关键。如果企业不能获取所需的资源要素，企业核心能力便失去了来源（牛芳等，2012），或者原来的能力便不能得到拓展与发展，企业发展便会逐渐地滞后于市场的需求，企业的竞争优势也会逐渐丧失（Sydow et al.，2009；董保宝等，2011）。资源配置和利用行为分别是资源整合过程的核心步骤和最终环节，也是影响企业竞争优势的关键。通过利用各种经过整合与配置的资源，资源的价值实现了，更为重要的是企业能力在资源利用的过程中得到了强化与拓展，企业的竞争优势也得以建立（Blyler and Coff，2003）。竞争优势与企业绩效高度相关，企业所具有的竞争优势将带来绩效的提升。此外，在以资源为主导的创业研究中，一些研究表明资源开发是能够提升企业绩效的。Brush 等（2001）认为企业如果遵循识别资源、吸引资源、将个人资源转化为组织资源并加以利用的开发路径，企业将获得超额业绩。Fahy 等（2006）研究了企业营销资源的作用，认为企业要适应不断变化的市场，必须整合利用已有的资源以增强企业的市场柔性，同时配置并利用资源来实施营销创新，增强企业创新能力，这样才能持久地对企业的绩效做出贡献。任萍（2011）认为，资源整合形成并提升了企业的竞争优势，改善了企业的绩效表现。Blackhurst 等（2011）指出资源利用是资源开发的最后阶段，也是资源价值实现的过程，对企业绩效的改善具有重要的作用。以资源为主导的创业离不开对机会的开发，企业努力的方向必然是机会-资源一体化，并以资源驱动型机会-资源一体化为主。

　一些基于创业供应链视角的研究表明，以资源为驱动对机会进行开发的创业行为有助于企业提升绩效。如 Amanor-Boadu 等（2009）认为创业供应链中的成员企业应该相互信任，共同开发独特的地理资源、独特的生产工艺，共同抓住市场机会，从而最大化资源对创业供应链成员企业的绩效贡献，实现对全球化竞争的从容挑战。供应链上游的联盟伙伴提供了明星科学家的专业领域知识、尖端实验室设备，并获得专门的研究生和实验室助理的支持，供应链下游联盟伙伴给企业带来了互补的资源，包括市场和客户信息、生产资产基础、分销渠道以及价值链上的伙伴关系资源（Bouncken et al.，2016；Dutta and Hora，2017）。供应链中的上下游合作，实现技术推动与市场拉动的无缝衔接，促使企业的发明成功实现商业化（Dutta and Hora，2017）。宋华和刘会（2014）的研究指出通过供应链管理整合企业资源，识别并抓住市场中的新机会，积极创新并敢于承担风险，将提升供应链参与企业以及供应链整体的长期绩效。综上所述，本书认为资源驱动型机会–资源一体化对企业绩效有正向影响。

在企业的实际发展过程中，机会和资源往往不会同时拥有，因此出现机会驱动型机会–资源一体化和资源驱动型机会–资源一体化。但是对于企业来说，不可能局限于采用单一机会驱动型机会–资源一体化或资源驱动型机会–资源一体化。企业在实现机会驱动型机会–资源一体化的过程中，某些方面的资源开发时机成熟并形成优势资源，企业便可以同时采取资源驱动型机会–资源一体化的创业行为，以促使企业的绩效实现最大化。另外，企业在实现资源驱动型机会–资源一体化的过程中，发现了一个新的机会，也可以把握机会，对机会进行开发，实现机会驱动型机会–资源一体化，从而也促进了企业绩效的提升。由此可见，企业可以根据组织内外部资源与环境的变化，动态平衡机会驱动型机会–资源一体化和资源驱动型机会–资源一体化，以促使企业绩效实现最优化。一些学者的研究表明机会与资源的相互整合有利于提升企业绩效。例如，Ardichvili 等（2003）和 Sirmon 等（2007）从机会开发与资源开发的密切联系性出发，指出有效地整合机会开发和资源开发行为是创业成功的关键。Zott 和 Huy（2007）、Obloj 等（2010）则认为机会开发与资源整合两大行为是同时进行的，二者相互作用，互为补充，共同支撑创业行为的进行，机会开发加快了组织的资源整合，而资源整合又修正、完善了机会开发，二者共同保障了创业的成功进行。尽管学者们没有直接区分机会驱动型机会–资源一体化和资源驱动型机会–资源一体化，但是从学者们的分析可知，机会和资源的相互整合行为既可以是单一的机会驱动型机会–资源一体化或资源驱动型机会–资源一体化，也可以是二者的组合，它们都将为企业带来绩效的提升。然而，无论偏颇哪种类型的机会–资源一体化行为，都将无法实现企业绩效的最大化。一方面，企业如果单一采用机会驱动型机会-资源一体化，虽然可以促使企业对发现的机会进行利用，促使企业绩效提升，但是忽略了企业所能开发的其他一些有价值、有优势的资源，不能让这些资源创造更大的价值，而且资源的价值和优势随时可能丧失；另一方面，企业如果单一采用资源驱动型机会-资源一体化，虽然充分利用了一些有价值、有优势的资源，但是可能会令企业错失另一些可以促进企业进一步发展的机会，毕竟在转型经济情境下，新机会不断涌现，但同时机会也是转瞬即逝的。由此可见，机会驱动型机会-资源一体化与资源驱动型机会-资源一体化两者间存在互补效应，充分发挥二者的互补效应可以最大限度地提升企业绩效。

综上所述，本书认为机会驱动型机会-资源一体化、资源驱动型机会-资源一体化，以及二者的交互作用对企业绩效有正向影响，提出假设如下。

H1a：机会驱动型机会-资源一体化积极影响企业绩效。

H1b：资源驱动型机会-资源一体化积极影响企业绩效。

H1c：机会驱动型机会-资源一体化与资源驱动型机会-资源一体化的交互作用积极影响企业绩效。

第二节　机会-资源一体化与创业供应链能力

重复的实践能够加深企业对相关过程的认识，开发更有效的惯例，获得实践经验的积累，从而帮助企业加速动态能力的构筑（Eisenhardt and Martin，2000；宝贡敏、龙思颖，2015）。根据前文，创业供应链能力作为一种动态能力，是企业识别和追求机会，管理与整合创业供应链资源，以创新为主，改善创业供应链活动的能力，包括机会能力、资源能力和关系能力三个维度。因此，对于企业来说，机会、资源开发的过程将有利于创业供应链能力的构筑。机会-资源一体化，不管是机会驱动型还是资源驱动型，均是机会开发与资源开发的相互整合，将有利于创业供应链能力的提升。董保宝和罗均梅（2018）的研究指出，机会-资源一体化与动态能力的形成具有强烈的互动性，机会-资源一体化的过程，既是学习的过程，也是动态能力形成的过程。

机会驱动型机会-资源一体化始于对机会的识别与发现，积极整合资源实现机会的利用。机会识别、发现的实践过程有利于机会开发相关经验的积累，将提升企业的机会识别能力。Zahra等（2006）和Teece（2012）的研究指出企业对机会的感知与把握对维持动态能力至关重要。在学者们的研究中，机会相关能力往往是企业动态能力的一个组成部分。彭秀青等（2016）指出机会利用离不开企业对资源的高效开发，包括资源的识别、获取、整合等，这都将有助于企业提升机会利用能力。王玲等（2017）的研究指出，高效的资源开发行为能够促进创业机会的识别，促进机会的利用，最终提升机会利用能力。关于资源驱动型机会-资源一体化，其是企业在优势资源基础上识别机会，最终利用机会，使优势资源创造价值。在此过程中，机会识别与利用的实践过程也是学习与经验积累的过程，将有利于企业提升机会感知能力与机会利用能力。另外，根据企业能力理论，资源是企业构筑能力的基础，机会的成功开发与资源的整合关系密切，资源的整合与利用贯穿机会开发的全过程。因此，企业所具备的优势资源将会积极影响其机会识别能力与机会利用能力。

创业供应链能力中的资源能力包括资源整合能力与资源重组能力两个子维度。在过往的研究中，很多学者认为企业动态能力的构成中包括资源整合能力与资源重组能力，并认为资源本身以及资源的获取、整合、重新配置等有利于企业提升动态能力。例如，Peteraf（1993）认为企业识别外部资源，整合企业内外部资源并进行开发，会形成一种无形的力，以应对变化的外部环境，这种力就是动态能力；企业只有识别了所需的关键资源，才能构建企业发展所需的资源基础，动态能力才能得以构建和发展。事实上，企业的资源越多，越能吸引外部合作者，企业便能够利用外部的资源来提升自身的动态能力（Wu，2007）。资源整合，规避了静态资源的缺点，使资源不断地进行更新与匹配，形成新的资源，由此构筑了动态能力，因此，资源获取、资源配置以及资源利用过程对动态能力的构建与拓展具有重要的作用（董保宝等，2011；董保宝、葛宝山，2012）。此外，蔡莉等（2011）认为资源开发过程与动态能力具有交互作用，一方面，资源开发过程能够提升动态能力，另一方面，企业具备的动态能力也有助于对资源的开发。从并购的角度看，苏志文（2012）认为实施并购战略可以发展和提升企业的动态能力，实现对自身资源和能力的不断重构和更新。葛宝山等（2017）的研究则证明资源可获得性对动态内部整合能力有正向影响。在机会驱动型机会-资源一体化过程中，企业识别、发现机会之后，必须积极整合企业内外部的资源，才能够促使已识别机会得到利用。因此，机会驱动型机会-资源一体化存在资源的获取、整合以及重新配置的过程，有利于企业构筑资源整合能力与资源重组能力。根据学者们以往的研究，在资源驱动型机会-资源一体化过程中，企业所具有的优势、稀缺资源有利于提升企业的资源整合能力与资源重组能力。另外，在企业识别机会之后，发生的对资源的整合、重新配置等活动，同样会积极影响企业的资源整合能力与资源重组能力的构筑。

在创业供应链中，关系能力不仅代表一家企业如何与一个特定的伙伴相互作用，而且代表它如何与供应链上的成员构建关系（Hsu et al.，2011）。基于创业供应链，机会驱动型机会-资源一体化要求企业积极关注来自创业供应链下游客户的机会，促使企业积极构建与下游客户友好的长期关系，致力于与下游客户的信息、知识等的沟通，否则企业将很难从下游客户那里发现机会。在机会驱动型机会-资源一体化过程中，机会利用也往往是因为有新产品的开发，为促进机会利用的实现，企业将会重视与创业供应链上下游企业构建良好的合作伙伴关系，并积极沟通合作过程中出现的问题。在资源驱动型机会-资源一体化过程中，企业掌握了优势、稀缺资源，而这些资源的利用需要企业发现可以利用的机会，才能令优势、稀缺资源创造价值。在基于创业供应链的创业过程中，企业只有与创业供应链成员构建长期合作关系，建立良好的沟通机制，才能发现来自下游客户的机会。基于上述分析，本书提出如下假设。

H2a：机会驱动型机会-资源一体化积极影响机会能力。

H2b：资源驱动型机会-资源一体化积极影响机会能力。

H2c：机会驱动型机会-资源一体化积极影响资源能力。

H2d：资源驱动型机会-资源一体化积极影响资源能力。

H2e：机会驱动型机会-资源一体化积极影响关系能力。

H2f：资源驱动型机会-资源一体化积极影响关系能力。

第三节　创业供应链能力与企业绩效

能力是竞争优势源泉且有助于提升企业绩效的说法已经得到了学者们的广泛认可。在供应链相关能力的研究中，Morash（2001）的研究指出供应链能力是企业获取竞争优势的源泉。Fung 和 Chen（2010）通过对位于香港的 147 家中小国际贸易中介企业进行调查，证明了供应链管理能力和企业绩效之间具有正向相关关系。Sabry（2015）通过对来自埃及的家具、纺织等制造企业的调研，证明了构成供应链管理能力对由感知的产品价值、客户忠诚度、市场绩效和财务绩效四个方面构成的企业绩效有积极影响。Wang 等（2016）指出供应链动态能力有助于整合企业内外部资源，实现对资源的有效利用，进而快速适应外部变化的环境。国内学者洪江涛和高亚翀（2014）运用结构方程模型，结合 165 家供应链上下游企业的调查数据，证明了供应链能力与企业短期绩效、长期绩效以及知识传输都存在积极关系，供应链能力不仅会直接影响企业长期绩效、短期绩效，也会借助知识传输这一中介变量间接影响企业长期绩效、短期绩效。

郑秀恋等（2018）的研究指出创业供应链能力有助于改善创业供应链活动。

如前文所述，机会能力是本书所指创业供应链能力的组成部分，机会能力又分为机会识别能力与机会利用能力两个子维度。机会识别能力有助于企业预见或想象在所处行业边界内外部的市场和技术机会（Zahra，2011；Abdelgawad et al.，2013），包括审视、搜索、试验和想象四种机制（Zahra et al.，2011）。随着社会进步与信息技术的发展，新产品、新技术乃至新服务在不断地涌现，企业如果能够及时审视、发现这些新产品、新技术，将有利于其开发出适应新时代需要的新产品与服务，提升企业绩效。对于企业来说，与上游供应商的密切接触将有利于其掌握新材料、新技术的应用。尚未被满足的市场需求对于企业来说就是机会，企业如果能够搜索到这方面的需求，将有利于开拓新的市场。基于创业供应链视角，企业在搜索下游客户尚未被满足的需求方面，会因为与客户已有的合作基础而更具备搜索优势。试验是企业对创新性商业模式、产品的尝试（Chandler et al.，2011；Ardichvili et al.，2003）。想象是指企业对全新商业概念的设想（Eckhardt and Shane，2003）。随着市场竞争的日趋激烈，创新性商业模式、全新商业概念将可能因能够更好地满足客户的需求而给企业带来更多的利益。机会利用能力体现为对机会选择与把握的能力，是企业能够及时整合资源以实现对机会利用的能力（Zahra，2011；Teece，2012）。当今市场的特征是高度动态性，企业感知到的机会很可能转瞬即逝，如果企业能够快速整合自身内外部资源，与机会相匹配，把握机会利用的时机，将能够为自己创造价值，提升企业绩效。此外，宋华和刘会（2014）的研究指出创业供应链管理能力包含对机会识别与利用的能力，有助于提升供应链绩效。Lee和Rha（2016）认为全球商业环境变得日益复杂和更具动态性，基于供应链的机会感知能力，能够帮助企业发现供应链中出现的机会，同时，基于供应链的机会利用能力能快速应对市场变化、快速响应顾客需求，有效与供应商等相关伙伴进行整合（Mason et al.，2002），实现供应链弹性的提高，进而提升企业绩效。

创业供应链能力中的资源能力包括资源整合能力与资源重组能力。在高度不确定的商业环境中，企业整合、构建、重新配置其内外部资源的能力将会为企业带来持续的竞争优势（Teece et al.，1997），从而帮助企业提升绩效。企业的发展资源是关键，不仅企业自身拥有的资源对企业来说很重要，企业能够整合到的、对企业有利的外部资源对企业来说也是非常重要的。资源整合能力不仅体现为对企业内部资源的整合能力，也包括对企业外部资源的整合能力。因此，资源整合能力能够帮助企业对不同来源的资源进行选择与配置，使不同来源的资源具备更强的柔性和价值性，形成新的核心资源体系（董保宝等，2011），进而为企业创造更多的价值。对于创业供应链成员企业来说，上游供应商能给企业带来更多的新技术资源，下游客户能为企业带来更多的渠道资源、市场需求信息等（Bouncken et al.，2016）。因此，较多学者的研究指出企业具备的内部整合能力，以及供应链上下游企业之间的整合能力对企业绩效有积极的提升作用（Wu et al.，2006；Woldesenbet et al.，2011；Tan et al.，2014；Liu et al.，2016）。为了保持销售增长和竞争优势，在企业获得更多需要管理的资源，以及面临新的意外情况时，企业必须有能力重新组合与配置资源乃至组织结构（Teece，2007；Teece and Pisano，1994；Teece et al.，1997）。供应链相关文献指出，重构供应链资产、战略、运作的能力有助于应对或适应信息系统、产品、客户和卖方的变化，同时维持高绩效（Gosling et al.，2010；Kumar et al.，2006；Lee and Rha，2013）。

关于创业供应链能力中的关系能力与企业绩效的关系，学者们也开展了一些相关的研究。例如，Hsu等（2011）的研究指出，关系资本能力是创业供应链管理能力的一个维度，与其他维度一样，关系资本能力很难被外界所观察，很难在组织之间转移，也很难被竞争对手所复制，是企业所具有的稀有的、不容易被模仿的、有价值的能力，有助于企业获得持续竞争优势，会对销售增长、市场增长、利润、市场份额四个方面的绩效产生积极影响。Beske（2012）、Woldesenbet 等（2011）、张峰（2016）等的研究也认为创业供应链伙伴关系能力对企业绩效有积极影响。当企业与创业供应链伙伴之间构建长期合作关系时，它们更有可能专注于知识开发和交流，并增加对"关系特定资产"的投资（Dyer and Singh，1998；Madhok and Tallman，1998）。良好的合作伙伴关系有利于增加企业间的沟通，使创业供应链伙伴能够交换信息和知识，并促进联合解决问题（Carr and Pearson，1999），从而提升企业绩效。基于上述分析，本书提出如下假设。

H3a：机会能力积极影响企业绩效。

H3b：资源能力积极影响企业绩效。

H3c：关系能力积极影响企业绩效。

第四节　创业供应链能力不同维度的中介作用

已有研究探索了机会-资源一体化等相关创业行为对企业绩效的促进作用，在这些研究中，一些学者也关注了能力在创业行为与企业绩效之间的中介作用（Gurisatti et al.，1997；Athreye，2005；葛宝山等，2009）。因为在动荡的环境中，企业的创业行为往往很难直接带来企业绩效的提升，只有构筑了动态能力，适应不断变化的市场，才能帮助企业提升绩效。例如，Athreye（2005）的研究指出企业的资源开发有利于夯实良好的资源基础，由此形成的动态能力将为企业带来良好的绩效。葛宝山和董保宝（2009）的研究证明动态能力在资源识别、获取、整合以及利用过程与新创企业绩效之间起着中介作用。董保宝等（2011）的研究则证明了动态能力在资源整合过程与竞争优势之间的中介作用，并进一步指出企业可以通过资源整合提升动态能力进而构筑竞争优势。

转型经济情境下，市场出现快速变革，新兴市场不断涌现，技术也是不断创新，由此涌现了大量的机会（Dixon and Shepherd，2011），但同时这些机会也是转瞬即逝，因而对于企业来说，机会能力至关重要。关于机会能力在创业行为与企业绩效之间中介作用的研究还不多见。郭润萍和蔡莉（2017）通过对279家中国高技术新企业的数据进行分析，证明了机会识别能力与机会实现能力在知识资源整合与高技术新企业绩效之间的中介作用。此外，如前所述，机会驱动型机会-资源一体化是企业积极主动识别机会，并对资源进行整合实现机会利用的过程，在此过程中，企业积累了机会识别与利用的经验，提升了企业的机会识别能力与机会利用能力。资源驱动型机会-资源一体化以企业所具备的优势资源为驱动，而资源是能力的基础，对资源的高效开发有利于机会识别和利用。另外，机会能力会通过对新机会的审视与发现、对未被满足需求的搜索、对创新性商业模式的尝试、对全新商业概念的设想，以及对机会的直接利用进行价值创造等，来提升企业绩效。可见，机会能力在机会驱动型机会-资源一体化、资源驱动型机会-资源一体化与企业绩效之间扮演着重要的角色。

在对动态能力的研究中，作为动态能力的维度构成，资源整合能力、资源重组能力被认为在资源整合与企业绩效之间存在中介作用。例如，葛宝山和董保宝（2009）提出动态能力分为资源整合能力、资源再配置能力、学习能力、适应能力和创新能力五个维度，通过实证研究证明动态能力在资源开发过程与新创企业绩效的转化关系中起到了一定的中介作用，打开了由资源开发过程到企业绩效的"黑箱"。董保宝等（2011）认为动态能力包含环境适应能力、组织变革能力、资源整合能力、学习能力和战略隔绝机制，以结构方程模型对东北地区187份有效问卷进行了实证分析，证明动态能力在资源整合过程与竞争优势之间存在中介作用。此外，如前所述，机会驱动型机会-资源一体化与资源驱动型机会-资源一体化因为对资源的动态整合，规避了静态资源的缺点，获得了更多优质资源，并且积累了资源整合与重组的经验，从而促进企业资源能力的构筑，同时，资源能力又有利于企业对内外部资源的有机融合，使资源更具柔性（董保宝等，2011），为企业创造更多的价值，从而提升企业绩效。由此可见，资源能力在机会驱动型机会-资源一体化、资源驱动型机会-资源一体化与企业绩效之间起着桥梁的作用。

一方面，通过对已有文献的梳理，我们可以发现机会驱动型机会-资源一体化与资源驱动型机会资源一体化有利于企业构筑关系能力。机会驱动型机会-资源一体化、资源驱动型机会-资源一体化促使企业积极构建与下游客户友好的长期关系，致力于与下游客户进行信息、知识等的沟通，努力搭建跨职能团队，重视供应商参与新产品开发。另一方面，以往文献研究表明关系能力能够促进企业绩效的提升。因为关系能力是企业所具有的稀有的、不容易被模仿的、有价值的能力，有助于企业获得持续竞争优势，会对销售增长、市场增长、利润、市场份额四个方面的绩效产生积极影响（Hsu et al.，2011）。具体而言，长期合作关系有利于企业增加对"关系特定资产"的投资（Dyer and Singh，1998；Madhok and Tallman，1998），良好合作关系促进了企业间的沟通，有利于解决合作过程中出现的问题（Carr and Pearson，1999）。而且，良好的合作关系有利于形成跨职能团队，进而增强产品设计能力，降低成本，促进全面质量改善和知识创造（Burt，1992；Nonaka and Takeuchi，1995）。良好的合作关系还有利于企业参与下游客户的新产品开发（Clark and Fujimoto，1991；Helper，1991），有助于缩短产品开发周期，提高产品性能（Lado et al.，2011）。由此可见，机会驱动型机会-资源一体化、资源驱动型机会-资源一体化对企业绩效的影响可通过构建关系能力加以实现。基于上述分析，本书提出如下假设。

H4a：机会能力在机会驱动型机会-资源一体化与企业绩效之间

起到中介作用。

H4b：机会能力在资源驱动型机会-资源一体化与企业绩效之间起到中介作用。

H4c：资源能力在机会驱动型机会-资源一体化与企业绩效之间起到中介作用。

H4d：资源能力在资源驱动型机会-资源一体化与企业绩效之间起到中介作用。

H4e：关系能力在机会驱动型机会-资源一体化与企业绩效之间起到中介作用。

H4f：关系能力在资源驱动型机会-资源一体化与企业绩效之间起到中介作用。

第五节　权力不对称的调节作用

为了竞争成功，企业不仅需要能够整合内部资源，还要能够获取一些不在其控制之内的资源，包括有形、无形的资源等（Reimann et al.，2017）。为实现对互补性资源的整合，企业会根据自身所拥有资源的状况，构建与其他企业的合作关系（陈劲、阳银娟，2014）。对于创业供应链合作伙伴来说，它们通过打破企业边界的限制，与上下游企业合作，以便获得互补资源（崔蓓、王玉霞，2017）。由于在创业供应链上的地位不同，掌握的资源与信息不一致，创业供应链上成员企业之间权力不对称的情况很普遍。然而，权力不对称会阻碍冲突的解决与资源的整合，影响企业之间信息的交流与沟通，进而阻碍交易的达成（Casciaro and Piskorski，2005；Setyawan et al.，2019）。

机会驱动型机会-资源一体化与资源驱动型机会-资源一体化会因企业机会识别与利用、资源整合与重组等的学习和实践过程而积累经验，进而提升企业的创业供应链能力。在权力对称的情况下，创业供应链上下游企业资源互补性和兼容性较好，企业会通过协同合作来配置和交换资源（Mitsuhashi and Greve，2009），信息沟通也较为顺畅。在权力不对称的情况下，从资源的角度看，权力优势方因为拥有更多的资源，出于对资源溢出效应的担忧，企业对在与上下游企业之间的资源优化配置方面会持消极态度（Wu and Choi，2005）。对权力弱势方来说，其将通过寻求对资源的交换和优化组合，来重构企业之间的关系，这会导致优势方拒绝与弱势方形成长期的伙伴关系，以维护企业优势地位（崔蓓、王玉霞，2017）。资源不能在创业供应链上下游企业之间实现优化配置，一方面，不利于企业在资源开发方面的实践经验积累，另一方面，也不利于上下游企业共同对市场、技术机会等的开发和利用，进而限制了企业创业供应链能力的构筑。从信息沟通方面看，对权力优势方来说，企业进行信息沟通与交流的激励较弱（Keltner and Robinson，1997），不利于创业供应链上下游企业之间形成顺畅的信息流。对于创业供应链成员企业来说，信息是有效协商和共同解决合作过程中出现的问题的关键，对机会的识别也至关重要。因此，权力不对称阻碍了机会驱动型机会-资源一体化与资源驱动型机会-资源一体化过程中的信息沟通，不利于机会的识别与良好合作关系的构建，影响了创业供应链能力的构筑。从合作伙伴关系构建方面看，优势方倾向于同意对其有利的协议，而弱势方希望签订平等收益的协议，不平等的问题因此引发了合法性和公平的问题，双方因此很难建立令人满意的合作关系（Casciaro and Piskorski，2005）。Kumar 等（1995）的研究也指出企业之间的权力不平衡会导致企业对分配公平和过程公平更为敏感和紧张。这种情况也将导致在机会-资源一体化过程中，企业难以构筑其与上下游企业之间的关系能力。基于上述分析，本书提出如下假设。

H5a：权力不对称会减弱机会驱动型机会-资源一体化与创业供应链能力之间的正向关系。

　　H5b：权力不对称会减弱资源驱动型机会−资源一体化与创业供应链能力之间的正向关系。

第六节　本章小结

　　本章的研究目的是探索创业供应链视角下机会−资源一体化是如何影响创业供应链能力进而作用于企业绩效的，以及权力不对称的调节作用，通过对过往文献的分析，本书提出了 20 条研究假设。首先，本书分析了创业供应链视角下机会−资源一体化对企业绩效的影响。其次，本书分别探讨了创业供应链视角下机会−资源一体化对创业供应链能力的作用以及创业供应链能力对企业绩效的影响。再次，本书讨论了创业供应链视角下创业供应链能力在机会−资源一体化和企业绩效之间的中介作用。最后，本书还探讨了创业供应链视角下权力不对称在机会−资源一体化与创业供应链能力之间的调节作用。

第五章　机会－资源一体化对企业绩效影响机理的实证研究设计

基于理论和案例方面的分析与研究，本书构建了创业供应链视角下的机会－资源一体化、创业供应链能力和企业绩效的研究模型，进而提出了研究假设。基于实证研究的范式，本书将主要通过大样本问卷调查获得数据，并进行统计分析，最终得出研究结论（陈晓萍等，2012）。本章将主要阐述问卷设计、调研样本选择、研究变量测量、控制变量的选取、预调研与问卷修正并生成正式调查问卷的实证研究设计过程。

第一节　调查问卷设计

为保障所得调查数据的真实有效性，调查之前的问卷设计是关键。因此，本书在进行问卷设计时，遵循了以下三个原则：第一，语言表达准确、精炼，能够反映所要调研的内容；第二，确保被调研者能够理解各个题项内容，且能够真实自愿地回答；第三，避免题项交叉重叠、带有诱导性，并避免问卷冗长（陈晓萍等，2012）。

基于上述问卷设计的原则，本书的问卷设计开展了以下四方面的工作。

第一，量表的收集与筛选。根据本书的研究内容以及所构建的研究模型，本书的问卷将围绕机会－资源一体化、创业供应链能力、企业绩效以及权力不对称等变量进行设计。量表体现的是对变量的测量情况，量表题项设计决定了问卷调查数据质量的高低。本书以上述相关变量为关键词，收集了国内外高水平期刊中关于机会-资源一体化、创业供应链能力、企业绩效以及权力不对称等的实证研究文献。从这些实证文献中，选择研究主题、背景和变量主要内涵与本书研究相近的文章，并进一步从中挑选引用率高的成熟量表，以这样的量表为基础进行本书量表的设计。成熟量表具有较高的信效度，能够更好地保障调查数据的质量，并进一步保障了研究结果的可靠性。

第二，量表的翻译与回译。由于本书采用的部分量表出自外文期刊的成熟量表，量表翻译的准确性与通俗易懂性非常重要。因此，除了笔者本人外，还邀请了两名精通英语的课题组成员同时进行量表的翻译工作。对三者翻译的量表进行比较、分析与改正，确保与原文意思相一致。进一步地，为提高量表翻译的准确程度，本书采用了回译法，即将中文量表翻译成英文，并与原始英文量表进行对比，对中文量表中的差异进行反复修改与校正。此外，为了更精确地对本书研究内容进行测量，结合本书研究主题和中国转型经济情境，补充了相关的题项。

第三，形成问卷初稿。完成了量表设计工作之后，需要编制问卷初稿。本书的问卷初稿主要包括三个方面。一是问卷标题与相关说明，主要说明调查目的和主要内容，并说明调查结果将仅用于学术研究，且会对调研所得数据进行严格保密，以更好地取得被调研者的信任与合作。二是相关变量的测量题项，即对本书研究涉及的机会-资源一体化、创业供应链能力、企业绩效以及权力不对称等变量进行测量，是问卷的主体。三是调研对象的基本情况信息收集，一方面包括被调研者的性别、年龄、学历以及职务，另一方面涉及被调研企业的成立年限、企业性质、员工人数、与核心企业的关系等信息。

第四，预调研与修正。为确保问卷内容能够被调研对象所理解，笔者联系了两家一汽-大众的上游供应商，在这两家企业进行问卷的当面填写。共有 6 名企业高管参与了问卷的填写，笔者全程参与问卷填写的过程，并记录下各位高管对问卷的疑问和修改建议。之后，笔者根据反馈，对问卷的结构、个别歧义之处，以及略显冗长的句子进行了修改与完善。

第二节　调研样本选择

本书研究的主题是创业供应链视角下机会-资源一体化如何通过创业供应链能力对企业绩效进行影响，因此调研对象聚焦于创业供应链中的成员企业。具体而言，本书选择了国内知名整车制造企业一汽-大众汽车有限公司的创业供应链成员企业为调研对象。一汽-大众自 1991 年成立以来，产能由建厂之初规划的 15 万辆，发展到 2020 年的 270 万辆，形成了"五地六厂"的战略布局。一汽-大众的汽车销售在国内车企排名中稳居前列，且排名逐步提升，2019 年获得了国内车企销量排名第一的成绩。一汽-大众取得的成绩离不开上游供应商和下游经销商与其一起共同对市场的开拓。作为供应链的核心企业，一汽-大众关注市场需求，重视对机会和资源的开发，以做大做强企业。与此同时，其上下游企业重视一汽-大众发展给它们带来的机会与资源，因此也获得了较快的发展，不少企业不仅获得了更多的市场订单、开拓了新业务，甚至实现了新工厂、新门店的建设与布局等。因此，以一汽-大众为核心的供应链具有鲜明的创业供应链特征。此外，汽车行业的权力不对称情况在众多行业中是最典型的（任星耀等，2009），有利于本书对权力不对称在机会-资源一体化和创业供应链能力之间调节作用的探索。

在受访者选择方面，基于本书研究的核心内容，为了实现对企业机会-资源一体化以及创业供应链能力方面数据的全面与准确收集，提高样本数据的质量和可靠性，本书的问卷调查主要是针对被调研企业的中高层管理者展开的。

基于一汽-大众的生产基地分布，本书的调研活动主要是在长春、成都、青岛、佛山和天津等城市进行。根据《全球创业观察 2018/2019 中国报告》中的中国创业活动指数 CPEA（Chinese Professionals and Entrepreneurs Association），长春处于我国创业活动的不活跃地区（2.5<CPEA<5），成都与青岛处于创业活动比较活跃地区（5<CPEA<10.43），佛山与天津则处于创业活动高活跃地区（CPEA>10.43）。从调研的地域范围看，较好地覆盖了不同创业活跃度的城市，减弱了不同地区创业态势差异带来的影响，使得本书收集的数据更具代表性，有利于提高研究结果的普适性。

本书数据的调研方式主要有三种。第一，实地进行问卷的发放与回收。联系了愿意接受实地调研和面对面访谈的一汽-大众的供应链成员企业，到企业现场进行纸质问卷的发放和回收。该方式有利于向被调研者详细介绍调研内容，并及时解答被调研者提出的疑问，较好地保证了被调研者认真且高质量地完成问卷调查。第二，利用问卷星进行调研。这是一种利用网络移动客户端实现对调研数据的方便且快捷的收集方式。第三，通过电子邮件、微信等方式向调研对象发送电子版调查问卷。后两种数据调研方式均是在取得调研对象同意之后发放的调查问卷。

第三节　研究变量测量

本书主要探讨创业供应链视角下机会-资源一体化、创业供应链能力、企业绩效与权力不对称之间的关系，包括创业供应链能力的中介作用以及权力不对称的调节作用。其中自变量为机会-资源一体化，包括机会驱动型机会-资源一体化和资源驱动型机会-资源一体化两个维度，因变量为企业绩效，中介变量为创业供应链能力，包括机会能力、资源能力和关系能力三个维度，调节变量为权力不对称。根据普适性与独特性的原则对量表进行选取，一方面尽量借鉴国内外的成熟量表，另一方面注重体现创业供应链的独特情境以及研究内容的独特之处。

一　机会-资源一体化的测量

机会-资源一体化构念的提出比较晚。基于实证研究的要求和标准（陈晓萍、沈伟，2008），葛宝山等（2015）对机会-资源一体化的量表进行了开发，通过214份有效问卷进行实证检验，结果表明量表通过信效度研究，所生成的新条目是合理的。通过对机会-资源一体化相关文献的梳理，以及对创业供应链视角下的4家案例企业的机会-资源一体化行为的案例分析，本书将机会-资源一体化划分为机会驱动型机会-资源一体化和资源驱动型机会-资源一体化两个维度。基于葛宝山等（2015）的机会-资源一体化量表，结合这两个维度内涵与本书的研究情境修改题项内容，并与相关领域专家及课题组成员进行讨论直到达成一致意见，最终机会驱动型机会-资源一体化由5个题项来测量，资源驱动型机会-资源一体化由6个题项来测量（见表5-1）。

表 5-1　机会-资源一体化的测量量表

变量			题项
机会-资源一体化	机会驱动型	OD1	在评价新机会是否可行时,我们十分重视供应链现有资源的状况以及新资源获取的难易程度
		OD2	我们经常需要一些新知识来实现对新机会的评价,之后会进行资源的开发工作
		OD3	为了利用机会,我们经常依靠自己的努力创造资源,而不是从外部获取资源
		OD4	在机会的利用过程中,我们十分重视供应链现有资源的状况
		OD5	在开拓新市场或者研发新产品的过程中,我们会有针对性地增招员工、聚拢资金

续表

变量			题项
机会-资源一体化	资源驱动型	RD1	在寻求新机会之前,我们会对供应链的初始资源进行系统评估,以帮助企业发现有效可行的机会
		RD2	我们经常通过供应链资源的合理配置与利用,以实现对新机会的开发
		RD3	我们经常会通过追加新资源,丰富供应链资源体系,从而帮助企业开发新机会
		RD4	我们经常会对新获取的资源进行整合和配置,以实现机会的价值
		RD5	在对供应链资源的合理配置与利用过程中,我们会偶尔产生一系列创新性想法,这些想法会帮助企业获得新价值
		RD6	在对供应链资源的合理配置与利用过程中,我们会根据资源的使用情况重新评价新机会的可行性与价值

二　创业供应链能力的测量

对创业供应链能力,基于本书研究的主题,借鉴 Lee 和 Rha (2016)、Woldesenbet 等 (2011)、Hsu 等 (2011) 的研究,以及案例企业的分析,本书将其划分机会能力、资源能力和关系能力。因此,本书从上述三个维度测量创业供应链能力,对筛选出的成熟量表进行翻译与调整,结合针对问卷开发的讨论与专家建议,从而确定了创业供应链能力的测量量表 (见表 5-2)。

表 5-2　创业供应链能力的测量量表

变量				题项
创业供应链能力	机会能力	机会识别能力	OC1	我们能够比竞争对手更早察觉到顾客需求与偏好的变化
			OC2	在我们的供应链中,我们可以感受到主要的潜在机会和威胁
			OC3	对我们的供应链,我们有良好的观察力和判断力
			OC4	我们经常与其他部门交流,以获取与产品开发、流程创新或物流和配送实践相关的新知识

续表

变量			题项
创业供应链能力	机会能力	机会利用能力	OC5 我们可以在我们的供应链战略决策过程中快速处理冲突
			OC6 在任何情况下，我们都可以及时做出决策，来处理供应链中出现的问题
			OC7 我们能够及时重新配置资源，以应对环境变化
			OC8 我们能够迅速缩短生产提前期
	资源能力	资源整合能力	RC1 我们能够整合供应链资源，提升工作效率和效能
			RC2 我们对供应链资源的开发与拓展很满意
			RC3 我们利用供应链资源完成了跨部门、跨企业的工作任务
			RC4 我们对供应链成员企业之间的资源共享很满意
		资源重组能力	RC5 我们能够成功地改造供应链，以应对市场的变化
			RC6 我们能够成功地重新配置供应链资源，以获得新的生产性资产
			RC7 我们能够实现供应链资源的重新组合，以更好地满足市场发展的需要
			RC8 我们能够调整（或重新分配）技能，以满足整个供应链的当前需求
	关系能力		GC1 我们努力构建与主要合作伙伴的长期合作关系
			GC2 我们始终与主要合作伙伴保持密切的联系，并为他们提供一个方便的沟通渠道
			GC3 我们积极并定期寻求客户的意见，以确定他们的需求和期望
			GC4 我们有一个有效的程序来解决客户的投诉
			GC5 我们积极参与到客户的新产品开发过程当中

创业供应链能力包含机会能力、资源能力与关系能力三个维度，测量量表涉及 21 个题项。本书进一步将机会能力分为机会识别能力和机会利用能力两个子维度，资源能力分为资源整合能力和资源重组能力两个子维度。机会识别能力主要测量企业对顾客与偏好的观察、供应链中潜在机会以及与产品开发等相关的新知识的识别的能力。借鉴 Lee 和 Rha（2016）研究中的测量量表，本书用 4 个题项来测量机会识别能力。机会利用能力主要测量企业能够及时做出决策，解决供应链中的问题，并重新配置资源实现对机会的利用的能力。借鉴 Lee 和 Rha（2016）研究中的测量量表，本书用 4 个题项来测量机会利用能力。资源整合能力主要测量企业能够利用供应链

资源提高工作效率、完成跨部门与跨企业的工作任务等的能力。借鉴 Woldesenbet 等 （2011）、马鸿佳等 （2015） 研究中的测量量表，本书用 4 个题项来测量资源整合能力。资源重组能力主要测量企业能够改造供应链、重新配置供应链资源的能力。借鉴 Lee 和 Rha （2016）、林焜和彭灿 （2010） 研究中的测量量表，本书用 4 个题项来测量资源重组能力。关系能力主要测量企业与合作伙伴密切联系、构建长期合作关系的能力。借鉴 Woldesenbet 等 （2011）、Hsu 等 （2011） 研究中的测量量表，本书用 5 个题项来测量关系能力。

三　企业绩效的测量

借鉴 Lee 和 Rha （2016）、Hsu 等 （2011）、Lado 等 （2011） 研究中所采用的测量量表，本书采用 6 个题项来测量企业绩效 （见表 5-3）。主要通过企业与客户的关系、新收入来源情况、生产效率的提高、市场份额增长、产品质量、整体竞争力等实现对企业绩效的测量。本书受访者对比同行业主要竞争对手，对企业自身的绩效进行客观评价。

表 5-3　企业绩效的测量量表

变量		题项
企业绩效	EP1	与主要竞争对手相比,我们与客户的关系更密切
	EP2	与主要竞争对手相比,我们更善于寻找新的收入来源
	EP3	与主要竞争对手相比,我们的生产效率提高更显著
	EP4	与主要竞争对手相比,我们的市场份额增长速度更快
	EP5	与主要竞争对手相比,我们产品的整体质量更好
	EP6	与主要竞争对手相比,我们的整体竞争力更强

四　权力不对称的测量

企业在发展过程中，会根据自身的资源状况，构建与其他企业的关系，以整合互补性资源 （陈劲、吴波，2012）。供应链关系是企业为有效地获取外部资源而构建的合作伙伴关系。由于掌握资源重要程度的差异，创业供应链中普遍存在权力不对称。本书借鉴 Tang 和 Tang（2012）、任星耀等（2009）、崔蓓和王玉霞（2017）研究中的测量量表，采用 3 个题项来测量创业供应链中的权力不对称（见表 5-4）。本书主要通过合作伙伴对企业的奖惩能力、影响力、强制执行主张能力等实现对权力不对称的测量。

表 5-4　权力不对称的测量量表

变量		题项
权力不对称	PA1	合作伙伴对我们具有很强的直接经济奖惩作用
	PA2	合作伙伴能够接触、影响或有能力影响我们公司
	PA3	在合作方面,合作伙伴有权强制执行其主张

第四节　控制变量的选取

为了降低企业特征因素对本书研究结果的干扰，并提高研究结果的可靠性，本书选择企业规模、企业年龄为控制变量，以降低这两个因素对本书研究结果的影响。企业规模会影响知识经验的积累与资源的获取（Jansen et al.，2009），影响企业对机会与资源的开发，进而影响创业供应链能力的构筑与企业绩效的提升。因此，本书选择企业规模作为控制变量，通过员工人数来衡量企业规模。在调查问卷中设置员工人数选项，以测量企业规模，共有 7 个选项，分别为 0～50 人、51～200 人、201～500 人、501～1000 人、1001～2500 人、2501～5000 人、5001 人及以上。由于企业年龄会影响企业的资源基础、获取渠道、机会利用方式以及绩效等（鲁喜凤，2017），因此，本书将企业年龄设置为控制变量。根据企业年龄设置 4 个选项，分别为 3 年及以下、3～8 年、8～15 年、15 年以上。

第五节　预调研与问卷修正

本书根据以往文献的量表，对涉及的机会-资源一体化、创业供应链能力、企业绩效以及权力不对称4个变量设计了初始调查问卷，形成的量表包含41个题项。为保障量表的内容效度，在量表设计的初始阶段，本书根据国内外成熟的研究量表设计形成初始量表，进一步地，笔者向导师及相关领域专家进行咨询与请教，并与课题组成员进行充分讨论，进而修改与完善初始量表。调查数据的可靠性与准确性取决于量表的质量，因此，为进一步提高量表质量，需要通过预调研，实现对量表题项的检验与净化。本书的预调研工作在2019年7月开展，选择了长春、青岛、天津等地20家一汽-大众创业供应链成员企业为预调研对象，进行调查问卷的发放，共发出145份问卷，回收112份有效问卷。

信度和效度是对量表质量进行评价的两个方面。信度体现了量表的一致性和稳定性。为实现对信度的分析，多以 Cronbach α 系数进行评价。Cronbach α 系数处于不同区间时，量表的信度不同（见表5-5）。总之，Cronbach α 系数越大，说明量表信度越高，量表的稳定性与一致性越高。对本书预调研得到的数据采用 SPSS 24.0 进行分析，所得结果如表5-8所示，本书所涉及的4个变量的 Cronbach α 系数值处在 0.739~0.891，说明本书设计的量表信度比较高。

表 5-5　Cronbach α 系数判别标准

Cronbach α 系数	判断结果
α 系数 ≥ 0.9	信度非常高
0.8 ≤ α 系数 < 0.9	信度很高
0.7 ≤ α 系数 < 0.8	信度比较高
0.6 ≤ α 系数 < 0.7	信度一般，勉强可以接受
0.5 ≤ α 系数 < 0.6	信度较低，需要调整题项
α 系数 < 0.5	信度不理想，舍弃不用

资料来源：根据吴明隆（2010）的研究整理。

效度体现的是调查问卷中量表对所测量问题的有效性。通过对预调研得到的数据进行探索性因子分析，可以检测量表的效度（吴明隆，2010）。为判断量表是否适合进行因子分析，在对预调研数据进行探索性因子分析处理之前，需要对预调研数据进行 KMO 和 Bartlett 球形检验。KMO 值在 0~1，其值越接近 1，表示题项越适合做因子分析，判别标准见表 5-6。

表 5-6　KMO 值判别标准

KMO 值	判断结果
KMO 值≥0.9	非常适合进行因子分析
0.8≤KMO 值<0.9	适合进行因子分析
0.7≤KMO 值<0.8	比较适合进行因子分析
0.6≤KMO 值<0.7	勉强适合进行因子分析
0.5≤KMO 值<0.6	不适合进行因子分析
KMO 值<0.5	非常不适合进行因子分析

资料来源：根据吴明隆（2010）的研究整理。

对预调研数据进行 KMO 和 Bartlett 球形检验，结果如表 5-7 所示，KMO 值为 0.812，处在 0.8~0.9。根据 KMO 值判别标准，可知本书的预调研数据适合进行因子分析。同时，Bartlett 球形检验的显著性水平为 0.000，小于 0.05，因此，本书预调研数据符合进行因子分析的条件。

表 5-7　KMO 和 Bartlett 球形检验

Kaiser-Meyer-Olkin 测量取样适当性	度量	0.812
Bartlett 的球形检验	近似卡方	1179.733
	自由度	601
	显著性	0.000

资料来源：根据吴明隆（2010）的研究整理。

接下来，利用 SPSS 24.0 对预调研数据做探索性因子分析，通过主成分分析法与最大方差旋转法展开数据分析，得到如表 5-8 所示

表 5-8 探索性因子分析结果

变量	题项	因子								累计解释方差(%)	Cronbach α 系数
		1	2	3	4	5	6	7	8		
资源能力	RC1	0.673	0.247	0.141	0.287	-0.141	-0.001	0.090	0.007	12.894	0.891
	RC2	0.703	0.177	0.155	0.042	0.179	0.106	0.156	0.154		
	RC3	0.629	0.313	0.030	0.152	0.072	0.070	-0.022	0.313		
	RC4	0.777	0.211	0.048	0.047	0.105	0.013	0.039	0.163		
	RC5	0.635	0.252	0.053	0.114	0.162	0.095	0.039	0.132		
	RC6	0.659	0.118	0.124	0.162	0.193	0.309	0.070	0.219		
	RC7	0.662	0.062	0.275	0.050	0.025	0.252	0.298	-0.070		
	RC8	0.611	0.023	0.337	0.205	-0.073	0.199	0.190	-0.039		
企业绩效	EP1	0.131	0.728	0.156	0.140	0.177	0.060	0.170	0.042	23.574	0.865
	EP2	0.127	0.670	0.015	0.177	0.187	0.084	0.110	0.115		
	EP3	0.255	0.755	0.115	0.015	0.023	0.105	0.080	0.062		
	EP4	0.269	0.739	0.030	0.103	-0.159	0.004	0.141	0.158		
	EP5	0.082	0.716	0.288	-0.066	0.084	0.257	0.024	0.036		
	EP6	0.278	0.675	0.312	0.090	0.039	-0.222	0.068	-0.100		
关系能力	GC1	0.185	0.155	0.690	0.013	-0.007	0.244	0.233	0.094	33.591	0.867
	GC2	0.149	0.166	0.779	0.166	-0.028	0.054	0.086	0.117		
	GC3	0.134	0.106	0.821	0.141	-0.005	0.147	0.069	0.054		
	GC4	0.092	0.305	0.724	-0.017	0.034	0.117	0.156	0.175		
	GC5	0.143	0.035	0.688	0.214	0.114	0.076	-0.011	0.110		

续表

变量	题项	因子								累计解释方差（%）	Cronbach α 系数
		1	2	3	4	5	6	7	8		
资源驱动型机会-资源一体化	RD1	0.231	0.160	0.151	0.528	0.067	0.096	0.309	-0.092		
	RD2	0.072	0.069	0.029	0.578	-0.070	0.385	0.430	-0.007		
	RD3	0.265	-0.040	0.182	0.755	0.046	0.017	0.005	0.063	41.879	0.838
	RD4	0.099	0.074	0.162	0.753	-0.044	0.244	-0.009	0.226		
	RD5	0.080	0.258	0.046	0.601	0.280	0.022	0.183	0.338		
	RD6	0.142	0.317	0.117	0.553	0.173	0.306	0.222	0.314		
权力不对称	PA1	0.139	0.196	0.097	0.048	0.770	-0.013	0.020	0.244		
	PA2	0.050	0.056	0.058	0.162	0.833	0.016	-0.048	-0.065	48.596	0.803
	PA3	0.087	0.016	-0.080	-0.062	0.862	0.099	0.074	-0.112		
机会驱动型机会-资源一体化	OD1	0.152	0.098	0.194	0.279	-0.012	0.653	-0.073	0.143		
	OD2	0.281	0.130	0.153	0.081	0.095	0.710	0.068	0.270	54.924	0.739
	OD4	0.118	0.037	0.202	0.146	0.056	0.732	0.183	-0.052		
机会识别能力	OC2	0.262	0.096	0.229	0.199	-0.024	0.106	0.008	0.635		
	OC3	0.463	0.048	0.170	0.095	-0.141	-0.010	0.386	0.518		
	OC4	0.177	0.121	0.217	0.181	0.058	0.211	0.203	0.667		
机会利用能力	OC5	0.189	0.210	0.065	0.118	-0.020	0.185	0.735	0.223		
	OC6	0.084	0.215	0.229	0.204	0.195	-0.019	0.650	0.217	66.323	0.788
	OC7	0.385	0.158	0.273	0.120	-0.071	0.013	0.551	-0.113		

的分析结果。可见，共提取出了 8 个共同因子，分别为机会驱动型机会-资源一体化、资源驱动型机会-资源一体化、机会识别能力、机会利用能力、资源能力、关系能力、企业绩效以及权力不对称。8个共同因子的累计解释方差为 66.323%，大于 50%，说明本书量表的解释力较好。由于本书将机会能力进一步划分为机会识别能力和机会利用能力两个子维度，所以在共同因子提取时出现了将机会能力区分为两个不同的共同因子的情况。另外，根据数据分析结果，机会驱动型机会-资源一体化的 OD3 和 OD5 题项，以及机会能力的OC1 和 OC8 题项的因子载荷均小于 0.5 的临界值，因此，将这 4 个题项删除。由表 5-8 可知，本书这些题项能够有效收敛于其所属的共同因子，并区别于其他共同因子。

第六节　本章小结

本章通过实证研究设计，奠定了后续的研究模型和相关假设检验的基础。首先，本章介绍了问卷调查所需问卷的科学设计过程，以保障所收集数据的质量；其次，对实证检验所涉及的机会-资源一体化、创业供应链能力、企业绩效、权力不对称等变量的测量进行介绍与分析；最后，对预调研情况进行介绍，并对预调研数据进行分析以检验和修正测量量表，分析结果表明本书所设计量表的信效度符合进一步实证研究的标准。

第六章　机会-资源一体化对企业绩效
影响机理的数据分析

根据第五章对预调研数据的分析，可知本书设计的量表符合实证研究的要求，从而得到正式调查问卷。因此，本书进一步通过大规模问卷调查，收集了实证分析所需要的数据。本章将通过样本描述性统计分析、信度与效度分析、Pearson 相关性分析以及回归分析等方法对创业供应链视角下机会-资源一体化、创业供应链能力、企业绩效以及权力不对称间的关系进行检验，并对检验结果进行讨论。

第一节　数据收集与样本特征

一　数据收集

本书于 2019 年 8~12 月开展大样本数据调研，历时 5 个月。本书的研究是基于创业供应链视角展开，调研对象是一汽-大众的创业供应链成员企业，因此，当所调研企业为非一汽-大众上下游企业时，相应的问卷被剔除。另外，我们对所收集的问卷进行仔细检查，剔除了填写存在明显随意、前后矛盾、信息缺失较多、选择内容明显规律化等情况的无效问卷。

经大规模问卷调查，我们共回收问卷 620 份，其中有效问卷 454 份，问卷有效率为 73.2%。其中，通过实地面对面访谈与交流回收问卷 69 份，剔除不符合要求的问卷后，得到有效问卷 53 份，占有效问卷总数的 11.7%；通过问卷星调研回收问卷 431 份，剔除不符合要求的问卷后，得到有效问卷 322 份，占有效问卷总数的 70.9%；通过电子邮件及微信等方式回收问卷 120 份，有效问卷 79 份，占有效问卷总数的 17.4%。由于本书针对一汽-大众的创业供应链成员企业进行调研，具体涉及一汽-大众的一级供应商、二级供应商以及一级经销商，调研样本的来源因其所处的供应链位置而存在差异，这样的样本可否放在一起开展实证研究需要经过验证。因此，本书对多个变量进行 t 检验发现，不同供应链位置的样本之间均值并不存在显著差异，故不同供应链位置企业的机会-资源一体化、创业供应链能力、企业绩效、权力不对称并无显著差异，不同来源的样本可以合并使用。

二 样本特征

调查问卷回收之后，本书从个体和企业两个层面对 454 份有效调查问卷的基本情况进行统计分析，结果见表 6-1。从受访者的个体特征看，在性别方面，女性受访者占 31.3%，男性受访者占 68.7%，男性受访者的占比较大；在年龄方面，有效样本中以 26～40 岁的受访者居多，占 74.0%，41～55 岁的受访者占 23.1%；在学历方面，受教育程度由低到高的占比依次为大专及以下 15.4%、本科 60.8%、硕士 18.7%、博士 5.1%，说明受访者的受教育程度绝大多数比较高；在职位方面，中层管理者的占比为 64.1%，高层管理者的占比为 21.4%，二者累计占比为 85.5%，比较符合本书所设计的以中高层管理者为调研对象的目标。从企业特征看，在企业年龄方面，成立 3 年及以下的企业占比为 10.4%，成立 3～8 年的占比为 28.6%，成立 8～15 年的占比为 25.6%，成立 15 年以上的占比为 35.5%；在企业规模方面，员工人数在 51～200 人的占比为 35.7%，在 201～500 人的占比为 24.7%，二者累计占比为 60.4%，占有效样本一半以上，另外样本中也存在一些规模比较大的企业，员工人数在 2501～5000 人的占比为 5.1%，员工人数在 5001 及以上的占比为

7.3%；在企业性质方面，私营企业的占比为47.6%，占有效样本将近一半的比例；在与一汽-大众的关系方面，一级供应商的占比为72.5%，占绝大多数，二级供应商的占比为17.2%，一级经销商的占比为10.4%；在所在区域方面，创业不活跃地区的占比为20.0%，创业比较活跃地区的占比为37.2%，创业高活跃地区的占比为42.7%，说明本书有效样本较好地覆盖了不同创业活跃地区。综上可见，本书所获取的有效样本能够较好地满足后续实证研究的需要。

表 6-1　样本特征分布情况

基本特征（$N=454$）		测量项目	频数	比例（%）
个体特征	性别	男	312	68.7
		女	142	31.3
	年龄	25 岁及以下	8	1.8
		26~40 岁	336	74.0
		41~55 岁	105	23.1
		56 岁及以上	5	1.1
	学历	大专及以下	70	15.4
		本科	276	60.8
		硕士	85	18.7
		博士	23	5.1
	职位	基层员工	58	12.8
		中层管理者	291	64.1
		高层管理者	97	21.4
		其他	8	1.8
企业特征	企业年龄	3 年及以下	47	10.4
		3~8 年	130	28.6
		8~15 年	116	25.6
		15 年以上	161	35.5
	企业规模	0~50 人	36	7.9
		51~200 人	162	35.7
		201~500 人	112	24.7
		501~1000 人	54	11.9
		1001~2500 人	34	7.5
		2501~5000 人	23	5.1
		5001 人及以上	33	7.3
	企业性质	私营企业	216	47.6
		股份制企业	75	16.5
		合资企业	86	18.9
		国有企业	27	5.9
		其他	50	11.0

续表

基本特征($N=454$)	测量项目	频数	比例(%)
企业特征			
与一汽-大众关系	一级供应商	329	72.5
与一汽-大众关系	二级供应商	78	17.2
与一汽-大众关系	一级经销商	47	10.4
所在区域	不活跃地区	91	20.0
所在区域	比较活跃地区	169	37.2
所在区域	高活跃地区	194	42.7

资料来源：根据数据分析结果整理。

第二节　样本的描述性统计与相关性分析

进行问卷调查时，在变量多、题项也较多的情况下，同一个受访者在相同时间、相同环境中完成问卷调查，会造成自变量与因变量的共变性，即产生共同方法偏差。这可能会夸大变量之间的关系，导致研究者对变量间的关系出现错误判断（梁建，2018）。为避免共同方法偏差问题，调研人员可采用 Harman 的单因素检验方法进行判断。将量表中的所有题项进行探索性因子分析，若结果没有析出同一公因子，第一主成分因子的方差贡献率小于 40%（Podsakoff and Organ，1986），则说明不存在共同方法偏差的情况。本书按照上述方法对调研数据进行处理，结果显示，本书研究不存在同一公因子，且第一主成分因子的方差贡献率仅为 12.894%，小于 40%，说明本书的调研数据不存在共同方法偏差问题。

为检查本书调研所得数据是否符合后续进行多元线性回归分析的要求，本部分利用 SPSS 24.0 软件对本书所涉及变量进行描述性统计和 Pearson 相关性分析。分析结果（见表 6-2）表明变量的平均数和标准差均在可接受范围。在本书主要变量之间的相关性方面，机

表 6-2 变量的描述性统计分析及相关系数矩阵

变量	均值	标准差	1. 企业年龄	2. 企业规模	3. 机会驱动型机会-资源一体化	4. 资源驱动型机会-资源一体化	5. 机会能力	6. 资源能力	7. 关系能力	8. 权力不对称	9. 企业绩效
1. 企业年龄	2.86	1.019	—								
2. 企业规模	3.20	1.637	0.445**	—							
3. 机会驱动型机会-资源一体化	4.24	0.514	0.156**	0.103*	0.707						
4. 资源驱动型机会-资源一体化	4.19	0.456	0.148**	0.148**	0.577**	0.664					
5. 机会能力	4.14	0.428	0.182**	0.144**	0.429**	0.556**	0.638				
6. 资源能力	3.99	0.505	0.087	0.138**	0.333**	0.482**	0.612**	0.724			
7. 关系能力	4.32	0.493	0.177**	0.114*	0.434**	0.479**	0.572**	0.517**	0.733		
8. 权力不对称	3.63	0.798	-0.014	0.074	-0.032	0.042	-0.022	0.124**	-0.020	0.812	
9. 企业绩效	4.13	0.481	0.157**	0.143**	0.364**	0.413**	0.477**	0.483**	0.504**	0.166**	0.705

注：* 表示 $p<0.05$（双尾检验）；** 表示 $p<0.01$（双尾检验）；样本量为 454；对角线为 AVE 的平方根。

会驱动型机会–资源一体化和资源驱动型机会–资源一体化分别与
创业供应链能力的机会能力、资源能力、关系能力，以及企业绩
效之间存有显著的正相关性，而创业供应链能力的机会能力、资
源能力、关系能力与企业绩效之间也分别存在显著正相关性，初
步表明各变量间存在相关关系，符合进一步进行回归分析的要求。
在控制变量方面，企业年龄与企业规模间的相关系数反映了本书
研究有效样本的客观规律，二者具有正相关性，这与实际情况
相符。

第三节　信度和效度检验

一　信度检验

为了测度主要构念的信度，本书主要通过 Cronbach α 系数和修
正的项目总相关系数 CITC（Corrected Item-Total Corelation）值来度
量。当 Cronbach α 系数大于 0.7 时，说明测量构念信度良好（吴明
隆，2010）；当所有测试题项的 CITC 值都远高于最低可接受值 0.30
时，说明测量构念信度较高。运用 SPSS 24.0 检验本书正式问卷的
信度，结果见表 6-3。由检验结果可以看到，机会驱动型机会–资源
一体化量表的内部一致性信度较高，具体的 Cronbach α 系数为
0.748。而且不论是 CITC 的数值还是删除题项后的 Cronbach α 系数
值都表明该量表具有较高的测量信度。机会能力量表的内部一致性
信度较高，具体的 Cronbach α 系数为 0.817，表明该量表具有较高
的测量信度。总之，信度检验结果表明，机会–资源一体化、创业
供应链能力、权力不对称、企业绩效等构念的 Cronbach α 系数均在
0.7 以上，主要测量题项的 CITC 值均大于 0.50，因此，本书研究
的主要构念信度较好。

表 6-3　各变量信度检验结果

变量	维度	题项	CITC	删除题项后的Cronbach α 系数	Cronbach α 系数
机会-资源一体化	机会驱动型（OD）	OD1	0.598	0.637	0.748
		OD2	0.587	0.649	
		OD4	0.540	0.703	
	资源驱动型（RD）	RD1	0.544	0.819	0.843
		RD2	0.608	0.807	
		RD3	0.537	0.821	
		RD4	0.694	0.788	
		RD5	0.593	0.810	
		RD6	0.670	0.794	
创业供应链能力	机会能力（OC）	OC2	0.515	0.799	0.817
		OC3	0.609	0.783	
		OC4	0.503	0.801	
		OC5	0.592	0.787	
		OC6	0.606	0.784	
		OC7	0.565	0.791	
	资源能力（RC）	RC1	0.670	0.886	0.898
		RC2	0.654	0.887	
		RC3	0.631	0.889	
		RC4	0.659	0.887	
		RC5	0.707	0.882	
		RC6	0.724	0.881	
		RC7	0.722	0.881	
		RC8	0.677	0.885	
	关系能力（GC）	GC1	0.666	0.825	0.855
		GC2	0.765	0.800	
		GC3	0.712	0.814	
		GC4	0.689	0.819	
		GC5	0.534	0.864	
权力不对称（PA）		PA1	0.715	0.785	0.846
		PA2	0.740	0.768	
		PA3	0.708	0.807	

续表

变量	维度	题项	CITC	删除题项后的 Cronbach α 系数	Cronbach α 系数
企业绩效 （EP）		EP1	0.643	0.828	0.853
		EP2	0.572	0.842	
		EP3	0.664	0.824	
		EP4	0.652	0.826	
		EP5	0.652	0.827	
		EP6	0.654	0.826	

二 效度检验

效度是反映量表对所要测量问题的有效性。本书初始量表各题项均来自经过验证的成熟量表，经过相关领域专家的指导，并进行了预调研和修改后形成正式问卷，因此调查问卷具有较好的内容效度。接着，需要检验大样本调查所得数据的收敛效度和区分效度，以全面分析研究数据的效度。因此，本书运用 AMOS 24.0 对研究数据进行验证性因子分析，并以 CR 值和标准化回归系数衡量本量表的收敛效度，以 AVE 值衡量本量表的区分效度。验证性因子分析的结果见表 6-4，可知本量表各题项与其所对应的潜变量的标准化回归系数均比临界数值 0.5 要大，且参数估计值均达到 $p < 0.001$ 的显著性水平，由此可见，本书所构建的模型适配度良好且收敛效度良好。另外，根据 Fornell 和 Larcker（1981）的研究，当变量的 AVE 值的平方根大于其与其他变量的相关系数的绝对值时，量表的区分效度良好。如表 6-2 所示，本书主要变量对角线上的值为 AVE 的平方根，均大于其所在的行和列的相关系数的绝对值，说明量表的区分效度良好。

本书大样本调查数据的验证性因子分析适配度指标见表 6-5，可见 GFI 值和 IFI 值分别为 0.875 和 0.862，略小于 0.9 但大于 0.8，在可接受范围之内，其他统计检验量的值都符合适配标准，拟合度

表6-4 各变量效度检验结果

变量	题项	未标准化回归系数	标准误（S.E.）	临界比（C.R.）	显著性（p值）	标准化回归系数	组合信度	AVE
机会驱动型机会-资源一体化	OD1	1				0.747	0.749	0.500
	OD2	1.023	0.097	10.552	***	0.727		
	OD4	0.882	0.085	10.413	***	0.643		
资源驱动型机会-资源一体化	RD1	1				0.542	0.823	0.441
	RD2	1.131	0.103	11.028	***	0.623		
	RD3	1.153	0.124	9.279	***	0.605		
	RD4	1.571	0.147	10.668	***	0.826		
	RD5	1.211	0.129	9.387	***	0.629		
	RD6	1.286	0.126	10.175	***	0.721		
机会能力	OC2	1				0.526	0.803	0.407
	OC3	1.264	0.135	9.393	***	0.658		
	OC4	1.087	0.126	8.621	***	0.567		
	OC5	1.311	0.136	9.657	***	0.695		
	OC6	1.492	0.153	9.774	***	0.714		
	OC7	1.277	0.137	9.301	***	0.646		
资源能力	RC1	1				0.701	0.898	0.524
	RC2	0.987	0.073	13.486	***	0.679		
	RC3	0.912	0.072	12.610	***	0.637		
	RC4	1.048	0.078	13.517	***	0.693		
	RC5	1.183	0.079	14.962	***	0.757		
	RC6	1.243	0.080	15.625	***	0.800		
	RC7	1.185	0.077	15.369	***	0.779		
	RC8	1.056	0.073	14.464	***	0.731		

续表

变量	题项	未标准化回归系数	标准误(S.E.)	临界比(C.R.)	显著性(p值)	标准化回归系数	组合信度	AVE
关系能力	GC1	1				0.655	0.851	0.537
	GC2	1.185	0.066	17.999	***	0.795		
	GC3	1.241	0.091	13.577	***	0.830		
	GC4	1.164	0.088	13.168	***	0.777		
	GC5	0.991	0.095	10.442	***	0.575		
企业绩效	EP1	1				0.778	0.855	0.497
	EP2	0.928	0.071	13.160	***	0.673		
	EP3	0.945	0.068	13.980	***	0.710		
	EP4	1.056	0.079	13.397	***	0.780		
	EP5	0.812	0.064	12.607	***	0.650		
	EP6	0.820	0.067	12.272	***	0.623		
权力不对称	PA1	1				0.805	0.853	0.659
	PA2	1.005	0.059	17.148	***	0.842		
	PA3	1.179	0.071	16.666	***	0.788		

注：N=454；*** 表示 p<0.001；模型设定中把"OD→OD1""RD→RD1""RC→RC1""GC→GC1""EP→EP1""PA→PA1"的未标准化回归系数设为固定参数1，故不需要进行路径系数显著性检验，S.E.、C.R. 和 p 值均为空白。

较好（Steiger，1990）。综合上述分析可知，本书设计的量表具备较好的信度和效度，适合进行后续的实证研究。

表 6-5 验证性因子分析适配度指标

统计检验量	适配的标准或临界值	检验结果数据	模型适配情况
χ^2/df	<3	1.963	良好
GFI	>0.90	0.875	可接受
IFI	>0.90	0.862	可接受
TLI	>0.90	0.919	良好
CFI	>0.90	0.927	良好
RMSEA	<0.08	0.042	良好

注：χ^2 为卡方值，df 为自由度，χ^2/df 为卡方自由度比值，GFI 为拟合优度指数，IFI 为增值适配度指数，TLI 为 Tucker-Lewis 指数，CFI 为相对拟合指数，RMSEA 为近似误差均方根。

第四节 假设检验

一 机会-资源一体化与企业绩效关系检验

结合理论与案例分析，本书提出研究假设，认为机会驱动型机会-资源一体化、资源驱动型机会-资源一体化及二者的交互作用积极影响企业绩效。为实现对相关假设的检验，本书分别构建了模型Model1-1、Model1-2、Model1-3、Model1-4。其中，基准模型为Model1-1，反映了企业年龄、企业规模等控制变量与企业绩效的关系，Model1-2 则在此基础上加入机会驱动型机会-资源一体化，Model1-3 是在 Model1-1 的基础上加入资源驱动型机会-资源一体化，Model1-4 是在 Model1-1 的基础上加入机会驱动型机会-资源一体化和资源驱动型机会-资源一体化及二者的乘积，以揭示机会驱动型机会-资源一体化、资源驱动型机会-资源一体化以及二者的交互作用分别与企业绩效的关系。回归分析的结果见表 6-6。

表 6-6　机会-资源一体化与企业绩效关系的回归模型

变量	因变量:企业绩效			
	Model1-1	Model1-2	Model1-3	Model1-4
企业年龄	0.055*	0.033	0.036	0.028
企业规模	0.027	0.022	0.015	0.017
机会驱动型机会-资源一体化		0.323***		0.171***
资源驱动型机会-资源一体化			0.416***	0.306***
机会驱动型机会-资源一体化×资源驱动型机会-资源一体化				-0.067
R^2	0.031	0.147	0.182	0.205
调整后 R^2	0.027	0.142	0.177	0.196
F	7.30**	25.90***	33.46***	23.12***

注:表中数据为标准化系数; * 表示 $p < 0.05$, ** 表示 $p < 0.01$, *** 表示 $p < 0.001$。

Model1-1 的数据结果表明,企业年龄对企业绩效的影响显著 ($\beta = 0.055$, $p < 0.05$)。Model1-2 的数据结果表明,机会驱动型机会-资源一体化对企业绩效的回归系数为 0.323,并且显著性水平 $p < 0.001$ ($\beta = 0.323$, $p < 0.001$),R^2 值增加了 0.116,说明 Model1-2 具有较高的解释力。Model1-3 的分析结果表明,资源驱动型机会-资源一体化对企业绩效的回归系数为 0.416,并且显著性水平 $p < 0.001$ ($\beta = 0.416$, $p < 0.001$),R^2 值增加了 0.151,说明 Model1-3 模型构建较理想。Model1-4 的分析结果表明,机会驱动型机会-资源一体化和资源驱动型机会-资源一体化的交互作用对企业绩效的影响并不显著 ($\beta = -0.067$, $p > 0.05$)。因此,假设 H1a、H1b 通过检验,而 H1c 未通过检验。

二　机会-资源一体化与创业供应链能力关系检验

(一) 机会-资源一体化与机会能力关系检验

在理论与案例分析的基础上,本书提出研究假设,认为机会驱动型机会-资源一体化和资源驱动型机会-资源一体化分别积极影响机会能力。因此，本书构建了模型 Model2-1、Model2-2、Model2-3，以对上述假设进行检验。其中，基准模型为 Model2-1，体现的是控制变量企业年龄、企业规模与机会能力之间的关系，Model2-2则是在 Model2-1 的基础上加入机会驱动型机会-资源一体化，Model2-3 则是在 Model2-1 的基础上加入资源驱动型机会-资源一体化，以揭示机会驱动型机会-资源一体化和资源驱动型机会-资源一体化分别与机会能力之间的关系。检验结果见表 6-7。

表 6-7　机会-资源一体化与机会能力关系的回归模型

变量	因变量:机会能力		
	Model2-1	Model2-2	Model2-3
企业年龄	0.062**	0.038	0.039*
企业规模	0.020	0.016	0.006
机会驱动型机会-资源一体化		0.340***	
资源驱动型机会-资源一体化			0.506***
R^2	0.020	0.201	0.320
调整后 R^2	0.024	0.195	0.316
F	8.90***	37.63***	70.61***

注：表中数据为标准化系数；* 表示 $p<0.05$，** 表示 $p<0.01$，*** 表示 $p<0.001$。

Model2-1 的数据分析结果表明，控制变量企业年龄对机会能力存在显著影响（$\beta=0.062$，$p<0.01$）。Model2-2 的回归结果表明，机会驱动型机会-资源一体化对机会能力的回归系数为 0.340，并且显著性水平 $p<0.001$（$\beta=0.340$，$p<0.001$），R^2值增加了 0.181，机会驱动型机会-资源一体化对机会能力存在显著正向影响。Model2-3的回归结果表明，资源驱动型机会-资源一体化对机会能力的回归系数为 0.506，并且显著性水平 $p<0.001$（$\beta=0.506$，$p<0.001$），R^2值增加了 0.300，资源驱动型机会-资源一体化积极影响机会能力得到数据验证。因此，假设 H2a、H2b 通过检验。

（二）机会-资源一体化与资源能力关系检验

本书基于理论和案例研究，探索了创业供应链视角下机会-资源一体化与创业供应链能力中资源能力的关系，并提出研究假设，认为机会驱动型机会-资源一体化和资源驱动型机会-资源一体化分别对资源能力具有积极影响。因此，本书构建了模型 Model3-1、Model3-2、Model3-3，以检验上述假设。其中，基准模型为 Model3-1，体现为控制变量企业年龄、企业规模和资源能力之间的关系，Model3-2 则在此基础上加入机会驱动型机会-资源一体化，Model3-3 则在 Model3-1 的基础上加入资源驱动型机会-资源一体化，以揭示机会驱动型机会-资源一体化和资源驱动型机会-资源一体化分别与资源能力之间的关系。回归结果见表6-8。

表6-8　机会-资源一体化与资源能力关系的回归模型

变量	因变量:资源能力		
	Model3-1	Model3-2	Model3-3
企业年龄	0.016	-0.006	-0.008
企业规模	0.038*	0.034**	0.023
机会驱动型机会-资源一体化		0.318***	
资源驱动型机会-资源一体化			0.524***
R^2	0.020	0.122	0.237
调整后 R^2	0.016	0.166	0.232
F	4.58*	20.81***	46.71***

注：表中数据为标准化系数；* 表示 $p<0.05$，** 表示 $p<0.01$，*** 表示 $p<0.001$。

Model3-1 的数据结果表明，企业规模对资源能力存在显著影响（$\beta=0.038$，$p<0.05$）。Model3-2 的数据结果表明，机会驱动型机会-资源一体化对资源能力的回归系数为 0.318，并且显著性水平 $p<0.001$（$\beta=0.318$，$p<0.001$），R^2值增加了 0.102，说明机会驱动型机会-资源一体化对资源能力的积极影响得到了数据支持。Model3-3 的数据分

析结果表明，资源驱动型机会-资源一体化对资源能力的回归系数为0.524，并且显著性水平 p<0.001（β=0.524，p<0.001），R^2值增加了0.217，说明资源驱动型机会-资源一体化对资源能力的积极影响得到了数据支持。因此，假设 H2c、H2d 通过检验。

（三）机会-资源一体化与关系能力关系检验

本书结合理论分析和案例研究，探讨了创业供应链视角下机会-资源一体化与创业供应链能力中关系能力的关系，并提出研究假设，认为机会驱动型机会-资源一体化和资源驱动型机会-资源一体化分别积极影响关系能力。因此，本书构建了模型 Model4-1、Model4-2、Model4-3，以检验上述假设。其中，基准模型为 Model4-1，体现为企业年龄、企业规模和关系能力之间的关系，Model4-2 则在此基础上加入机会驱动型机会-资源一体化，Model4-3 则在 Model4-1 的基础上加入资源驱动型机会-资源一体化，以揭示机会驱动型机会-资源一体化和资源驱动型机会-资源一体化分别与关系能力之间的关系。检验结果见表 6-9。

表 6-9 机会-资源一体化与关系能力关系的回归模型

变量	因变量:关系能力		
	Model4-1	Model4-2	Model4-3
企业年龄	0.076 **	0.049 *	0.053 **
企业规模	0.013	0.008	-0.001
机会驱动型机会-资源一体化		0.399 ***	
资源驱动型机会-资源一体化			0.500 ***
R^2	0.033	0.201	0.241
调整后 R^2	0.029	0.196	0.236
F	7.62 **	20.81 ***	47.55 ***

注：表中数据为标准化系数；* 表示 p<0.05，** 表示 p<0.01，*** 表示p<0.001。

Model4-1 的回归结果表明，企业年龄对关系能力的影响显著（β=0.076，p<0.01）。Model4-2 的数据分析结果表明，机会驱动型

机会-资源一体化对关系能力的回归系数为 0.399，并且显著性水平 p<0.001（$\beta = 0.399$，p<0.001），R^2 值增加了 0.168，表明 Model4-2 具有较强的解释力。Model4-3 的数据分析结果表明，资源驱动型机会-资源一体化对关系能力的回归系数为 0.500，并且显著性水平 p<0.001（$\beta = 0.500$，p<0.001），R^2 值增加了 0.208，表明模型 Model4-3 较为理想。因此假设 H2e、H2f 通过检验。

三　创业供应链能力与企业绩效关系检验

本书结合理论与案例研究，探讨了创业供应链视角下创业供应链能力与企业绩效间的关系，并提出了创业供应链能力对企业绩效具有积极影响的研究假设。本部分基于 Model1-1（控制变量与企业绩效之间的关系），构建模型 5-1（Model5-1）、模型 5-2（Model5-2）、模型 5-3（Model5-3）。其中 Model5-1 是在 Model1-1 基础上加入机会能力，Model5-2 是在 Model1-1 基础上加入资源能力，Model5-3 是在 Model1-1 基础上加入关系能力，以揭示机会能力、资源能力和关系能力分别与企业绩效的关系。数据检验结果见表 6-10。

表 6-10　创业供应链能力与企业绩效关系的回归模型

变量	因变量:企业绩效			
	Model1-1	Model5-1	Model5-2	Model5-3
企业年龄	0.055*	0.023	0.048**	0.019
企业规模	0.027	0.016	0.009	0.020
机会能力		0.516***		
资源能力			0.447***	
关系能力				0.476***
R^2	0.031	0.235	0.248	0.263
调整后 R^2	0.027	0.230	0.243	0.358
F	7.30**	46.03***	49.45***	39.01***

注：表中数据为标准化系数；* 表示 p<0.05，** 表示 p<0.01，*** 表示 p<0.001。

Model5-1 的数据分析结果表明，机会能力对企业绩效的回归系数为 0.516，并且显著性水平 p<0.001（β=0.516，p<0.001），R^2值增加了 0.204，说明机会能力对企业绩效影响显著。Model5-2 的数据分析结果表明，资源能力对企业绩效的回归系数为 0.447，并且显著性水平 p<0.001（β=0.447，p<0.001），R^2值增加了 0.217，说明资源能力对企业绩效影响也显著。Model5-3 的数据分析结果表明，关系能力对企业绩效的回归系数为 0.476，并且显著性水平 p<0.001（β=0.476，p<0.001），R^2值增加了 0.232，说明关系能力对企业绩效影响显著。因此，假设 H3a、H3b、H3c 通过检验。

四 创业供应链能力的中介作用检验

本书采用逐步法与 Sobel 检验、Bootstrap 法相结合的方法对创业供应链能力的中介作用进行检验。虽然逐步法遭到了一些质疑（Mackinnon et al.，2004），但是该方法与 Sobel 检验、Bootstrap 法各有利弊。在逐步法检验结果为显著的情况下，其检验效果可能会比 Bootstrap 法更好（温忠麟、叶宝娟，2014）。因此，在现有文献中，逐步法还是被学者们广泛用于中介效应的检验（陈晨等，2015；王墨林等，2022）。借鉴学者们的研究和观点，本书首先采用逐步法进行中介效应检验，之后进一步采用 Bootstrap 法进行分析。

在中介作用检验的时候，采用逐步法须满足四个条件：第一，通过回归分析，验证自变量对因变量的回归系数显著；第二，继续通过回归分析，验证自变量对中介变量的回归系数显著；第三，使用回归分析，进一步验证中介变量对因变量的回归系数具有显著性；第四，将中介变量加入回归模型后，自变量对因变量的影响会有所减弱，或者变得不再显著（Baron and Kenny，1986）。因此，本书结合前文相关研究假设的检验结果，与本部分的分析结果相比较，最后进行系数比较，以检验创业供应链能力是否在机会–资源一体化与企业绩效之间存在中介效应。

（一）创业供应链能力对机会驱动型机会-资源一体化和企业绩效的中介作用

本部分将根据逐步法的四个条件（Baron and Kenny，1986）检验创业供应链能力在机会驱动型机会-资源一体化和企业绩效关系间的中介作用。由于本书将创业供应链能力划分为机会能力、资源能力和关系能力，因此要对这 3 个变量的中介作用进行检验。根据研究需要，本部分在 Model1-2（机会驱动型机会-资源一体化与企业绩效间关系）的基础上，构建模型 Model6-1、Model6-2、Model6-3、Model6-4（见表 6-11）。其中，Model6-1 是在 Model1-2 的自变量机会驱动型机会-资源一体化和因变量企业绩效之间关系的基础上加入中介变量机会能力，Model6-2 是在 Model1-2 的基础上加入中介变量资源能力，Model6-3 是在 Model1-2 的基础上加入中介变量关系能力，Model6-4 是在 Model1-2 的基础上将机会能力、资源能力和关系能力三个中介变量同时加入回归模型。

表 6-11　创业供应链能力的中介作用检验（机会驱动型）

变量	因变量:企业绩效					
	Model1-1	Model1-2	Model6-1	Model6-2	Model6-3	Model6-4
企业年龄	0.055^*	0.033	0.017	0.035	0.013	0.016
企业规模	0.027	0.022	0.015	0.009	0.019	0.011
机会驱动型机会-资源一体化		0.323^{***}	0.177^{***}	0.201^{***}	0.160^{***}	0.105^{**}
机会能力			0.429^{***}			0.152^*
资源能力				0.382^{***}		0.214^{***}
关系能力					0.406^{***}	0.244^{***}
R^2	0.031	0.147	0.264	0.288	0.286	0.353
调整后 R^2	0.027	0.142	0.257	0.282	0.280	0.343
F	7.30^{**}	25.90^{***}	40.212^{***}	45.49^{***}	39.01^{***}	40.39^{***}

注：表中数据为标准化系数；* 表示 $p<0.05$，** 表示 $p<0.01$，*** 表示 $p<0.001$。

分析结果表明，相比 Model1-2，Model6-1 的 R^2 增加了 0.117，Model6-2 的 R^2 增加了 0.141，Model6-3 的 R^2 增加了 0.139，Model6-4 的 R^2 增加了 0.206，说明加入中介变量之后，Model6-1、Model6-2、Model6-3、Model6-4 的解释力相比 Model1-2 均有所提高。

根据前文的分析，Model1-1 和 Model1-2 分别反映了控制变量、机会驱动型机会-资源一体化与企业绩效的关系，模型分析结果表明机会驱动型机会-资源一体化积极影响企业绩效，即自变量对因变量的影响是显著的，满足逐步法的第一条件。Model2-2、Model3-2、Model4-2 分别反映了机会驱动型机会-资源一体化与机会能力、资源能力、关系能力的关系，模型分析结果表明机会驱动型机会-资源一体化积极影响机会能力、资源能力、关系能力，即自变量对中介变量具有显著作用，满足中介作用检验的第二个条件。Model5-1、Model5-2、Model5-3 分别反映了机会能力、资源能力、关系能力与企业绩效的关系，模型分析结果表明机会能力、资源能力、关系能力积极影响企业绩效，即中介变量对因变量具有显著作用，满足中介作用检验的第三个条件。

Model6-1 是在 Model1-2 基础上加入机会能力这个变量，数据分析结果（$\beta = 0.429$，$p < 0.001$）表明机会驱动型机会-资源一体化对企业绩效的影响依然显著，回归系数由 0.323（$p < 0.001$）减小为 0.177（$p < 0.001$），满足逐步法的第四个条件。由此初步判断机会能力在机会驱动型机会-资源一体化与企业绩效关系间起到中介作用。Model6-2 在 Model1-2 基础上加入资源能力这个变量，分析结果（$\beta = 0.382$，$p < 0.001$）表明机会驱动型机会-资源一体化对企业绩效的影响依然显著，回归系数由 0.323（$p < 0.001$）减小为 0.201（$p < 0.001$），满足第四个检验条件。由此初步判断资源能力在机会驱动型机会-资源一体化与企业绩效关系间起到中介作用。Model6-3 在 Model1-2 基础上加入关系能力这个变量，分析结果（$\beta = 0.406$， p<0.001）表明机会驱动型机会-资源一体化对企业绩效的影响依然显著，回归系数由 0.323（p<0.001）减小为 0.160（p<0.001），满足第四个检验条件。由此初步判断关系能力在机会驱动型机会-资源一体化与企业绩效关系间起到中介作用。Model6-4 在 Model1-2 基础上同时加入机会能力、资源能力和关系能力，回归结果表明机会驱动型机会-资源一体化对企业绩效的回归系数由 0.323 减小为 0.105，显著性水平也由 p<0.001 变为 p<0.01（$\beta=0.105$，p<0.01），符合逐步法第四个检验条件的要求。综上所述，本书的调研数据满足逐步法的四个条件，初步判断机会能力、资源能力和关系能力在机会驱动型机会-资源一体化与企业绩效关系间起到中介作用。

为提高中介作用的检验效力，一些学者指出可将逐步法与 Sobel 检验、Bootstrap 法相结合进行检验（温忠麟、叶宝娟，2014）。因此，本书对创业供应链能力的中介效应进行 Sobel 检验和 Bootstrap 分析。Sobel 检验的判断依据是检查 Z 统计量的值是否显著，若显著则认为中介效应存在，否则认为中介效应不显著。采用 Bootstrap 法进行分析，如果求得的置信区间内不含 0，则认为中介效应存在，否则认为中介效应不显著。本书对创业供应链能力中介效应的 Sobel 检验和 Bootstrap 分析的具体结果见表 6-12 和表 6-13。Sobel 检验显示机会能力、资源能力和关系能力均在机会驱动型机会-资源一体化与企业绩效之间的关系中起到显著的中介作用（Z=2.452，p<0.05；Z=3.816，p<0.001；Z=4.483，p<0.001），而且经过 Bootstrap 法分析后，结果与前面检验的一致，机会能力、资源能力和关系能力在 95% 水平上的置信区间分别为（0.0061，0.1085）、（0.0265，0.1287）、（0.0495，0.1599），没有将 0 包含在区间内，机会驱动型机会-资源一体化对企业绩效的直接效应在 95% 水平上的置信区间为（0.0248，0.1855），也没有包括 0，进一步证实了机会能力、资源能力和关系能力均在机会驱

动型机会-资源一体化与企业绩效之间发挥部分中介作用。综合上述分析，机会能力、资源能力、关系能力在机会驱动型机会-资源一体化与企业绩效之间起到中介作用得到数据支持，因此，假设H4a、H4c、H4e通过检验。

表 6-12　Sobel 检验结果（机会驱动型机会-资源一体化）

Sobel 检验	Z	p
机会能力	2.452	0.014
资源能力	3.816	0.000
关系能力	4.483	0.000

表 6-13　Bootstrap 法检验结果（机会驱动型机会-资源一体化）

Bootstrap 检验	Effect（效应）	S. E.（标准误）	BootLLCI	BootULCI
总效应	0.3226	0.0412	0.2415	0.4036
直接效应	0.1051	0.0409	0.0248	0.1855
间接总效应	0.2174	0.0496	0.1309	0.3263
机会能力	0.0518	0.0257	0.0061	0.1085
资源能力	0.0681	0.0262	0.0265	0.1287
关系能力	0.0975	0.0280	0.0495	0.1599

（二）创业供应链能力对资源驱动型机会-资源一体化和企业绩效的中介作用

本部分在 Model1-3（资源驱动型机会-资源一体化与企业绩效之间的关系）的基础上，构建模型 Model7-1、Model7-2、Model7-3、Model7-4（见表 6-14）。其中，模型 Model7-1 是在 Model1-3 的自变量资源驱动型机会-资源一体化和因变量企业绩效之间关系的基础上加入中介变量机会能力，Model7-2 是在 Model1-3 的基础上加入中介变量资源能力，Model7-3 是在 Model1-3 的基础上加入中介变量关系能力，Model7-4 是在 Model1-3 的基础上将机会能力、资源能力和关系能力三个中介变量同时加入模型。回归分析结果显示，与 Model1-3 相比，Model7-1 的 R^2 增加了 0.082，Model7-2 的 R^2 增加了 0.103，Model7-3 的 R^2 增加了 0.116，Model7-4 的 R^2 增加了 0.167，说明加入中介变量之后 Model7-1、Model7-2、Model7-3、Model7-4 的解释力相比 Model1-3 均有所提高。

表 6-14　创业供应链能力的中介作用检验（资源驱动型机会-资源一体化）

变量	因变量:企业绩效					
	Model1-1	Model1-3	Model7-1	Model7-2	Model7-3	Model7-4
企业年龄	0.055*	0.036	0.021	0.039	0.016	0.019
企业规模	0.027	0.015	0.012	0.007	0.015	0.009
资源驱动型机会-资源一体化		0.416***	0.218***	0.233***	0.226***	0.110*
机会能力			0.390***			0.144*
资源能力				0.349***		0.202***
关系能力					0.379***	0.254***
R^2	0.031	0.182	0.264	0.285	0.298	0.349
调整后 R^2	0.027	0.177	0.258	0.278	0.291	0.340
F	7.30**	33.46***	40.33***	44.70***	47.56***	39.92***

注：表中数据为标准化系数；* 表示 $p < 0.05$，** 表示 $p < 0.01$，*** 表示 $p < 0.001$。

根据前文的分析，Model1-1 和 Model1-3 分别反映了控制变量、资源驱动型机会-资源一体化与企业绩效的关系，模型分析结果表明资源驱动型机会-资源一体化积极影响企业绩效，即自变量积极影响因变量，满足逐步法的第一个条件。Model2-3、Model3-3、Model4-3 分别反映了资源驱动型机会-资源一体化与机会能力、资源能力、关系能力的关系，模型分析结果表明资源驱动型机会-资源一体化积极影响机会能力、资源能力、关系能力，即自变量对中介变量具有显著作用，满足中介作用检验的第二个条件。Model5-1、Model5-2、Model5-3 分别反映了机会能力、资源能力、关系能力与企业绩效的关系，模型分析结果表明机会能力、资源能力、关系能力积极影响企业绩效，即中介变量对因变量具有显著作用，满足中介作用检验的第三个条件。

Model7-1 是在 Model1-3 基础上加入机会能力这个变量，数据分析结果（$\beta = 0.390$，$p < 0.001$）表明资源驱动型机会-资源一体化对企业绩效的影响依然显著，回归系数由 0.416（$p < 0.001$）减小为 0.218（$p < 0.001$），满足逐步法的第四个条件。由此初步判断机会能力在资源驱动型机会-资源一体化与企业绩效关系间起到中介作用。Model7-2 在 Model1-3 基础上加入资源能力这个变量，分析结果（$\beta = 0.349$，$p < 0.001$）表明资源驱动型机会-资源一体化对企业绩效的影响依然显著，回归系数由 0.416（$p < 0.001$）减小为 0.233（$p < 0.001$），满足第四个检验条件。由此初步判断资源能力在资源驱动型机会-资源一体化与企业绩效关系间起到中介作用。Model7-3 在 Model1-3 基础上加入关系能力这个变量，分析结果（$\beta = 0.379$，$p < 0.001$）表明资源驱动型机会-资源一体化对企业绩效的影响依然显著，回归系数由 0.416（$p < 0.001$）减小为 0.226（$p < 0.001$），满足第四个检验条件。由此初步判断关系能力在资源驱动型机会-资源一体化与企业绩效关系间起到中介作用。Model7-4 在 Model1-3 基础上同时加入机会能力、资源能力和关系能力，回归结果表明资源驱动型机会-资源一体化对企业绩效的回归系数由 0.416 减小为 0.110，显著性水平也由 $p < 0.001$ 变为 $p < 0.05$（$\beta = 0.110$，$p < 0.05$），符合第四个检验条件的要求。综上所述，本书的调研数据满足逐步法的四个条件，初步判断机会能力、资源能力和关系能力在资源驱动型机会-资源一体化与企业绩效关系间起到中介作用。

接下来，本书对创业供应链能力在资源驱动型机会-资源一体化与企业绩效之间关系的中介作用进一步进行 Sobel 检验和 Bootstrap 分析，具体结果见表 6-15 和表 6-16。Sobel 检验显示机会能力、资源能力和关系能力均在资源驱动型机会-资源一体化与企业绩效之间的关系中起到显著的中介作用（Z=2.302，p<0.05；Z=3.908，p<0.001；Z=4.772，p<0.001），而且经过 Bootstrap 法分析后，结果与前面检验的一致，机会能力、资源能力和关系能力在 95% 水平上的置信区间分别为（0.0039，0.1472）、（0.0426，0.1807）、（0.0722，0.1872），没有将 0 包含在区间内，资源驱动型机会-资源一体化对企业绩效的直接效应在 95% 水平上的置信区间为（0.0107，0.2096），也没有包括 0，进一步证实了机会能力、资源能力和关系能力均在资源驱动型机会-资源一体化与企业绩效间起部分中介作用。综合上述分析，机会能力、资源能力、关系能力在资源驱动型机会-资源一体化与企业绩效之间起中介作用获得数据支持，因此，假设 H4b、H4d、H4f 通过检验。

表 6-15　Sobel 检验结果（资源驱动型机会-资源一体化）

Sobel 检验	Z	p
机会能力	2.302	0.021
资源能力	3.908	0.000
关系能力	4.772	0.000

表 6-16　Bootstrap 法检验结果（资源驱动型机会-资源一体化）

Bootstrap 检验	Effect(效应)	S. E. (标准误)	BootLLCI	BootULCI
总效应	0.4156	0.0456	0.3260	0.5051
直接效应	0.1102	0.0506	0.0107	0.2096
间接总效应	0.3054	0.0477	0.2166	0.4030
机会能力	0.0727	0.0367	0.0039	0.1472
资源能力	0.1058	0.0348	0.0426	0.1807
关系能力	0.1270	0.0294	0.0722	0.1872

五　权力不对称的调节作用检验

本部分对权力不对称的调节作用检验，借鉴 Baron 和 Kenny

（1986）、胡望斌等（2014）的研究，通过将自变量与调节变量的均值中心化后构造两者的乘积项，引入回归方程中，如果交互项的回归系数显著，则认为调节效应存在，否则认为调节效应不显著。

（一）权力不对称对机会驱动型机会-资源一体化与创业供应链能力间关系的调节效应

为了检验权力不对称对机会驱动型机会-资源一体化与创业供应链能力间关系起调节作用的研究假设，本部分构建了研究模型Model8-1~Model8-4（见表6-17）。Model8-1反映的控制变量与创业供应链能力之间的关系，Model8-2是在此基础上加入自变量机会驱动型机会-资源一体化，Model8-3是在Model8-2基础上加入调节变量权力不对称，Model8-4则是在Model8-3的基础上加入机会驱动型机会-资源一体化与权力不对称的交互项，以探索权力不对称是否起到调节作用。调节效应的回归结果显示，经过将控制变量、自变量、调节变量以及交互项依次引入回归方程中后，交互项的回归系数结果是-0.184。机会驱动型机会-资源一体化与权力不对称交互项的回归系数在p<0.001水平上显著为负。上述统计检验结果表明权力不对称在机会驱动型机会-资源一体化与创业供应链能力之间具有负向调节作用，因此，假设H5a得到了统计分析结果的支持。

表6-17 权力不对称的调节作用（机会驱动型机会-资源一体化）

变量	因变量:创业供应链能力			
	Model8-1	Model8-2	Model8-3	Model8-4
企业年龄	0.051*	0.027	0.028	0.026
企业规模	0.024	0.019	0.018	0.017
机会驱动型机会-资源一体化		0.352***	0.354***	0.343***
权力不对称			0.023	0.051*
机会驱动型机会-资源一体化×权力不对称				-0.184***

变量	因变量:创业供应链能力			
	Model8-1	Model8-2	Model8-3	Model8-4
R^2	0.038	0.237	0.239	0.274
调整后 R^2	0.034	0.232	0.232	0.266
F	8.90***	46.56***	35.25***	33.82***

注:表中数据为标准化系数; * 表示 $p<0.05$, *** 表示 $p<0.001$。

（二）权力不对称对资源驱动型机会-资源一体化与创业供应链能力间关系的调节效应

为了检验权力不对称在资源驱动型机会-资源一体化与创业供应链能力间关系的调节作用，本书提出了 H5b 的假设。为了检验该假设，本部分构建了模型 Model9-1~Model9-3（见表6-18）。

表 6-18 权力不对称的调节作用（资源驱动型机会-资源一体化）

变量	因变量:创业供应链能力			
	Model8-1	Model9-1	Model9-2	Model9-3
企业年龄	0.051*	0.028	0.028	0.028
企业规模	0.024	0.009	0.018	0.010
资源驱动型机会-资源一体化		0.510***	0.354***	0.500***
权力不对称			0.023	0.017
资源驱动型机会-资源一体化×权力不对称				-0.088*
R^2	0.038	0.365	0.365	0.372
调整后 R^2	0.034	0.361	0.360	0.265
F	8.90***	86.33***	64.63***	53.12***

注:表中数据为标准化系数; * 表示 $p<0.05$, *** 表示$p<0.001$。

Model9-1 是在 Model8-1 控制变量与创业供应链能力关系的基础上加入自变量资源驱动型机会-资源一体化，Model9-2 是在

Model9-1 的基础上加入调节变量权力不对称，Model9-3 是在 Model9-2 的基础上进一步加入资源驱动型机会-资源一体化与权力不对称的交互项，以检验权力不对称对资源驱动型机会-资源一体化与创业供应链能力之间关系的调节效应。调节效应的回归结果显示，经过将控制变量、自变量、调节变量以及交互项依次引入回归方程中后，交互项的回归系数结果是-0.088。资源驱动型机会-资源一体化与权力不对称交互项的回归系数在 $p<0.05$ 水平上显著为负。上述统计检验结果表明权力不对称在资源驱动型机会-资源一体化与创业供应链能力之间起到负向调节作用，因此假设 H5b 得到数据支持。

第五节　结果分析与讨论

本书针对创业供应链视角下机会-资源一体化、创业供应链能力、企业绩效以及权力不对称之间的关系进行探究，旨在回答以下四个问题。其一，创业供应链视角下，机会-资源一体化如何影响企业绩效？其二，创业供应链视角下，机会-资源一体化如何影响创业供应链能力？其三，创业供应链视角下，创业供应链能力在机会-资源一体化与企业绩效之间起到怎样的作用？其四，创业供应链视角下，权力不对称对机会-资源一体化与创业供应链能力之间关系造成了怎样的影响？基于理论分析和多案例研究，本书构建了理论研究模型并提出了 20 条假设，进一步对位于长春、成都、佛山、青岛、天津等地的一汽-大众创业供应链成员企业的问卷调查所得数据开展实证研究，对所提研究假设进行验证，结果见表 6-19。验证结果表明，本书提出的 20 条假设中，19 条通过检验，1 条未通过。下面将对本书的实证研究结果进行分析与讨论。

表 6-19 假设检验结果统计

假设内容	检验结果
H1a:机会驱动型机会-资源一体化积极影响企业绩效。	通过
H1b:资源驱动型机会-资源一体化积极影响企业绩效。	通过
H1c:机会驱动型机会-资源一体化与资源驱动型机会-资源一体化的交互作用积极影响企业绩效。	未通过
H2a:机会驱动型机会-资源一体化积极影响机会能力。	通过
H2b:资源驱动型机会-资源一体化积极影响机会能力。	通过
H2c:机会驱动型机会-资源一体化积极影响资源能力。	通过
H2d:资源驱动型机会-资源一体化积极影响资源能力。	通过
H2e:机会驱动型机会-资源一体化积极影响关系能力。	通过
H2f:资源驱动型机会-资源一体化积极影响关系能力。	通过
H3a:机会能力积极影响企业绩效。	通过
H3b:资源能力积极影响企业绩效。	通过
H3c:关系能力积极影响企业绩效。	通过
H4a:机会能力在机会驱动型机会-资源一体化与企业绩效之间起到中介作用。	通过
H4b:机会能力在资源驱动型机会-资源一体化与企业绩效之间起到中介作用。	通过
H4c:资源能力在机会驱动型机会-资源一体化与企业绩效之间起到中介作用。	通过
H4d:资源能力在资源驱动型机会-资源一体化与企业绩效之间起到中介作用。	通过
H4e:关系能力在机会驱动型机会-资源一体化与企业绩效之间起到中介作用。	通过
H4f:关系能力在资源驱动型机会-资源一体化与企业绩效之间起到中介作用。	通过
H5a:权力不对称会减弱机会驱动型机会-资源一体化与创业供应链能力之间的正向关系。	通过
H5b:权力不对称会减弱资源驱动型机会-资源一体化与创业供应链能力之间的正向关系。	通过

一 机会-资源一体化对企业绩效的影响分析

借鉴过往对机会-资源一体化的研究成果,本书将机会-资源一体化划分为机会驱动型机会-资源一体化和资源驱动型机会-资源一体化(蔡莉、鲁喜凤,2016),并探究了机会驱动型机会-资源一体化、资源驱动型机会-资源一体化及二者的交互作用与企业绩效之间的关系。实证研究结果表明,机会驱动型机会-资源一体化和资源驱动型机会-资源一体化均对企业绩效具有积极影响，假设 H1a 和 H1b 通过实证检验，机会驱动型机会-资源一体化与资源驱动型机会-资源一体化的交互作用对企业绩效的影响不显著，假设 H1c 未通过检验。

（一）机会驱动型机会-资源一体化对企业绩效的影响

本书的实证分析结果表明，创业供应链视角下，机会驱动型机会-资源一体化有助于提升企业绩效。机会是创业过程的核心，是创业三要素之一。机会对于企业来说至关重要，企业如果一开始能够发现或创造出机会，那么它就更有可能获得成功。不过，机会的发现或创造固然重要，但是如果没有资源的保障，机会将无法得到利用。机会驱动型机会-资源一体化意味着企业发现或创造了机会之后，进行资源开发，以实现机会利用，因此，更有利于企业开发出新产品或新服务，使企业获得更多的投资回报（Choi and Shepherd，2004）。机会驱动型机会-资源一体化也有利于企业对资源的重新配置，进而实现商业模式的创新以满足市场，开拓更多的市场（彭秀青等，2016）。创业供应链视角下，企业如果能够发现来自创业供应链上下游企业的机会，并整合资源实现对机会的开发，企业将因此获得更高的绩效（Brent Ross，2011）。具体而言，企业可基于与创业供应链上游的合作伙伴关系，挖掘相关专业技术知识，识别出技术机会，在上游合作伙伴的帮助下，开发出新产品或新服务。在与创业供应链下游企业的合作过程中，下游企业新产品开发、产能的提升等对于企业来说都是机会，企业如果能够很好地利用因合作伙伴关系的信息共享而识别出机会，并积极进行资源的整合与重组，将有利于企业抓住来自下游客户的新机会，从而给企业带来更多的销售收入。创业供应链视角下，机会驱动型机会-资源一体化不仅关注对来自上下游企业机会的识别与发现乃至创造，而且整合了创业供应链资源，以实现对机会的利用，从而提升企业绩效。

（二）资源驱动型机会-资源一体化对企业绩效的影响

本书的实证分析结果表明，创业供应链视角下，资源驱动型机会-资源一体化有助于提升企业绩效。根据资源基础观，企业获取并控制了有价值的、稀缺的、不可模仿或不可替代的资源，就有获得持续竞争优势的潜力（Barney，1991，2001）。资源驱动型机会-资源一体化以有价值的、有优势的或稀缺的资源为驱动，进而识别机会，将资源进行利用，从而创造价值。同样，对于企业来说，能够拥有有价值的、有优势的或稀缺的资源，相比其他企业，这就是一种很强的优势。而让这些资源创造价值，为企业带来竞争优势，帮助企业提升绩效，还需要有合适的机会，使资源得到利用。资源驱动型机会-资源一体化就是促使有价值的、有优势的或稀缺的资源得到利用的过程，有助于企业绩效的提升。企业可以通过手段导向型资源拼凑识别机会，再通过社会网络型资源拼凑实现对机会的利用（王玲等，2017），进而实现价值创造。企业也可遵循识别资源、吸引资源，将个人资源转为组织资源，并寻找合适机会实现资源利用，以获得超额业绩（Brush et al.，2001）。在创业供应链中，独特的地理资源、独特的生产工艺可以成为创业供应链成员共同拥有的优势资源，成员们以此共同进行机会开发，可以最大化资源对企业的绩效贡献（Amanor-Boadu et al.，2009）。

（三）机会驱动型机会-资源一体化与资源驱动型机会-资源一体化的交互作用

本书的数据分析结果表明，创业供应链视角下，机会驱动型机会-资源一体化和资源驱动型机会-资源一体化的交互作用对企业绩效起到积极影响的研究假设未通过实证检验（H1c）。本书认为，机会驱动型机会-资源一体化与资源驱动型机会-资源一体化的交互作用对企业绩效的影响不显著，可能与企业面临的资源约束有关系。对于企业来说，在其发展过程中，其所拥有的资源乃至其所能控制的资源往往是有限的，面临资源的约束。特别是对于一家新创企业来说，其所面临的资源约束性会更强一些。在资源约束的情况下，企业同时采用机会驱动型机会-资源一体化和资源驱动型机会-资源一体化的创业行为，将可能导致对已发现的机会，不能集中优质资源对其进行开发与利用，错失机会利用的最好时机，从而不能帮助企业实现效益最大化；或将可能导致在资源驱动型机会-资源一体化过程中，因发现其他新机会，分散了资源的使用，而导致原始的资源优势减弱，从而给企业绩效最大化带来不利的影响。由此可见，在资源约束的情况下，企业同时采用机会驱动型机会-资源一体化和资源驱动型机会-资源一体化，将可能导致企业在资源方面无法统筹兼顾好两种类型的创业行为，从而导致企业绩效无法实现最优化。

二 机会-资源一体化对创业供应链能力的影响分析

有研究表明，机会开发、资源开发、机会-资源一体化有利于企业相关能力的提升。为了探究创业供应链视角下机会-资源一体化对创业供应链能力的影响，本书对创业供应链视角下机会-资源一体化对创业供应链能力的影响进行实证分析。借鉴过往创业供应链能力相关文献，本书将创业供应链能力划分为机会能力、资源能力和关系能力三个维度。实证分析结果显示，创业供应链视角下，机会-资源一体化对机会能力、资源能力和关系能力都起到积极作用。

（一）机会-资源一体化对机会能力的影响

本书的实证分析结果表明，创业供应链视角下，机会-资源一体化对机会能力产生积极影响，假设 H2a，H2b 通过检验。具体而言，实证研究结果显示，创业供应链视角下，机会驱动型机会-资源一体化与资源驱动型机会–资源一体化对机会能力的积极作用得到支持。重复的实践能够加深企业对相关过程的认识，开发更有效的惯例，获得实践经验的积累，有利于企业提升与上述实践相关的能力（Eisenhardt and Martin，2000；宝贡敏、龙思颖，2015）。机会驱动型机会–资源一体化以机会的发现或创造为驱动，为实现对机会的利用，挖掘资源，促进机会的利用。在此过程中，企业会加深对机会识别、机会利用等过程实践的认识，形成于机会开发相关的惯例，积累机会识别、机会利用的实践经验，因此提升了企业的机会能力。类似的，资源驱动型机会–资源一体化以资源为驱动，后续也会有大量的机会开发相关的实践活动，企业也会因此积累机会识别、机会利用相关的实践经验，从而构筑了企业的机会能力。创业供应链视角下，机会驱动型机会–资源一体化和资源驱动型机会–资源一体化主要基于对创业供应链机会的开发，企业将积累更多开发创业供应链合作伙伴机会的经验，并能从合作伙伴处学习到更多的相关经验，企业的机会能力因此得到提升。

（二）机会–资源一体化对资源能力的影响

实证研究结果显示，创业供应链视角下，机会驱动型机会–资源一体化与资源驱动型机会–资源一体化与资源能力存在正向作用关系，假设 H2c 和 H2d 得到支持。创业供应链视角下，在机会驱动型机会–资源一体化的实践过程中，为实现对发现或创造机会的利用，企业需要整合企业内外部资源，包括来自创业供应链成员合作伙伴的资源，并对资源进行重组等，以实现对机会的利用。企业因此积累了对创业供应链相关资源进行整合与重组的经验，并能在与创业供应链合作伙伴接触过程中学习到相关资源整合与重组的知识，进而提升企业的资源能力。类似的，创业供应链视角下，资源驱动型机会–资源一体化是基于创业供应链的资源开发与机会开发相互整合的过程，这些与创业供应链资源开发相关的实践活动会促进企业加深对与创业供应链相关的资源整合、资源重组实践活动的认识，因此企业获得与此相关的实践经验的积累，从而提升企业的资源能力。同时，企业也会在与创业合作伙伴的接触过程中，从合作伙伴处学习并认识资源开发的规律和特点，进一步提升自身的资源能力。

（三）机会-资源一体化对关系能力的影响

本书的研究结果证明，创业供应链视角下，机会驱动型机会-资源一体化与资源驱动型机会-资源一体化对关系能力具有积极作用，假设 H2e 和 H2f 通过检验。本书所指关系能力主要关注企业与创业供应链合作伙伴构建伙伴关系的能力。创业供应链视角下，在机会驱动型机会-资源一体化过程中，机会主要来源于创业供应链合作伙伴，机会的识别与发现乃至创造来自创业供应链合作伙伴更多的信息与知识，需要企业积极构筑与创业供应链合作伙伴的关系。此外，为了实现对机会的开发，企业往往需要充分整合创业供应链资源，尤其是创业供应链合作伙伴的互补资源。良好的创业供应链合作伙伴关系有利于企业更好地整合与重组资源，实现对机会的利用。因此，机会驱动型机会-资源一体化过程促使企业积极构筑与创业供应链合作伙伴的关系，提升企业的关系能力。对资源驱动型机会-资源一体化来说，与创业供应链合作伙伴构筑良好的合作关系同样重要，它有利于企业更好地开发有价值的、有优势的或稀缺的资源，有利于企业获得更多的信息以挖掘市场、技术机会等，企业因此也会积极与合作伙伴构筑良好的合作关系，积累更多与创业供应链合作伙伴相处的经验，从而帮助其提升关系能力。

三 创业供应链能力的中介作用分析

基于相关理论和文献的回顾，本书构建了"行为-能力-绩效"的理论逻辑，探索创业供应链视角下创业供应链能力各维度在机会-资源一体化与企业绩效之间关系的中介作用。如前所述，创业供应链视角下，机会驱动型机会–资源一体化与资源驱动型机会–资源一体化均对企业绩效具有积极影响，同时，机会驱动型机会–资源一体化与资源驱动型机会–资源一体化均可以促进创业供应链能力的构筑。由此，根据理论逻辑和案例访谈资料的梳理，本书认为创业供应链能力在机会驱动型机会–资源一体化和资源驱动型机会–资源一体化与企业绩效间的关系中起着中介作用，并开展了相关的实证研究。结果显示，创业供应链视角下，创业供应链能力对企业绩效产生积极作用，假设 H3a、H3b 和 H3c 通过检验，且创业供应链能力的三个维度在机会–资源一体化与企业绩效之间起到中介作用的假设也得到支持。

（一）机会能力在机会–资源一体化与企业绩效之间的中介作用

实证研究结果表明，机会能力分别在机会驱动型机会–资源一体化和资源驱动型机会–资源一体化与企业绩效间的关系中起到中介作用，假设 H4a、H4b 通过验证。创业供应链视角下，机会驱动型机会–资源一体化与资源驱动型机会–资源一体化的机会开发实践活动加深了企业对机会识别、机会利用等实践的认识，促使企业积累了相关的经验，进而提升了企业的机会能力。根据动态能力理论，能力是竞争优势的源泉，在动态的环境中，能力的构筑有利于提升企业竞争优势，进而提升企业绩效。转型经济情境下，市场出现快速变革，新兴市场不断涌现，技术也是不断创新，由此涌现了大量的机会（Dixon and Shepherd，2011），但同时，这些机会也是转瞬即逝，因而，对于企业来说，机会能力至关重要。机会能力能够促使企业及时审视、发现信息技术进步、制度变革、市场变迁等带来的机会，将有利于企业开发出适应新时代需要的新产品与服务，提升企业绩效。而且，机会能力能够促使企业实现对创新性商业模式和产品的尝试（Chandler et al.，2011；Ardichvili et al.，2003），设想出全新的商业概念（Eckhardt and Shane，2003），使企业获得更多发展的机会，因而给企业带来更多的绩效。创业供应链视角下，机会能力能够帮助企业挖掘来自商业供应商带来的技术机会，来自下游客户带来的市场机会（Lee and Rha，2016），并及时对资源进行开发，有效整合供应链资源（Mason et al.，2002），以实现对机会的利用，从而提升企业绩效。所以，创业供应链视角下，在机会驱动型机会-资源一体化和资源驱动型机会-资源一体化与企业绩效间的关系中，机会能力均起到中介作用。

（二）资源能力在机会-资源一体化与企业绩效之间的中介作用

本书的研究结果表明，资源能力分别在机会驱动型机会-资源一体化和资源驱动型机会-资源一体化与企业绩效间的关系中起到中介作用，假设 H4c、H4d 得到支持。在动荡的环境中，企业的创业行为往往很难直接带来企业绩效的提升，只有构筑了动态能力，适应不断变化的市场，才能帮助企业提升绩效。本书研究的资源能力包括资源整合能力与资源重组能力，是一种动态能力。企业的资源开发有利于构建良好的资源基础，由此形成的动态能力将帮助企业取得更好的绩效（Athreye，2005）。对资源的识别、获取、整合以及利用的过程有利于包括资源相关能力在内的动态能力的构筑，进而促进企业绩效的提升（葛宝山、董保宝，2009）。创业供应链视角下，机会驱动型机会-资源一体化与资源驱动型机会-资源一体化的资源开发实践活动会改善企业的资源基础，加深企业对资源整合、资源重组等的认识，获得更多的资源开发方面的经验，并能从上下游伙伴处学习到资源开发相关的知识，有助于企业提升资源能力。资源能力会帮助企业对不同来源的资源进行选择与配置，使这些资源具备更强的柔性与价值性，形成新的核心资源体系（董保宝等，2011），进而为企业创造更多的价值。资源能力通过对资源的重组，乃至组织结构的变革与调整，适应客户的需求，为企业带来更多的销售收入。因此，资源能力在机会驱动型机会-资源一体化和资源驱动型机会-资源一体化与企业绩效的关系中起到中介作用。

（三）关系能力在机会-资源一体化与企业绩效之间的中介作用

实证研究结果显示，关系能力在机会驱动型机会-资源一体化和资源驱动型机会-资源一体化与企业绩效间的关系中起到中介作用，假设 H4e、H4f 通过验证。创业供应链视角下，机会驱动型机会-资源一体化和资源驱动型机会-资源一体化促使企业积极构筑与创业供应链合作伙伴的关系，积累了如何与合作伙伴构建长期合作伙伴关系的经验，从而提升了企业的关系能力。企业所具备的关系能力有利于企业与创业供应链合作伙伴之间形成良好的合作沟通机制，能够更快、更有效地解决合作过程中出现的问题（Carr and Pearson，1999）。凭借关系能力，企业更容易与上下游企业构建跨职能合作团队，提高产品的设计能力，促进质量的改善和知识的创造（Nonaka and Takeuchi，1995）。此外，企业的关系能力还有助于其参与下游客户的产品开发，能够缩短产品开发周期，提高产品性能，使企业的产品开发更有针对性。所以，创业供应链视角下，在机会驱动型机会-资源一体化和资源驱动型机会-资源一体化与企业绩效之间的关系中，关系能力均起到中介作用。

四 权力不对称的调节作用分析

在创业供应链合作伙伴关系中，由于上下游企业所处的地位、掌握的信息、控制的资源的差异，合作伙伴之间普遍存在权力不对称的情况。权力不对称会影响企业对机会的识别与利用、对资源的整合与重组、合作伙伴关系的构建，影响企业积累机会开发、资源开发、合作伙伴关系构建的相关经验。为了探究创业供应链视角下权力不对称的影响，本书通过实证分析探究了权力不对称对机会－资源一体化与创业供应链能力之间关系的调节作用，提出假设 H5a、H5b。实证研究结果显示，创业供应链视角下，权力不对称对机会驱动型机会－资源一体化和资源驱动型机会－资源一体化与创业供应链能力间的关系均存在调节作用，假设 H5a、H5b 通过检验。创业供应链视角下，机会驱动型机会－资源一体化和资源驱动型机会－资源一体化过程均涉及与创业供应链合作伙伴的信息共享。识别、利用来自创业供应链合作伙伴的机会，对企业所拥有资源乃至创业供应链合作伙伴资源的整合与重组，同时，企业对相关机会和资源的开发，都离不开与创业合作伙伴积极构筑良好的合作伙伴关系。在权力不对称的情况下，权力优势方因其所具备的地位、信息、资源优势等，对与弱势方的合作有较少的支付预期，对合作过程中的信息交换、资源的优化与组合等均持消极态度（Casciaro et al.，2005；Wu and Choi，2005）。权力弱势方因为处于弱势地位，无法获得更多的有效信息以实现对机会的识别与开发，同时，也不能有效识别合作伙伴的有用资源以实现对创业供应链资源的优化和配置。优势方倾向于同意对其有利的协议，而弱势方希望签订平等收益的协议，不平等的问题因此引发了合法性和公平的问题，双方因此很难建立令人满意的合作关系（Casciaro et al.，2005）。可见，权力不对称导致企业机会开发、资源开发以及伙伴关系构建的有效性降低，相关经验的积累减少，创业供应链能力难以构筑。因此，创业供应链视角下，权力不对称能够使机会驱动型机会－资源一体化和资源驱动型机会－资源一体化与创业供应链能力之间的关系减弱。

第六节　本章小结

本章主要的研究目的在于对前文案例研究基础上提出的假设进行检验，并对实证研究结果进行讨论与分析。在进行假设检验之前，本章对所收集的大样本数据的基本情况进行了描述，检验了数据共同方法偏差问题，进行了描述性统计分析、信度与效度分析。假设检验结果表明，创业供应链视角下，机会驱动型机会-资源一体化和资源驱动型机会-资源一体化分别与企业绩效存在正向关系，而机会驱动型和资源驱动型机会-资源一体化的交互作用对企业绩效的影响不显著；创业供应链能力在机会驱动型和资源驱动型机会-资源一体化与企业绩效之间的关系中均起到中介作用；权力不对称对机会驱动型和资源驱动型机会-资源一体化与创业供应链能力之间的关系均起到调节作用。基于假设检验结果，本书进行了研究结果讨论，分析了创业供应链视角下机会-资源一体化对企业绩效的影响、机会-资源一体化对创业供应链能力的影响、创业供应链能力的中介作用，以及权力不对称对机会-资源一体化与创业供应链能力之间关系的调节作用，并对未通过实证研究的假设进行解释与分析。

第七章 研究结论与未来展望

本书探索的是创业供应链视角下机会-资源一体化、创业供应链能力、企业绩效和权力不对称之间的关系。首先，本章总结了前文研究的主要结论，进一步提出对企业基于创业供应链进行创业实践活动的启示。其次，基于已有理论和研究阐述本书的创新点。最后，指出本书研究的不足，并对未来研究进行了展望。

第一节 研究结论与启示

一 研究结论

本书基于创业供应链视角，以创业供应链成员企业为研究对象，立足创业实践问题和相关理论，旨在揭示创业供应链视角下机会-资源一体化对企业绩效的影响机理，并分析创业供应链能力的中介作用。鉴于创业供应链中上下游合作伙伴之间的地位差异，以及对关键资源、信息的控制与掌握的差异，权力不对称普遍存在于创业供应链合作伙伴之间，因此，本书的研究引入权力不对称作为一个调节变量，分析其对机会-资源一体化和创业供应链能力之间关系的调节作用。

本书在回顾蒂蒙斯创业模型、机会观、资源基础观、供应链管理理论、动态能力理论等，以及梳理已有的创业供应链、创业行为、供应链相关能力和权力不对称等相关文献的基础上，结合案例研究，界定了核心构念的内涵和维度，进一步构建了创业供应链视角下机会-资源一体化、创业供应链能力、企业绩效和权力不对称关系的理论研究模型，并提出了20条研究假设。在案例研究方面，本书选择了一汽-大众及其上游一级供应商A企业、二级供应商B企业、下游一级经销商C企业等4家企业为案例研究样本。在核心构念方面，借鉴蔡莉和鲁喜凤（2016）的研究，本书将机会-资源一体化划分为机会驱动型机会-资源一体化和资源驱动型机会-资源一体化；基于Masteika和Čepinskis（2015）、Hsu等（2011）、Woldesenbet等（2011）、Lee和Rha（2016）的研究，本书将创业供应链能力划分为机会能力、资源能力和关系能力三个维度。为检验所提出的假设，基于与导师、相关领域专家的反复讨论，以及预调研过程对初始调查问卷进行修改，最终形成正式调查问卷后，笔者在长春、成都、佛山、青岛和天津等5个城市的一汽-大众上下游企业中组织开展了大样本问卷调查活动，得到454份有效问卷。通过共同方法偏差、描述性统计分析、信度与效度分析对数据进行检验后，本书通过多元线性回归分析法对大样本调查所得数据进行分析以检验所提假设。假设检验结果显示，本书所提出的20条假设中，19条通过检验，1条未通过检验。

　　基于上述研究与分析，本书的研究结论如下：创业供应链视角下，机会驱动型和资源驱动型机会-资源一体化分别积极影响企业绩效；机会驱动型和资源驱动型机会-资源一体化对创业供应链能力具有积极影响；创业供应链能力各维度积极影响企业绩效；创业供应链能力各维度在机会驱动型和资源驱动型机会-资源一体化与企业绩效之间均起到中介作用；权力不对称能够减弱机会驱动型和资源驱动型机会-资源一体化与创业供应链能力之间的作用关系。

二　研究启示

　　面对激烈的市场竞争以及高度动荡的外部环境，企业绩效的提升日益困难。本书的研究为企业绩效的提升开拓了新视角，为企业如何通过机会-资源一体化提升企业绩效提供了相应的理论指导。基于理论分析和案例研究，本书构建了创业供应链视角下机会-资源一体化、创业供应链能力、企业绩效和权力不对称的关系模型，进一步以实证的方法对模型中变量间的关系假设进行检验，最终得出相关研究结论。本书的研究结论对企业实践有以下四点具体启示。

（一）创业供应链是企业提升绩效的一个切入点

创业供应链是在竞争激烈的市场环境中，注重通过信息共享、资源整合追逐机会、创造价值的，联系了供应商、制造商、分销商、零售商，直到最终用户，连成一个整体的功能网链结构。创业供应链与企业发展、提升绩效所需的机会与资源具有密切的关系。从机会的角度看，创业供应链有助于企业获得发展所需的机会。企业未来的机会绝大多数源于网络关系（Coviello and Munro，1995），机会与已建立的垂直联系中的大企业密切相关（Blundel，2006）。企业一方面可以直接从供应链下游客户那里获得一些有用的信息，诸如市场情报；另一方面可以间接地从客户尤其是大客户那里学会如何应对新的挑战和新的需求，而这些有利于企业识别和开发新的市场机会（Blundel，2006）。从资源的角度看，创业供应链有助于企业获得合作伙伴的互补资源。资源是企业发展的基础，没有资源，机会就无法被开发和利用。企业通常会受到内部资源有限的束缚，通过与其他企业建立联盟，有助于提高企业的竞争力。创业供应链可以帮助企业在一个合作的网络中，快速、可靠地获得合作伙伴的互补资源，提高企业升级发展的能力（Arend and Wisner，2005）。此外，创业供应链成员企业可以共同开发的规模效益、相互学习、共同管理风险和成本、相互协作、管理不确定性等对企业绩效的提升也是颇为有利。

（二）通过机会驱动型和资源驱动型机会-资源一体化提升企业绩效

创业供应链视角下机会驱动型和资源驱动型机会-资源一体化分别对企业绩效具有积极影响。在企业的发展过程中，机会和资源至关重要，同时，机会和资源又密不可分。一方面，机会的开发离不开资源作为保障，有了资源的支撑，机会才能为企业带来价值；另一方面，企业所拥有的有价值的、有优势的、稀缺的资源，也离不开对机会的及时挖掘，没有机会的出现，资源将无法真正为企业创造价值。然而，对于企业来说，在企业的创业与发展过程中，在创业供应链视角下，尽管创业供应链能带来有利于企业发展的机会，带来企业所需要的互补资源，但是机会和资源往往是难以同时拥有的。因此，企业需要采取机会驱动型机会-资源一体化和资源驱动型机会-资源一体化两种创业行为。机会驱动型机会-资源一体化以机会的发现、识别或创造为驱动，识别、评价、利用资源，从而实现价值创造；资源驱动型机会-资源一体化，以企业所拥有的有价值的、有优势的、稀缺的资源为驱动，进行机会开发，促使资源创造价值。机会驱动型和资源驱动型机会-资源一体化均因为机会和资源的相互整合实现价值创造，为企业带来绩效的提升。

（三）通过机会-资源一体化提升创业供应链能力是改善企业绩效的重要途径

高度动态的环境下，动态能力是企业获得持续竞争优势的源泉，有助于企业绩效的提升。作为一种动态能力，创业供应链能力是企业整合创业供应链资源，识别与追求机会，促进企业适应外部环境变化并获得发展的能力，包括机会能力、资源能力和关系能力，有利于提升企业绩效。机会能力有助于企业识别、发现来自创业供应链合作伙伴的机会，并进行企业内外部资源的开发，以实现机会利用，从而提升企业绩效；资源能力有助于企业对自身拥有的资源，以及来自创业供应链合作伙伴资源的整合、重组，规避资源的静态性，使资源更具柔性和价值，为企业带来竞争优势，进而提升企业绩效；关系能力有助于企业与创业供应链上下游企业之间构建良好的合作关系，进而改善企业之间的信息沟通方式，更好地解决合作过程中出现的问题，同时，良好的合作关系还能够促进企业间的合作以共同开发新产品，提升新产品开发的效率和针对性，对企业绩效提升起着很大的作用。由此可见，创业供应链视角下，为在高度动荡的环境中提升绩效，企业应积极构筑创业供应链能力。

创业供应链视角下，机会驱动型和资源驱动型机会-资源一体化有利于企业创业供应链能力的构筑。机会驱动型和资源驱动型机会-资源一体化过程均存在机会开发和资源开发的过程。创业供应链视角下，在机会驱动型机会-资源一体化过程中，企业识别了来自创业供应链合作伙伴的机会，例如由上游供应商技术知识带来的技术机会，或由下游客户新产品开发或产能提升带来的市场机会，之后进行资源的开发，对资源进行整合与重组，以实现机会利用。因此，创业供应链视角下，机会驱动型机会-资源一体化加深了企业对创业供应链视角下机会识别与机会利用、资源的整合与重组过程的实践认识，获得了相关机会开发与资源开发的经验，提升了企业的机会能力和资源能力。创业供应链视角下，在资源驱动型机会-资源一体化过程中，企业首先拥有了有价值的、有优势的或稀缺的资源，为了让资源创造价值，进行机会识别或创造，促使机会和资源相互整合，最终资源被利用，机会得以实现。在此过程中，企业同样加深了机会开发和资源开发的实践认识，积累了机会开发和资源开发的经验，因此提升了企业的机会能力和资源能力。同时，在创业供应链视角下的机会驱动型和资源驱动型机会-资源一体化过程中，企业为实现对来自创业供应链合作伙伴机会的识别和利用，为实现对企业内外部资源，包括来自创业供应链合作伙伴资源的整合与重组，会积极构建与上下游伙伴的良好合作关系，因此提升了企业的关系能力。基于此，通过机会驱动型和资源驱动型机会-资源一体化提升企业的创业供应链能力是改善企业绩效的重要途径。

（四）积极避免权力不对称带来的不利影响

创业供应链视角下，机会驱动型和资源驱动型机会-资源一体化因企业基于创业供应链的机会开发、资源开发以及合作伙伴关系构建，加深了对这些实践活动的认识与经验的积累，构筑了创业供应链能力，从而帮助企业提升了绩效。然而，创业供应链中的权力不对称会减弱机会驱动型和资源驱动型机会-资源一体化对创业供应链能力的积极作用，不利于创业供应链能力的构筑，进而对企业绩效的提升产生不利影响。事实上，创业供应链中权力不对称的情况比较普遍，这是由于合作伙伴之间控制的信息、掌握的资源的差异等导致的。在权力不对称的情况下，权力优势方因为拥有更多的资源，出于对资源溢出效应的担忧，企业对在与上下游企业之间的资源优化配置方面会持消极态度（Wu and Choi，2005）。从信息沟通方面看，对权力优势方来说，企业进行信息沟通与交流的激励较弱（Keltner and Robinson，1997），不利于创业供应链上下游企业之间形成顺畅的信息流。从合作伙伴关系构建方面看，优势方倾向于同意对其有利的协议，而弱势方希望签订平等收益的协议，不平等的问题因此引发了合法性和公平的问题，双方很难建立令人满意的合作关系（Casciaro and Piskorski，2005）。因此，企业难以构筑其机会能力、资源能力和关系能力，从而不利于企业绩效的提升。权力不对称情况客观地存在，为尽量避免其带来的不利影响，企业可通过信任与互惠的嵌入帮助企业间构建长期合作关系，激励企业之间进行信息与资源的交换（崔蓓、王玉霞，2017）。在企业间合作的过程中，契约设计与治理机制的执行应确保公平，包括过程与分配的公平，从而激励相互合作的企业采取可靠与可预测的行为，从制度方面为在交易中实现相互信任提供支撑（崔蓓、王玉霞，2017）。同时，要求合作双方应尽量对等地对合作关系进行投入，提高合作关系的互惠性，进而提升合作关系的价值（姜翰、金占明，2008）。

第二节　研究的创新性

本书基于创业供应链视角进行研究，旨在探索机会-资源一体化是如何通过创业供应链能力影响企业绩效的。目前，少有从创业供应链视角对机会-资源一体化与创业供应链能力、企业绩效的关系展开研究的，为了探究这些变量间的关系，本书在理论分析与案例研究的基础上，构建了研究模型，并提出了相应的假设，探讨创业供应链视角下机会-资源一体化、创业供应链能力、企业绩效、权力不对称间的作用关系。本书有以下三个创新点。

首先，本书基于创业供应链视角构建了机会-资源一体化、创业供应链能力、企业绩效的关系模型，以揭示创业供应链视角下企业绩效提升的内在机理。基于对过往文献的梳理，本书发现创业供应链与企业发展所需的机会和资源存在密切的联系。创业供应链上下游企业间的信息共享有助于企业识别、发现新的机会（Kache and Seuring，2017），上下游伙伴企业间的合作将为彼此带来互补资源（Dutta and Hora，2017）。机会和资源是创业的核心要素，在创业研究领域，学者们分别对机会开发和资源开发与企业绩效的关系展开了丰富的研究。鉴于在创业过程中机会和资源的密不可分性，机会-资源一体化的构念被提出，相关的研究也渐渐得到学者们的关注与重视。基于创业供应链与机会和资源的密切关系，以及亟待完善与丰富的机会-资源一体化研究，本书根据蒂蒙斯创业模型、机会观、资源基础观、供应链管理理论、动态能力理论以及创业供应链、创业行为、供应链相关能力的相关研究，根据"行为-能力-绩效"的经典研究范式，构建了创业供应链视角下机会-资源一体化、创业供应链能力和企业绩效的关系模型。一方面，本书为机会-资源一体化相关研究开辟了一个全新的视角，即创业供应链视角；另一方面，本书所构建的关系模型弥补了机会-资源一体化、创业供应链能力、企业绩效关系间的研究空白，并揭示了创业供应链视角下企业绩效提升的内在机理。

其次，立足供应链相关能力的研究，剖析创业供应链能力的内涵和维度，弥补创业供应链能力相关理论和实证研究的不足，推动创业供应链能力研究的发展。在竞争日益激烈的全球化市场中，许多企业借助供应链构建核心战略能力，获取竞争优势，以提升企业绩效。但在相同的细分市场中，参与到相同创业供应链中的企业也会有着非常不同的绩效水平。基于此，创业供应链能力的构念被提出，并逐渐得到学者们的关注。现有对创业供应链能力的研究还比较少，对其内涵和维度尚未达成一致意见，已有研究主要关注能力与绩效的关系，并未就该能力的构筑展开深入研究。本书基于理论文献的梳理和案例研究，界定了创业供应链能力的内涵，将其划分为机会能力、资源能力和关系能力三个维度；借鉴 Lee 和 Rha（2016）、Hsu 等（2011）、Woldesenbet 等（2011）、马鸿佳等（2015）、林焜和彭灿（2010）研究中的相关量表，编制创业供应链能力初始量表，经修改与完善以及有效性检验，量表的信度和效度良好，最终形成创业供应链能力的量表；进一步通过实证分析，检验了创业供应链视角下机会-资源一体化对创业供应链能力的积极作用，以及创业供应链能力在机会-资源一体化和企业绩效之间的中介作用。本书的研究有助于推动创业供应链能力研究的发展，为未来进一步对创业供应链能力的深入研究奠定了一定的理论基础。

最后，基于创业供应链中权力不对称的普遍存在性，本书检验了权力不对称的调节作用，丰富了权力不对称的相关研究。本书的研究是基于创业供应链视角展开的，创业供应链合作伙伴之间掌握的资源和控制的信息往往存在差异，这就导致创业供应链中权力不对称普遍存在。权力不对称会影响创业供应链合作伙伴之间信息共享及资源整合的深度与范围，影响良好合作关系的构建，从而对机会-资源一体化和创业供应链能力间的关系产生影响。因此，本书将权力不对称纳入研究的关系模型中，能够更好地保障研究结论切合实际。同时，现有对权力不对称的研究较多关注权力不对称对关系质量的影响（崔蓓、王玉霞，2017），鲜有就权力不对称的调节作用展开研究的，更无就创业供应链视角下权力不对称在机会-资源一体化与创业供应链能力之间的调节作用展开研究的。因此，本书的研究有利于丰富对权力不对称的理论研究。

第三节　研究局限性及未来展望

结合理论分析和案例研究，本书探讨了创业供应链视角下机会-资源一体化对企业绩效的影响以及创业供应链能力在其中所起的作用，并构建了创业供应链视角下机会-资源一体化、创业供应链能力与企业绩效的关系模型。基于对大样本问卷调查所得数据的实证分析，本书检验了创业供应链视角下机会驱动型和资源驱动型机会-资源一体化与企业绩效之间的关系、创业供应链能力各维度在其中的中介作用以及权力不对称对机会驱动型和资源驱动型机会-资源一体化与创业供应链能力之间的关系分别起到的调节作用。本书的研究具有一定的理论和现实意义，不过依然存在一些不足，有待于在未来的研究中进一步探索。

首先，本书选择汽车行业为研究对象，且研究样本均来自一汽-大众的供应链上下游企业，考虑不同行业以及不同企业的差异，本书的研究结果在普适性方面存在一定的欠缺。汽车行业的供应链特性及权力不对称的情况都比较适合本书的研究，然而，局限于一个行业进行研究，可能在一定程度上会降低变量的变异性，导致研究结论的可推广性方面存在不足。另外，仅对一汽-大众的供应链上下游企业进行调研虽然会降低本书调研的难度，但是无法了解同行业其他企业的相关数据，无法进行更深入的研究。未来的研究一方面可基于对多个行业的问卷调查获取相关数据，另一方面也可挖掘以不同主机厂为核心的供应链成员企业的数据，以提高验证结果的代表性，并进一步深化相关的研究内容。

其次，本书实证研究所采用的大样本调查数据为横截面数据，然而，横截面数据仅能够反映变量在某一时点的特征，难以体现变量的动态变化性。根据生命周期理论，企业的行为、能力和产出随着时间的推移而发生变化。由此可知，本书所研究的机会-资源一体化、创业供应链能力的构筑以及企业绩效等是会随着时间的变化而变化的，企业机会-资源一体化的实现、创业供应链能力的构筑、企业绩效的提升均需要企业长期的投资与积累才能取得成效。因此，本书所采用的横截面数据难以体现所研究变量的动态变化特征。为避免横截面数据的弊端，将来可结合企业生命周期理论，采用时间序列数据开展实证研究，以更好地揭示创业供应链视角下机会-资源一体化对企业绩效影响的动态演化规律。

最后，本书的研究未结合外部环境因素探索创业供应链视角下机会-资源一体化对创业供应链能力和企业绩效的影响。当前，我国正处于经济转型时期，企业外部环境变化快且充满不确定性，考虑外部环境的影响作用更有利于保障研究结论贴合实际。企业的生存和发展与其所处的环境关系密切，环境的动态变化也会使企业获得的信息与知识、掌握的技术迅速过时，会影响企业对机会和资源的开发，影响机会-资源一体化过程。后续研究可采用案例与实证研究相结合的方法，挖掘外部环境因素在机会驱动型和资源驱动型机会-资源一体化与创业供应链能力或企业绩效之间关系中的权变作用，有利于深入探索提升或制约机会-资源一体化作用的关键因素，进而帮助企业提升绩效。

附录 调查问卷

尊敬的女士/先生：

您好！我们的调查是在国家自然科学基金青年项目支持下进行的，目的在于了解创业供应链视角下企业的机会-资源一体化、创业供应链能力、企业绩效、权力不对称之间的关系。本问卷采取匿名形式，所调查的内容用于科学研究，不会涉及贵企业的商业机密。感谢您百忙之中完成这份重要的问卷。

我们郑重承诺，您所填写的所有内容均只用于纯粹的学术研究，并严格保密，若违反，我们愿承担法律责任！

以下是对企业有关情况的一些描述，请您根据贵企业的实际情况与这些描述的相符程度做出选择。

一 机会-资源一体化

题号	内容	完全不符合	较不符合	一般	比较符合	完全符合
1	在评价新机会是否可行时,我们十分重视供应链现有资源的状况以及新资源获取的难易程度	1	2	3	4	5
2	我们经常需要一些新知识来实现对新机会的评价,之后会进行资源的开发工作	1	2	3	4	5
3	为了利用机会,我们经常依靠自己的努力创造资源,而不是从外部获取资源	1	2	3	4	5
4	在机会的利用过程中,我们十分重视供应链现有资源的状况	1	2	3	4	5

题号	内容	完全不符合	较不符合	一般	比较符合	完全符合
5	在开拓新市场或者研发新产品的过程中,我们会有针对性地增招员工、聚拢资金	1	2	3	4	5
6	在寻求新机会之前,我们会对供应链的初始资源进行系统评估,以帮助企业发现有效可行的机会	1	2	3	4	5
7	我们经常通过供应链资源的合理配置与利用,以实现对新机会的开发	1	2	3	4	5
8	我们经常会通过追加新资源,丰富供应链资源体系,从而帮助企业开发新机会	1	2	3	4	5
9	我们经常会对新获取的资源进行整合和配置,以实现机会的价值	1	2	3	4	5
10	在对供应链资源的合理配置与利用过程中,我们会偶尔产生一系列创新性想法,这些想法会帮助企业获得新价值	1	2	3	4	5
11	在对供应链资源的合理配置与利用过程中,我们会根据资源的使用情况重新评价新机会的可行性与价值	1	2	3	4	5

二 创业供应链能力

题号	内容	完全不符合	较不符合	一般	比较符合	完全符合
1	我们能够比竞争对手更早察觉到顾客需求与偏好的变化	1	2	3	4	5
2	在我们的供应链中,我们可以感受到主要的潜在机会和威胁	1	2	3	4	5
3	对我们的供应链,我们有良好的观察力和判断力	1	2	3	4	5
4	我们经常与其他部门交流,以获取与产品开发、流程创新或物流和配送实践相关的新知识	1	2	3	4	5
5	我们可以在我们的供应链战略决策过程中快速处理冲突	1	2	3	4	5
6	在任何情况下,我们都可以及时做出决策,来处理供应链中出现的问题	1	2	3	4	5

续表

题号	内容	完全不符合	较不符合	一般	比较符合	完全符合
7	我们能够及时重新配置资源，以应对环境变化	1	2	3	4	5
8	我们能够迅速缩短生产提前期	1	2	3	4	5
9	我们能够整合供应链资源，提升工作效率和效能	1	2	3	4	5
10	我们对供应链资源的开发与拓展很满意	1	2	3	4	5
11	我们利用供应链资源完成了跨部门、跨企业的工作任务	1	2	3	4	5
12	我们对供应链成员企业之间的资源共享很满意	1	2	3	4	5
13	我们能够成功地改造供应链，以应对市场的变化	1	2	3	4	5
14	我们能够成功地重新配置供应链资源，以获得新的生产性资产	1	2	3	4	5
15	我们能够实现供应链资源的重新组合，以更好地满足市场发展的需要	1	2	3	4	5
16	我们能够调整（或重新分配）技能，以满足整个供应链的当前需求	1	2	3	4	5
17	我们努力构建与主要合作伙伴的长期合作关系	1	2	3	4	5
18	我们始终与主要合作伙伴保持密切的联系，并为他们提供一个方便的沟通渠道	1	2	3	4	5
19	我们积极并定期寻求客户的意见，以确定他们的需求和期望	1	2	3	4	5
20	我们有一个有效的程序来解决客户的投诉	1	2	3	4	5
21	我们积极参与到客户的新产品开发过程当中	1	2	3	4	5

三　企业绩效

题号	内容	完全不符合	较不符合	一般	比较符合	完全符合
1	与主要竞争对手相比，我们与客户的关系更密切	1	2	3	4	5
2	与主要竞争对手相比，我们更善于寻找新的收入来源	1	2	3	4	5
3	与主要竞争对手相比，我们的生产效率提高更显著	1	2	3	4	5
4	与主要竞争对手相比，我们的市场份额增长速度更快	1	2	3	4	5
5	与主要竞争对手相比，我们产品的整体质量更好	1	2	3	4	5
6	与主要竞争对手相比，我们的整体竞争力更强	1	2	3	4	5

四　权力不对称

题号	内容	完全不符合	较不符合	一般	比较符合	完全符合
1	合作伙伴对我们具有很强的直接经济奖惩作用	1	2	3	4	5
2	合作伙伴能够接触、影响或有能力影响我们公司	1	2	3	4	5
3	在合作方面,合作伙伴有权强制执行其主张	1	2	3	4	5

五　基本信息

1. 您的性别（　）：A. 男　　　　　　　B. 女

2. 您的年龄（　）：A. 25 岁及以下　　　B. 26~40 岁

　　　　　　　　　C. 41~55 岁　　　　D. 56 岁及以上

3. 您的学历（　）：A. 大专及以下　　　B. 本科

　　　　　　　　　C. 硕士　　　　　　D. 博士

4. 您的职位（　）：

A. 基层员工　　　　B. 中层管理者　　　C. 高层管理者

D. 其他

5. 贵企业年龄（含上限）（　）：

A. 3 年及以下　　　B. 3~8 年　　　　　C. 8~15 年

D. 15 年以上

6. 贵企业性质（　）：

A. 私营企业　　　　B. 股份制企业　　　C. 合资企业

D. 国有企业　　　　E. 其他

7. 贵企业规模（　）：

A. 0~50 人　　　　B. 51~200 人　　　　C. 201~500 人

D. 501~1000 人　　E. 1001~2500 人　　F. 2501~5000 人

G. 5001 人及以上

8. 贵企业与一汽-大众的关系（　　）：

A. 一级供应商　　　B. 二级供应商　　　　C. 一级经销商

D. 其他

9. 贵企业位于：_____省_____市

参考文献

宝贡敏、龙思颖，2015，《企业动态能力研究：最新述评与展望》，《外国经济与管理》第 7 期。

蔡莉、葛宝山、蔡义茹，2019，《中国转型经济背景下企业创业机会与资源开发行为研究》，《管理学季刊》第 2 期。

蔡莉、鲁喜凤，2016，《转型经济下资源驱动型与机会驱动型企业创业行为研究——基于机会与资源的整合视角》，《中山大学学报》第 3 期。

蔡莉、鲁喜凤、单标安、于海晶，2018，《发现型机会和创造型机会能够相互转化吗？——基于多主体视角的研究》，《管理世界》第 12 期。

蔡莉、单标安，2013，《中国情境下的创业研究：回顾与展望》，《管理世界》第 12 期。

蔡莉、单标安、汤淑琴、高祥，2012，《创业学习研究回顾与整合框架构建》，《外国经济与管理》第 5 期。

蔡莉、单标安、朱秀梅、王倩，2011，《创业研究回顾与资源视角下的研究框架构建——基于扎根思想的编码与提炼》，《管理世界》第 1 期。

蔡莉、尹苗苗，2008，《新创企业资源构建与动态能力相互影响研究》，《吉林大学社会科学学报》第 6 期。

陈晨、时勘、陆佳芳，2015，《变革型领导与创新行为：一个被调节的中介作用模型》，《管理科学》第 4 期。

陈国权，1999，《供应链管理》，《中国软科学》第 10 期。

陈海涛，2007，《创业机会开发对新创企业绩效的影响研究》，博士学位论文，吉林大学。

陈寒松、贾竣云、田震，2019，《农业创业情境下商业模式设计影响机制研究———基于模糊集定性比较分析》，《南方经济》第 10 期。

陈劲、吴波，2012，《开放式创新下企业开放度与外部关键资源获取》，《科研管理》第 9 期。

陈劲、阳银娟，2014，《外部知识获取与企业创新绩效关系研究综述》，《科技进步与对策》第 1 期。

陈晓萍、沈伟，2018，《组织与管理研究的实证方法》（第 3 版），北京大学出版社。

陈晓萍、徐淑英、樊景立，2012，《组织与管理研究的实证方法》（第 2 版），北京大学出版社。

陈岩、蒋亦伟、王锐，2014，《产品多元化战略、企业资源异质性与国际化绩效：对中国 2008—2011 年制造业上市公司的经验检验》，《管理评论》第 12 期。

崔蓓、王玉霞，2017，《供应网络联系强度与风险分担：依赖不对称的调节作用》，《管理世界》第 4 期。

董安邦、廖志英，2002，《供应链管理的研究综述》，《工业工程》第 5 期。

董保宝、曹琦，2019，《不平衡时代的创新与创业研究》，《南方经济》第 10 期。

董保宝、葛宝山，2012，《新创企业资源整合过程与动态能力关系研究》，《科研管理》第 2 期。

董保宝、葛宝山、王侃，2011，《资源整合过程、动态能力与竞争优势：机理与路径》，《管理世界》第 3 期。

董保宝、李白杨，2014，《新创企业学习导向、动态能力与竞争优势关系研究》，《管理学报》第 3 期。

董保宝、罗均梅，2018，《VUCA 与新时代的创业研究——"2018 年创业研究前沿专题论坛"观点综述》，《外国经济与管理》第 10 期。

冯华、包文辉，2017，《社会控制与供应链能力之间的相互作用探讨——基于供应链整合的视角》，《中国地质大学学报》（社会科学版）第 3 期。

冯华、聂蕾、海峰，2018，《信息共享水平与供应链能力的相互作用关系研究——基于社会控制的中介效应》，《南开管理评论》第4期。

冯华、魏娇娇，2019，《社会控制与供应链整合之间的相互作用关系探讨——以依赖和信息共享能力为中介》，《珞珈管理评论》第3期。

冯军政、魏江，2011，《国外动态能力维度划分及测量研究综述与展望》，《外国经济与管理》第7期。

高洋、葛宝山、杜小民，2015，《机会-资源一体化能力的衍生机理——基于亚泰集团的案例研究》，《管理案例研究与评论》第4期。

高洋、薛星群、葛宝山，2019，《机会资源一体化、网络关系与创业绩效》，《科学学研究》第12期。

高洋、叶丹，2017，《基于"机会-资源一体化"的创业成长方式研究》，《管理学报》第10期。

葛宝山、董保宝，2009，《基于动态能力中介作用的资源开发过程与新创企业绩效关系研究》，《管理学报》第4期。

葛宝山、高洋、蒋大可，2013，《Timmons的思想演变及其贡献：对创业学的再思考》，《科学学研究》第8期。

葛宝山、高洋、蒋大可、续媜特、蔡思宁，2015年《机会-资源一体化开发行为研究》，《科研管理》第5期。

葛宝山、王一、马鸿佳，2017，《基于动态能力视角的并购式内创业机理研究》，《科研管理》第5期。

郭润萍、蔡莉，2017，《双元知识整合、创业能力与高技术新企业绩效》，《科学学研究》第2期。

洪江涛、高亚衶，2014，《供应链能力、知识传输与企业绩效关系的实证研究》，《科学学研究》第7期。

胡望斌、张玉利、杨俊，2014，《同质性还是异质性：创业导向对技术创业团队与新企业绩效关系的调节作用研究》，《管理世界》第6期。

黄旭、程琳琳，2005，《西方资源基础理论评析》，《财经科学》第3期。

姜翰、金占明，2008，《企业间关系强度对关系价值机制影响的实证研究——基于企业间相互依赖性视角》，《管理世界》第 12 期。

焦豪、魏江、崔瑜，2008，《企业动态能力构建路径分析：基于创业导向和组织学习的视角》，《管理世界》第 4 期。

〔美〕杰弗里·蒂蒙斯、小斯蒂芬·斯皮内利，2005，《创业学》（第6 版），周伟民、吕长春译，人民邮电出版社。

李华晶、张玉利、汤津彤，2016，《基于伦理与制度交互效应的绿色创业机会开发模型探究》，《管理学报》第 9 期。

梁建，2018，《中国管理研究或是中国式思维：基于一个研究项目的个人思考》，《管理学季刊》第 2 期。

林焜、彭灿，2010，《知识共享、供应链动态能力与供应链绩效的关系研究》，《科学学与科学技术管理》第 7 期。

刘宝红，2015，《采购与供应链管理：一个实践者的视角》，机械工业出版社。

刘佳、李新春，2013，《创业机会开发：理论前沿与研究动态》，《学术界》第 12 期。

刘娟、彭正银，2014，《关系网络与创业企业国际市场机会识别及开发——基于中小企业国际创业的跨案例研究》，《科技进步与对策》第 8 期。

刘宁、胡海青，2019，《孵化网络多元性对在孵企业创业机会开发的影响研究——二元学习的中介作用》，《南方经济》第 10 期。

刘振、丁飞、肖应钊、崔连广，2019，《资源拼凑视角下社会创业机会识别与开发的机制研究》，《管理学报》第 7 期。

鲁喜凤，2017，《资源视角下机会创新性对新企业绩效的影响机理》，吉林大学博士毕业论文。

鲁喜凤、郭海，2018，《机会创新性、资源整合与新企业绩效关系》，《经济管理》第 10 期。

马鸿佳、董保宝、葛宝山，2010，《高科技企业网络能力、信息获取与企业绩效关系实证研究》，《科学学研究》第 1 期。

马鸿佳、董保宝、葛宝山，2014，《创业能力、动态能力与企业竞争优势的关系研究》,《科学学研究》第 3 期。

马鸿佳、宋春华、葛宝山,2015,《动态能力、即兴能力与竞争优势关系研究》,《外国经济与管理》第 11 期。

马士华、王一凡、林勇,1998,《供应链管理对传统制造模式的挑战》,《华中理工大学学报》(社会科学版)第 2 期。

买忆媛、甘智龙,2008,《我国典型地区创业环境对创业机会与创业能力实现的影响——基于 GEM 数据的实证研究》,《管理学报》第 2 期。

牛芳、张玉利、杨俊,2012,《坚持还是放弃?基于前景理论的新生创业者承诺升级研究》,《南开管理评论》第 1 期。

彭伟、符正平,2015,《联盟网络、资源整合与高科技新创企业绩效关系研究》,《管理科学》第 3 期。

彭秀青、蔡莉、陈娟艺、于海晶,2016,《从机会发现到机会创造:创业企业的战略选择》,《管理学报》第 9 期。

彭学兵、王乐、刘玥伶、奉小斌,2019,《效果推理决策逻辑下创业资源整合与新创企业绩效的关系研究》,《管理评论》第 8 期。

仇思宁、李华晶,2018,《亲社会性与社会创业机会开发关系研究》,《科学学研究》第 2 期。

任萍,2011,《新企业网络导向,资源整合与企业绩效关系研究》,博士学位论文,吉林大学。

任星耀、廖隽安、钱丽萍,2009,《相互依赖不对称总是降低关系质量吗?》,《管理世界》第 12 期。

沈厚才、陶青、陈煜波,2000,《供应链管理理论与方法》,《中国管理科学》第 1 期。

斯晓夫、王颂、傅颖,2016 年,《创业机会从何而来:发现,构建还是发现+构建?——创业机会的理论前沿研究》,《管理世界》第 3 期。

宋华、陈思洁,2017,《供应链动态能力以及协同创新战略对资金柔性的影响研究》,《商业经济与管理》第 11 期。

宋华、刘会,2014,《供应链创业研究回顾与展望》,《中国流通经济》第 6 期。

苏志文，2012，《基于并购视角的企业动态能力研究综述》，《外国经济与管理》第 10 期。

孙红霞、马鸿佳，2016，《机会开发、资源拼凑与团队融合——基于 Timmons 模型》，《科研管理》第 7 期。

王朝云，2014，《创业过程与创业网络的共生演进关系研究》，《科学学与科学技术管理》第 8 期。

王开明、万君康，2001，《企业战略理论的新发展：资源基础理论》，《科技进步与对策》第 1 期。

王玲、蔡莉、彭秀青、温超，2017，《机会——资源一体化创业行为的理论模型构建——基于国企背景的新能源汽车新企业的案例研究》，《科学学研究》第 12 期。

王墨林、宋渊洋、阎海峰、张晓玉，2022，《数字化转型对企业国际化广度的影响研究：动态能力的中介作用》，《外国经济与管理》第 5 期。

王旭、朱秀梅，2010，《创业动机、机会开发与资源整合关系实证研究》，《科研管理》第 5 期。

王兆群、胡海青、张琅，2019，《创业拼凑、机会开发与新创企业创业绩效关系研究》，《科技进步与对策》第 14 期。

温忠麟、叶宝娟，2014，《中介效应分析：方法和模型发展》，《心理科学进展》第 5 期。

吴航，2016，《动态能力的维度划分及对创新绩效的影响——对 Teece 经典定义的思考》，《管理评论》第 3 期。

吴明隆，2010，《问卷统计分析实务——SPSS 操作与应用》，重庆大学出版社。

吴晓波、赵子溢，2017，《商业模式创新的前因问题：研究综述与展望》，《外国经济与管理》第 1 期。

肖静华、谢康、吴瑶、廖雪华，2015，《从面向合作伙伴到面向消费者的供应链转型——电商企业供应链双案例研究》，《管理世界》第 4 期。

许芳、田雨、沈文，2015，《服务供应链动态能力、组织学习与合作绩效关系研究》，《科技进步与对策》第 11 期。

薛红志，2011，《创业团队、正式结构与新企业绩效》，《管理科学》第1期。

杨洪涛、石春生、姜莹，2011，《"关系"文化对创业供应链合作关系稳定性影响的实证研究》，《管理评论》第4期。

杨俊，2012，《如何防范创业期的关系依赖》，《中外管理》第8期。

于晓宇，2013，《网络能力、技术能力、制度环境与国际创业绩效》，《管理科学》第2期。

张峰，2016，《新产品研发、顾客关系管理与供应链管理能力的交互效应》，《管理工程学报》第3期。

张璐、周琪、苏敬勤、长青，2018，《基于战略导向与动态能力的商业模式创新演化路径研究——以蒙草生态为例》，《管理学报》第11期。

张霞、王林雪、曾兴雯，2011，《基于创业企业成长的创业能力转化机制研究》，《科技进步与对策》第11期。

张玉利，2013，《让失败成为创业资源》，《北大商业评论》第10期。

张玉利、杨永峰、秦剑，2013，《大学技术转移绩效驱动因素研究与展望》，《科学学与科学技术管理》第10期。

赵兴庐、刘衡、张建琦，2017，《冗余如何转化为公司创业？——资源拼凑和机会识别的双元式中介路径研究》，《外国经济与管理》第6期。

郑秀恋、葛宝山，2017，《创业供应链相关研究述评及展望》，《南方经济》第12期。

郑秀恋、马鸿佳、吴娟，2018，《基于供应链视角的能力研究综述与未来展望》，《外国经济与管理》第7期。

朱晓红、陈寒松、张腾，2019，《知识经济背景下平台型企业构建过程中的迭代创新模式——基于动态能力视角的双案例研究》，《管理世界》第3期。

Abdelgawad, S. G., Zahra, S. A., Svejenova, S., and Sapienza, H. J. 2013. "Strategic Leadership and Entrepreneurial Capability for Game Change." *Journal of Leadership & Organizational Studies* 20: 394-407.

Aldrich, H. E., and Ruef, M. 2006. *Organizations Evolving* (2nd ed).

Sage, CA: Thousand Oaks Press.

Aleo, J. 1992. "Redefining the Manufacturer-Supplier Relationship." *Journal of Business Strategy* 13: 10-14.

Ali, Y., Saad, T. B., Muhammad, S., Noor, M., Aneel, S., and Khaqan, Z. 2020. "Integration of Green Supply Chain Management Practices in Construction Supply Chain of CPEC." *Management of Environmental Quality* 31: 185-200.

Alimadadi, S., Bengtson, A., and Hadjikhani, A. 2018. "How Does Uncertainty Impact Opportunity Development in Internationalization?" *International Business Review* 27: 161-172.

Alvarez, S. A., and Barney, J. B. 2007. "Discovery and Creation: Alternative Theories of Entrepreneurial Action." *Strategic Entrepreneurship Journal* 1: 11-26.

Alvarez, S. A., and Barney, J. B. 2010. "Entrepreneurship and Epistemology: The Philosophical Underpinnings of the Study of Entrepreneurial Opportunities." *Academy of Management Annals* 4: 557-583.

Alvarez, S. A., and Barney, J. B. 2013. "Forming and Exploiting Opportunities: The Implications of Discovery and Creation Processes for Entrepreneurial and Organizational Research." *Organization Science* 24: 301-317.

Alvarez, S. A., and Parker, S. 2009. "New Firm Organization and the Emergence of Control Rights: A Bayesian Approach." *Management Review* 34: 209-227.

Alvarez, S. A., Barney, J. B., McBride, R., and Wuebker, R. 2014. "Realism in the Study of Entrepreneurship." *Academy of Management Review* 39: 227-233.

Alvarez, S. A., Barney, J. B., McBride, R., and Wuebker, R. 2017. "On Opportunities: Philosophical and Empirical Implications." *Academy of Management Review* 42: 726-730.

Amanor-Boadu, V. R., Marletta, P., and Biere, A. 2009. "Entrepreneurial

Supply Chains and Strategic Collaboration: The Case of Bagòss Cheese in Bagolino, Italy." *International Food and Agribusiness Management Review* 12: 49–68.

Amit, R., and Schoemaker, P. J. H. 1993. "Strategic Assets and Organizational Rent." *Strategic Management Journal* 14: 33–46.

Amit, R., and Zott, C. 2001. "Value Creation in E-Business." *Strategic Management Journal* 22: 493–520.

Anastasiadis, F., and Poole, N. 2015. "Emergent Supply Chains in the Agrifood Sector: Insights from a Whole Chain Approach." *Supply Chain Management: An International Journal* 20: 353–368.

Anbanandam, R., Banwet, D. K., and Shankar, R. 2011. "Evaluation of Supply Chain Collaboration: A Case of Apparel Retail Industry in India." *International Journal of Productivity & Performance Management* 60: 82–98.

Anh, V., Shi, Y., and Terry, H. 2009. "Strategic Framework for Brand Integration in Horizontal Mergers and Acquisitions." *Journal of Technology Management in China* 4: 26–52.

Aragón-Correa, J. A., and Sharma, S. A. 2003. "A Contingent Resource-Based View of Proactive Corporate Environmental Strategy." *Academy of Management Review* 28: 71–88.

Ardichvili, A., Richard, C., and Sourav, R. A. 2003. "A Theory of Entrepreneurial Opportunity Identification and Development." *Journal of Business Venturing* 18: 105–123.

Arend, R. J., and Wisner, J. D. 2005. "Small Business and Supply Chain Management: Is There a Fit?" *Journal of Business Venturing* 20: 403–436.

Arlbjorn, J. S., Hass, H. D., and Munkgaard, K. B. 2011. "Exploring Supply Chain Innovation." *Logistics Research* 3: 3–18.

Arrow, K. J. 1974. "Limited Knowledge and Economic Analysis." *American Economic Review* 64: 1–10.

Ashrafganjouei, F. , and Abu-Bakar, B. A. H. 2015. "The Influence of Supply Chain Integration on the Intrapreneurship in Supply Chain Management. " *International Journal of Engineering Research and Applications* 5: 113-118.

Athreye, S. S. 2005. "The Indian Software Industry and Its Evolving Service Capability. " *Industrial & Corporate Change* 14: 393-418.

Baker, T. , and Nelson, R. E. 2005. "Creating Something from Nothing: Resource Construction Through Entrepreneurial Bricolage. " *Administrative Science Quarterly* 50: 329-366.

Barney, J. 1991. "Firm Resources and Sustained Competitive Advantage. " *Journal of Management* 17: 99-120.

Barney, J. 1995. "Looking inside for Competitive Advantage. " *Academy of Management Perspectives* 9: 49-61.

Barney, J. B. 1986. "Strategic Factor Markets: Expectations, Luck, and Business Strategy. " *Management Science* 32: 1231-1241.

Barney, J. B. 2001. "Is the Resource-Based 'View' a Useful Perspective for Strategic Management Research? Yes. " *The Academy of Management Review* 26: 41-56.

Barney, J. B. 2002. *Gaining and Sustaining Competitive Advantage*. Upper Saddle River, NJ: Prentice Hall Press.

Barney, J. B. 2007. *Gaining and Sustaining Competitive Advantage* (3rd Ed.). New Jersey: Prentice Hall.

Barney, J. B. , and Hansen, M. H. 1994. "Trustworthiness as a Source of Competitive Advantage. " *Strategic Management Journal* 15: S175-S190.

Baron, R. M. , and Kenny, D. A. 1986. "The Moderator - Mediator Variable Distinction in Social Psychological Research: Conceptual, Strategic, and Statistical Considerations. " *Journal of Personality and Socail Psychology* 51: 1173-1182.

Barreto, I. 2010. "Dynamic Capabilities: A Review of Past Research and an Agenda for the Future. " *Journal of Management* 36: 256-280.

Barreto, I. 2012. "Solving the Entrepreneurial Puzzle: The Role of Entrepreneurial Interpretation in Opportunity Formation and Related Processes." *Journal of Management Studies* 49: 356-380.

Barringer, B. R., and Bluedorn, A. C. 1999. "The Relationship between Corporate Entrepreneurship and Strategic Management." *Strategic Management Journal* 20: 421-444.

Bayraktar, E., el at. 2010. "An Efficiency Comparison of Supply Chain Management and Information Systems Practices: A Study of Turkish and Bulgarian Small-and Medium-Sized Enterprises in Food Products and Beverages." *International Journal of Production Research* 48: 425-451.

Benner, M. J., and Tushman, M. L. 2003. "Exploitation, Exploration, and Process Management: The Productivity Dilemma Revisited." *Academy of Management Review* 28: 238-256.

Benton, W. C., and Maloni, M. 2005. "The Influence of Power Driven Buyer/Seller Relationships on Supply Chain Satisfaction." *Journal of Operations Management* 23: 1-22.

Beske, P. 2012. "Dynamic Capabilities and Sustainable Supply Chain Management." *International Journal of Physical Distribution & Logistics Management* 42: 372-387.

Blackhurst, J., Dunn, K. S., and Craighead, C. W. 2011. "An Empirically Derived Framework of Global Supply Resiliency." *Journal of Business Logitics* 32: 374-391.

Black, J. A., and Boal, K. B. 1994. "Strategic Resources: Traits, Configurations and Paths to Sustainable Competitive Advantage." *Strategic Management Journal* 15: 131-148.

Blankenburg Holm, D., Johanson, M., and Kao, P. T. 2015. "From Outsider to Insider: Opportunity Development in Foreign Market Networks." *Journal of International Entrepreneurship* 13: 337-359.

Bluedorn, A. C., Johnson, R. A., Cartwright, D. C., and Barringer,

B. R. 1994. "The Interface and Convergence of the Strategic Management and Organizational Environment Domains. " *Journal of Management* 20: 201-262.

Blundel, R. 2006. "Managing ' Collisions ' between Entrepreneurial Networks and Industrial Supply Chains: A Modified Penrosian Perspective. " *International Journal Management Concepts and Philosophy* 2: 82-97.

Blundel, R. K. , and Hingley, M. 2001. "Exploring Growth in Vertical Inter-Firm Relationships: Small-Medium Firms Supplying Multiple Food Retailers. " *Journal of Small Business and Enterprise Development* 8: 245-265.

Blyler, M. , and Coff, R. W. 2003. " Dynamic Capabilities, Social Capital, and Rent Appropriation: Ties that Split Pies. " *Strategic Management Jouranl* 24: 677-686.

Bouncken, R. B. , Plüschke, B. D. , Pesch, R. , and Kraus, S. 2016. "Entrepreneurial Orientation in Vertical Alliances: Joint Product Innovation and Learning from Allies. " *Review of Managerial Science* 10: 381-409.

Bowersox, D. J. , and Closs D. C. 1996. *Logistical Management: The Integrated Supply Chain Process.* McGraw-Hill Series in Marketing, New York: The McGraw-Hill Companies Press.

Bowman, C. , and Ambrosini, V. 2003. " How the Resource Based and the Dynamic Capability Views of the Firm Inform Corporate Level Strategy. " *British Journal of Management* 14: 289-303.

Brent Ross, S. 2011. " Entrepreneurial Behaviour in Agri-Food Supply Chains: The Role of Supply Chain Partners. " *Journal on Chain and Network Science* 11: 19-30.

Brown, J. E. , and Hendry, C. 1997. " Industrial Districts and Supply Chains as Vehicles for Managerial Learning. " *International Studies in Management and Organization* 27: 127-157.

Brush, C. G. , Greene, P. G. , and Hart, M. M. 2001. " From Initial Idea to Unique Advantage: The Entrepreneurial Challenge of Constructing a Resource Base. " *Academy of Management Executive* 15: 64-78.

Brusset, X., and Teller, C. 2017. "Supply Chain Capabilities, Risks, and Resilience." *International Journal of Production Economics* 184: 59-68.

Buciuni, G., and Mola, L. 2014. "How do Entrepreneurial Firms Establish Cross-Border Relationships? A Global Value Chain Perspective." *Journal of International Entrepreneurship* 12: 67-84.

Buckley, P. J. 1989. "Foreign Direct Investment by Small-and Medium-Sized Enterprises: The Theoretical Background." *Small Business Economy* 9: 67-78.

Burt, R. S. 1992. *Structural Holes: The Social Structure of Competition.* Harvard Business School Press.

Canbulut, G., and Torun, H. 2020. "Analysis of Fuzzy Supply Chain Performance Based on Different Buyback Contract Configurations." *Soft Computing* 24: 1673-1682.

Carr, A. S., and Pearson, J. N. 1999. "Strategically Managed Buyer-Supplier Relationships and Performance Outcomes." *Journal of Operations Management* 17: 497-519.

Carr, A. S., and Smeltzer, L. R. 2000. "An Empirical Study of the Relationships among Purchasing Skills and Strategic Purchasing, Financial Performance, and Supplier Responsiveness." *Journal of Supply Chain Management* 36: 40-54.

Carter, C. R., Rogers, D. S., and Choi, T. Y. 2015. "Toward the Theory of the Supply Chain." *Journal of Supply Chain Management* 51: 89-97.

Casciaro, T., and Piskorski, M. J. 2005. "Power Imbalance, Mutual Dependence, and Constraint Absorption: A Closer Look at Resource Dependence Theory." *Administrative Science Quarterly* 50: 167-199.

Cavalcante, S., Kesting, P., and Ulhoi, J. 2011. "Business Model Dynamics and Innovation: (Re) Establishing the Missing Linkages." *Management Decision* 49: 1327-1342.

Chandler, G. N., De Tienne, D. R., McKelvie, M. A., et al. 2011.

"Causation and Effectuation Processes: A Validation Study." *Journal of Business Venturing* 26: 375-390.

Chandra, Y. C., and Wilkinson I. 2012. "An Opportunity-Based View of Rapid Internationalization." *Journal of International Marketing* 20: 74-102.

Chetty, S., Karami, M., and Oscar, O. M. 2018. "Opportunity Discovery and Creation as a Duality: Evidence from Small Firms' Foreign Market Entries." *Journal of International Marketing* 26: 70-93.

Choi, Y. R., and Shepherd, D. A. 2004. "Entrepreneurs' Decisions to Exploit Opportunities." *Journal of Management* 30: 377-395.

Choudhary, S., Nayak, S. K., Malik, A., and Singh, D. K. 2018. "Important Issues in Supply Chain Management and Development International." *International Journal of Recent Research Aspects* 5: 45-54.

Christensen, K. S. 2005. "Enabling Intrapreneurship: The Case of a Knowledge-Intensive Industrial Company." *European Journal of Innovation Management* 8: 305-322.

Christopher, M. 2011. *Logistics and Supply Chain Management: Creating Value-Added Networks*. Pearson Education.

Clark, K. B., and Fujimoto, T. 1991. *Product Development Performance*. Harvard University Press.

Cohen, B., and Winn, M. I. 2007. "Market Imperfections, Opportunity and Sustainable Entrepreneurship." *Journal of Business Venturing* 22: 29-49.

Colbert, B. A. 2004. "The Complex Resource-Based View: Implications for Theory and Practice in Strategic Human Resource Management." *Academy of Management Review* 29: 341-358.

Contreras, O. F., Carrillo, J., and Alonso, J. 2012. "Local Entrepreneurship within Global Value Chains: A Case Study in the Mexican Automotive Industry." *World Development* 40: 1013-1023.

Cooper, M. C., and Ellram, L. M. 1993. "Characteristics of Supply Chain Management and the Implication for Purchasing and Logistics Strategy."

The International Journal of Logistics Management 4: 13-24.

Cousins, P. D. , Handfield, R. B. , Lawson, B. , and Petersen, K. J. 2006. "Creating Supply Chain Relational Capital: The Impact of Formal and Informal Socialization Processes. " *Journal of Operations Management* 24: 851-863.

Coviello, N. E. , and Munro, H. J. 1995. "Growing the Entrepreneurial Firm: Networking for International Market Development. " *Europe Journal of Marketing* 29: 49-61.

Cox, A. 2001. "Understanding Buyer and Supplier Power: A Framework for Procurement and Supply Competence. " *Journal of Supply Chain Management* 37: 8-15.

Cox, A. 2007. "Transactions, Power and Contested Exchange: Towards a Theory of Exchange in Business Relationships. " *International Journal of Procurement Management* 1: 38-59.

Crook, T. R. , and Combs, J. G. 2007. "Sources and Consequences of Bargaining Power in Supply Chains. " *Journal of Operations Management* 25: 546-555.

Davenport, T. H. 1993. *Process Innovation, Reengineering Work through Information Technology.* Boston, MA: Harvard Business School Press.

Dew, N. , Stuart, R. , Sarasvathy, S. D. , and Robert, W. 2008. "Outlines of a Behavioral Theory of the Entrepreneurial Firm. " *Journal of Economic Behavior &Organization* 66: 37-59.

Dew, N. , Stuart R. , Sarasvathy, S. D. , and Wiltbank, R. 2011. "On the Entrepreneurial Genesis of New Markets: Effectual Transformations Versus Causal Search and Selection. " *Journal of Evolutionary Economics* 21: 231-253.

Di Stefano, G. , Peteraf, M. , and Verona, G. 2014. "The Organizational Drivetrain: A Road Integration of Dynamic Capabilities Research. " *Academy of Management Perspectives* 28: 307-327.

Dixon, R. , and Shepherd, D. 2011. "State and Territory Employment and

Unemployment Patterns in Australia. " *Australian Economic Review* 44： 196-206.

Dodgson, M. 2011. "Exploring New Combinations in Innovation and Entrepreneurship： Social Networks, Schum－Peter, and the Case of Josiah Wedgwood（1730-1795）. " *Industrial and Corporate Change* 20： 1119-1151.

Dutta, D. K. , and Hora, M. 2017. "From Invention Success to Commercialization Success： Technology Ventures and the Benefits of Upstream and Downstream Supply-Chain Alliances. " *Journal of Small Business Management* 55： 216-235.

Dyer, J. H. , and Singh, H. 1998. "The Relational View： Cooperative Strategy and Sources of Interorganizational Competitive Advantage. " *Academy of Management Review* 23： 660-679.

Eckhardt, J. T. , and Ciuchta, M. P. 2008. "Selected Variation： The Population-Level Implications of Multistage Selection in Entrepreneurship. " *Strategic Entrepreneurship Journal* 2： 209-224.

Eckhardt, J. T. , and Shane, S. A. 2003. "Opportunities and Entrepreneurship. " *Journal of Management* 29： 333-349.

Edquist, C. 1997. *Systems of Innovation Approaches—Their Emergence and Characteristics*. London, Washington： Pinter.

Eisenhardt, K. M. 1989. "Building Theories from Case Study Research. " *Academy of Management Review* 14： 532-50.

Eisenhardt, K. M. , and Graebner, M. E. 2007. "Theory Building from Cases： Opportunities and Challenges. " *Academy of Management Journal* 50： 25-32.

Eisenhardt, K. M. , and Martin, J. A. 2000. "Dynamic Capabilities： What are They?" *Strategic Management Journal* 21： 1105-1121.

Elking, I. , Paraskevas, J. , and Steven, A. 2017. "Financial Dependence, Lean Inventory Strategy, and Firm Performance. " *Journal of Supply Chain Management* 53： 22-38.

Ellinger, A. E., Natarajarathinam, M., Adams, F. G., Gray, J. B., Hofman, D., and O'Marah, K. 2011. "Supply Chain Management Competency and Firm Financial Success." *Journal of Business Logistics* 32: 214–226.

Ellis, P. D. 2011. "Social Ties and International Entrepreneurship: Opportunities and Constraints Affecting Firm Internationalization." *Journal of International Business Studies* 42: 99–127.

Emerson, R. M. 1962. "Power-Dependence Relations." *American Sociological Review* 27: 31–41.

Faes, W., el at. 2001. "Buyer Profiles: An Empirical Investigation of Changing Organizational Requirements." *European Journal of Purchasing and Supply Management* 7: 197–208.

Fahy, J., Hooley, G., Greenley, G., and Cadogan, J. 2006. "What is a Marketing Resource? A Response to Gibbert, Golfetto and Zerbini." *Journal of Business Research* 59: 152–154.

Farmer, D. 1997. "Purchasing Myopia-Revisited." *European Journal of Purchasing and Supply Management* 3: 1–8.

Fornell, C., and Larcker, D. F. 1981. "Evaluating Structural Equation Models with Unobservable Variables and Measurement Error." *Journal of Marketing Research* 18: 39–50.

Forrester, J. W. 1958. "Industrial Dynamics: A Major Breakthrough for Decision Makers." *Harvard Business Review* 38: 37–66.

Fullerton, G. 2005. "The Impact of Brand Commitment on Loyalty to Retail Service Brands." *Canadian Journal of Administrative Sciences* 22: 97–110.

Fung, P. K. O., and Chen, I. S. N. 2010. "Human Capital for Supply Chain Management Capabilities: A Study of International Trade Intermediaries." *International Journal of Logistics Research and Applications* 13: 1–12.

Gartner, W. B. 1985. "A Conceptual Framework for Describing the Phenomenon of New Venture Creation." *Academy of Management Review* 10:

696-706.

Gartner, W. B. , Starr, J. A. , and Bhat, S. 1999. " Predicting New Venture Survival: An Analysis of ' Anatomy of A Start-Up. ' Cases from Inc. Magazine. " *Journal of Business Venturing* 14: 215-232.

Garud, R. , Gehman, J. , and Giuliani, A. P. 2014. " Contextualizing Entrepreneurial Innovation: A Narrative Perspective. " *Research Policy* 43: 1177-1188.

Ghorbel, F. , Hachicha, W. , and Boujelbène, Y. 2017. " A Mixed Approach for Studying Effectual Entrepreneurial Opportunities: Development and Application to Tunisian Context. " *Management Science Letters* 7: 439-456.

Giannakis, M. 2007. "Performance Measurement of Supplier Relationships. " *Supply Chain Management: An International Journal* 12: 400-411.

Giunipero, L. C. , Denslow, D. , and Eltantawy, R. 2005. " Purchasing/ Supply Chain Management Flexibility: Moving to an Entrepreneurial Skill Set. " *Industrial Marketing Management* 34: 602-613.

Gonzalez-Padron, T. , Hult, G. T. M. , and Calantone, R. 2008. " Exploiting Innovative Opportunities in Global Purchasing: An Assessment of Ethical Climate and Relationship Performance. " *Industrial Marketing Management* 37: 69-82.

Gosling, J. , Purvis, L. , and Naim, M. M. 2010. " Supply Chain Flexibility as a Determinant of Supplier Selection. " *International Journal of Production Economics* 128: 11-21.

Grant, R. M. 1991. " The Resource - Based Theory of Competitive Advantage. " *California Management Review* 33: 114-135.

Green Jr, K. W. , Inman, R. A. , Birou, L. M. , and Whitten, D. 2014. " Total JIT (T-JIT) and Its Impact on Supply Chain Competency and Organizational Performance. " *International Journal of Production Economics* 147: 125-135.

Gulati, R. , and Sytch, M. 2007. " Dependence Asymmetry and Joint

Dependence in Interorganizational Relationships: Effects of Embeddedness on a Manufacturer's Performance in Procurement Relationships. " *Administration Science Quarterly* 52: 32-69.

Gupta, Y. P. , and Goyal, S. 1989. "Flexibility of Manufacturing Systems: Concepts and Measurements. " *European Journal of Operational Research* 43: 119-137.

Gurisatti, P. , Soli, V. , and Tattara, G. 1997. "Patterns of Diffusion of New Technologies in Small Metal – Working Firms: The Case of an Italian Region. " *Industrial & Corporate Change* 6: 275-312.

Handfield, R. 2006. *Supply Market Intelligence: A Managerial Handbook for Building Sourcing Strategies.* Auerbach Publications.

Handfield, R. , Petersen, K. , Cousins, P. , and Lawson, B. 2009. "An Organizational Entrepreneurship Model of Supply Management Integration and Performance Outcomes. " *International Journal of Operations and Production Management* 29: 100-126.

Handfield, R. B. , and Bechtel, C. 2002. "The Role of Trust and Relationship Structure in Improving Supply Chain Responsiveness. " *Industrial Marketing Management* 31: 367-382.

Hånell, S. M. , and Ghauri, P. N. 2016. "Internationalization of Smaller Firms: Opportunity Development through Networks. " *Thunderbird International Business Review* 58: 465-477.

Harrison, A. , and New, C. 2002. "The Role of Coherent Supply Chain Strategy and Performance Management in Achieving Competitive Advantage: An International Survey. " *Journal of the Operational Research Society* 53: 263-271.

Hauser, J. R. , Simester, D. I. , and Wernerfelt, B. 1996. "Internal Customers and Internal Suppliers. " *Journal of Marketing Research* 33: 268-280.

Haynie, J. M. , Shepherd, D. A. , and Mc Mullen, J. S. 2009. "An Opportunity for Me? The Role of Resources in Opportunity Evaluation

Decisions." *Journal of Management Studies* 46: 337-361.

Heide, J. B. 1994. "Interorganizational Governance in Marketing Channels." *Journal of Marketing* 58: 71-85.

Heide, J. B., and John, G. 1988. "The role of Dependence Balancing in Safeguarding Transaction-Specific Assets in Conventional Channels." *Journal of Marketing* 52: 20-35.

Helfat, C. E., and Peteraf, M. A. 2003. "The Dynamic Resource-Based View: Capability Lifecycles." *Strategic Management Journal* 24: 997-1010.

Helfat, C. E., Finkelstein, S., Mitchell, W., Peteraf, M. A., Singh, H., and Winter, S. G. 2007. *Dynamic Capabilities: Understanding Strategic Change in Organizations*. Blackwell Publishing.

Helper, S. 1991. "How Much Has Really Changed between U. S. Automakers and Their Suppliers?" *Sloan Management Review* 32: 15-28.

Hingley, M. K. 2005. "Power Imbalance in UK Agri-Food Supply Channels: Learning to Live with the Supermarkets?" *Journal of Marketing Management* 21: 63-68.

Hitt, M. A., Bierman, L., Uhlenbruck, K., and Shimizu, K. 2006. "The Importance of Resources in the Internationalization of Professional Service Firms: The Good, the Bad and the Ugly." *Academy of Management Journal* 49: 1137-1157.

Holcomb, T. R., Holmes Jr, R. M., and Connelly, B. L. 2009. "Making the Most of What You Have: Managerial Ability as a Source of Resource Value Creation." *Strategic Management Journal* 30: 457-485.

Holmes, T. J., and Schmitz Jr., James A. 2001. "A Gain from Trade: From Unproductive to Productive Entrepreneurship." *Journal of Monetary Economics* 47: 417-446.

Hsu, C. -C., Tan, K. C., el at. 2011. "Entrepreneurial SCM Competence and Performance of Manufacturing SMEs." *International Journal of Production Research* 49: 6629-6649.

Hsu, C. - C., Tan, K. C., Kannan, V. R., and Keong Leong, G. 2009. "Supply Chain Management Practices as a Mediator of the Relationship between Operations Capability and Firm Performance." *International Journal of Production Research* 47: 835-870.

Hult, G. T. M., Ketchen Jr, D. J., and Nichols Jr, E. L. 2002. "An Examination of Cultural Competitiveness and Order Fulfillment Cycle Time within Supply Chains." *Academy of Management Journal* 45: 577-586.

Hult, G. T. M., Snow, C. C., and Kandemir, D. 2003. "The Role of Entrepreneurship in Building Cultural Competitiveness in Different Organizational Types." *Journal of Management* 29: 401-426.

Ireland, R. D., and Web, J. W. 2007. "A Multi-Theoretic Perspective on Trust and Power in Strategic Supply Chains." *Journal of Operations Management* 25: 482-497.

Irfan, M., and Wang, M. 2019. "Data-Driven Capabilities, Supply Chain Integration and Competitive Performance: Evidence from the Food and Beverages Industry in Pakistan." *British Food Journal* 121: 2708-2729.

Jain, A. V., Hendre, S. B., and Gote, V. H. 2016. "Cashew Industry from Harvesting to Marketing—Opportunity for Entrepreneurship in India with Respect to Ghana." *Journal for Contemporary Research in Management* 3: 32-42.

Jansen, J. P., Vera, D., and Crossan, M. 2009. "Strategic Leadership for Exploration and Exploitation: The Moderating Role of Environmental Dynamism." *The Leadership Quarterly* 20: 5 -18.

Jha, C. K. 2016. "Supply Chain Optimization Approaches and Market Demand Analysis of Petroleum Industry: A Case Study of ONGC." *International Journal of Scientific Research & Management Studies* 4: 4461-4475.

Johanson, J., and Vahlne, J. 2009. "The Uppsala Internationalization Process Model Revisited: From Liability of Foreignness to Liability of Outsidership." *Journal of International Business Studies* 40: 1411-1431.

Jones, T. , and Riley, D. W. 1985. "Using Inventory for Competitive Advantage through Supply Chain Management. " *International Journal of Physical Distribution and Materials Management* 15：16-26.

Kache, F. , and Seuring, S. 2017. "Challenges and Opportunities of Digital Information at the Intersection of Big Data Analytics and Supply Chain Management. " *International Journal of Operations & Production Management* 37：10-36.

Kellermanns, F. , Walter, J. , Crook, T. R. , Kemmerer, B. , and Narayanan, V. 2016. "The Resource-Based View in Entrepreneurship：A Content-Analytical Comparison of Researchers' and Entrepreneurs' Views. " *Journal of Small Business Management* 56：26-48.

Keltner, D. , and Robinson, R. 1997. "Defending the Status Quo：Power and Bias in Social Conflict. " *Personality & Social Psychology Bulletin* 23：1066-1077.

Kim, S. , and Jin, K. 2017. "Organizational Governance of Inter-Firm Resource Combinations：The Impact of Structural Embeddedness and Vertical Resource Relatedness. " *Journal of Management & Organization* 23：524-544.

Kirzner, I, M. 1997. "Entrepreneurial Discovery and the Competitive Market Process：An Austrian Approach. " *Journal of Economic Literature* 35：60-85.

Kirzner, I. M. 1973. *Competition and Entrepreneurship.* University of Chicago Press.

Knight, G. A. , and Cavusgil, S. T. 2004. "Innovation, Organizational Capabilities, and the Born-Global Firm. " *Journal of International Business Studies* 35：124-141.

Kraaijenbrink, J. , Spender, J. C. , and Groen, A. J. 2010. "The Resource-Based View：A Review and Assessment of Its Critiques. " *Journal of Management* 36：349-372.

Kraus, S. , Kauranen, I. , and Reschke, C. H. 2011. "Identification of

Domains for a New Conceptual Model of Strategic Entrepreneurship Using the Configuration Approach. " *Management Research Review* 34: 58-74.

Krause, D. R. , Handfield, R. , B. and Scannell, T. V. 1998. " An Empirical Investigation of Supplier Development: Reactive and Strategic Processes. " *Journal of Operations Management* 17: 39-58.

Kulkarni, A. , and Halder, S. 2020. " A Simulation-Based Decision-Making Framework for Construction Supply Chain Management (SCM) . " *Asian Journal of Civil Engineering* 21: 229-241.

Kumar, N. , Scheer, L. , and Steenkamp, J. B. E. 1995. "The Effects of Perceived Interdependence on Dealer Attitudes. " *Journal of Marketing Research* 32: 348-356.

Kumar, V. , Fantazy, K. A. , Kumar, U. , and Boyle, T. A. 2006. "Implementation and Management Framework for Supply Chain Flexibility. " *Journal of Enterprise Information Management* 19: 303-319.

La Londe, B. J. and Masters, J. M. 1994. " Emerging Logistics Strategies; Blueprints for the Next Century. " *International Journal of Physical Distribution and Logistics Management* 24: 35-47.

Lado, A. A. , Paulraj, A. , and Chen, I. J. 2011. " Customer Focus, Supply-Chain Relational Capabilities and Performance: Evidence from US Manufacturing Industries. " *The International Journal of Logistics Management* 22: 202-221.

Larson, A. 1992. "Network Dyads in Entrepreneurial Settings: A Study of the Governance of Exchange Relationships. " *Administrative Science Quarterly* 37: 76-104.

Lavie, D. 2006. "The Competitive Advantage of Interconnected Firms: An Extension of the Resource-Based View. " *Academy of Management Review* 31: 638-658.

Lee, J. H. , Moon, I. K. , and Park, J. H. 2010. "Multi-Level Supply Chain Network Design with Routing. " *International Journal of Production*

Research 48：3957-3976.

Lee，S. M. ，and Rha，J. S. 2013. "Pressures Affecting Green Supply Chain Performance." *Management Decision* 51：1753-1768.

Lee，S. M. ，and Rha，J. S. 2016. "Ambidextrous Supply Chain as a Dynamic Capability：Building a Resilient Supply Chain." *Management Decision* 54：2-23.

Lee，W. B. 2012. "Creating Entrepreneurial Supply Chain." *Supply Chain Management Review* 5：20-27.

Leonard-Barton，D. ，and Sinha，D. K. 1993. "Developer-User Interaction and User Satisfaction in Internal Technology Transfer." *Academy of Management Journal* 36：1125-1139.

Levina，N. ，and Orlikowski，W. J. 2009. "Understanding Shifting Power Relations within and Across Organizations：A Critical Genre Analysis. " *Academy of Management Journal* 52：672-703.

Liao，J. ，Kickul，J. R. ，and Ma，H. 2009. "Organizational Dynamic Capability and Innovation：An Empirical Examination of Internet Firms. " *Journal of Small Business Management* 47：263-286.

Liao，S. ，and Kuo，F. 2014. "The Study of Relationships between the Collaboration for Supply Chain，Supply Chain Capabilities and Firm Performance：A Case of the Taiwan's TFT-LCD Industry. " *International Journal of Production Economics* 156：295-304.

Liker，J. K. ，and Choi，T. Y. 2004. "Building Deep Supplier Relationships." *Harvard Business Review* 1：104-113.

Lipparini，A. ，and Sobrero，M. 1994. "The Glue and the Pieces：Entrepreneurship and Innovation in Small-Firm Networks. " *Journal of Business Venturing* 9：125-140.

Liu，Y. ，Srai，J. S. ，and Evans，S. 2016. "Environmental Management：The Role of Supply Chain Capabilities in the Auto Sector. " *Supply Chain Management：An International Journal* 21：18-29.

Loane, S., and Bell, J. 2006. "Rapid Internationalisation among Entrepreneurial Firms in Australia, Canada, Ireland and New Zealand: An Extension to the Network Approach." *International Marketing Review* 23: 467-485.

Luksha, P. 2008. "Niche Construction: The Process of Opportunity Creation in the Environment." *Strategic Entrepreneurship Journal* 2: 269-283.

Lumpkin, G. T., and Dess, G. G. 1996. "Clarifying the Entrepreneurial Orientation Construct and Linking It to Performance." *Academy of Management Review* 21: 135-172.

Mabert, V. A., Muth, J. F., and Schmenner, R. W. 1992. "Collapsing New Product Development Times: Six Case Studies." *Journal of Product Innovation Management* 9: 200-212.

Mackinnon, D. P., Lockwood, C. M., and Williams, J. 2004. "Confidence Limits for the Indirect Effect: Distribution of the Product and Resampling Methods." *Multivariate Behavioral Research* 39: 99-128.

Madhok, A., and Tallman, S. B. 1998. "Resources, Transactions and Rents: Managing Value Through Interfirm Collaborative Relationships." *Organization Science* 9: 326-339.

Madichie, N. O., and Yamoah, F. A. 2016. "Revisiting the European Horsemeat Scandal: The Role of Power Asymmetry in the Food Supply Chain Crisis." *Thunderbird International Business Review* 59: 663-675.

Majumdar, S., and Nishant, R. 2008. "Sustainable Entrepreneurial Support (in Supply Chain) as Corporate Social Responsibility Initiative of Large Organisations - A Conceptual Framework." *The ICFAI University Journal of Entrepreneurship Development* 3: 6-22.

Makadok, R. 2001. "Toward a Synthesis of the Resource-Based and Dynamic-Capability Views of Rent Creation." *Strategic Management Journal* 22: 387-401.

Makadok, R., and Coff, R. W. 2002. "Dialogue: The Theory of Value and the Value of Theory: Breaking New Ground versus Reinventing the Wheel. " *Academy of Management Review* 27: 10-13.

Makri, M. , Hitt, M. A. , and Lane, P. J. 2010. "Complementary Technologies, Knowledge Relatedness, and Invention Outcomes in High Technology Mergers and Acquisitions. " *Strategic Management Journal* 31: 602-628.

Mandal, S. , Sarathy, R. , and Korasiga, V. R. 2016. "Achieving Supply Chain Resilience: The Contribution of Logistics and Supply Chain Capabilities. " *International Journal of Disaster Resilience in the Built Environment* 7: 544-562.

Mangalaraj, G. , Jeyaraj, A. , and Prater, E. 2020. "Differential Effects on Assimilation Stages for Dupply Chain Management Information Systems. " *The Journal of Computer Information Systems* 60: 34-48.

Marshall, D. , McCarthy, L. , McGrath, P. , and Claudy, M. 2015. "Going above and beyond: How Sustainability Culture and Entrepreneurial Orientation Drive Social Sustainability Supply Chain Practice Adoption. " *Supply Chain Management : An International Journal* 20: 434-454.

Mason, S. J. , Cole, M. H. , Ulrey, B. T. , and Yan, L. 2002. " Improving Electronics Manufacturing Supply Chain Agility through Outsourcing. " *International Journal of Physical Distribution & Logistics Management* 32: 610-620.

Masteika, I. , and Čepinskis, J. 2015. "Organizational Dynamic Capabilities Impact on Changes in Supply Chain. " *Management Theory and Studies for Rural Business and Infrastructure Development* 3: 541-551.

McGregor, D. 2009. "Linking Traditional Knowledge and Environmental Practice in Ontario. " *Journal of Canadian Studies* 43: 69-100.

McMullen, J. S. , Plummer, L. A. , and Acs, Z. J. 2007. "What is an Entrepreneurial Opportunity. " *Small Business Economics* 28: 273-283.

Mentzer, J. T. , DeWitt, W. and Keebler, J. S. 2001. "Defining Supply Chain Management. " *Journal of Business Logistics* 22: 1-25.

Miller, D. 1996. "Configurations Revisited." *Strategic Management Journal* 17: 505-512.

Miller, D., and Friesen, P. H. 1983. "Strategy-Making and Rnvironment: The Third Link." *Strategic Management Journal* 4: 221-235.

Min, S., Zacharia, Z. G., and Smith, C. D. 2019. "Defining Supply Chain Management: In the Past, Present, and Future." *Journal of Business Logistics* 40: 44-55.

Mitsuhashi, H., and Greve, H. 2009. "A Matching Theory of Alliance Formation and Organizational Success: Complementarity and Compatibility." *The Academy Management Journal* 52: 975-995.

Mohammadi, A., Sahrakar, M., and Yazdani, H. R. 2012. "Investigating the Effects of Information Technology on the Capabilities and Performance of the Supply Chain of Dairy Companies in Fars Province: A Multiple Case Study." *African Journal of Business Management* 6: 933-945.

Mohanty, M. K., and Gahan, P. 2012. "Buyer Supplier Relationship in Manufacturing Industry - Findings from Indian Manufacturing Sector." *Business Intelligence Journal* 5: 319-333.

Monczka, R., Trent, R., and Handfield, R. 1998. *Purchasing and Supply Chain Management.* Cincinnati, OH: South-Western College Publishing Press.

Morash, E. A. 2001. "Supply Chain Strategies, Capabilities, and Performance." *Transportation Journal* 41: 37-54.

Morris, M. H., Avila, R. A., and Allen, J. 1993. "Individualism and the Modern Corporation: Implications for Innovation and Entrepreneurship." *Journal of Management* 19: 595-612.

Muzychenko, O. 2008. "Cross-Cultural Entrepreneurial Competence in Identifying International Business Opportunities." *European Management Journal* 26: 366-377.

Narasimhan, R., and Das, A. 1999. "Manufacturing Agility and Supply

Chain Management Practices. " *Production and Inventory Management Journal* 40: 4-12.

Navarro-García, A., Schmidt, A. C. M., and Rey-Moreno, M. 2015. "Antecedents and Consequences of Export Entrepreneurship. " *Journal of Business Research* 68: 1532-1538.

Nelson, R. R., and Winter, S. G. 1982. *An Evolutionary Theory of Economic Change.* Harvard University Press.

Nichols, E. L., Retzlaff-Roberts, D., and Frolick, M. N. 1996. "Reducing Order Fulfillment Cycle Time in an International Supply Chain. " *Cycle Time Research* 2: 13-28.

Nonaka, I., and Takeuchi, H. 1995. *The Knowledge-Creating Company: How Japanese Companies Create the Dynamics of Innovation.* Oxford University Press.

Obloj, T., Obloj, K., and Pratt, M. G. 2010. "Dominant Logic and Entrepreneurial Firms' Performance in a Transition Economy. " *Entrepreneurship Theory and Practice* 34: 151-170.

Ojha, D., Shockley, J., and Acharya, C. 2016. "Supply Chain Organizational Infrastructure for Promoting Entrepreneurial Emphasis and Innovativeness: The Role of Trust and Learning. " *International Journal of Production Economics* 179: 212-227.

Patnaik, A. 2016. "Total Sanitation Success in Bahalpur: A Case Study on Successful Convening through Resolution of Power Asymmetry. " *Journal of Management* 13: 125-146.

Penrose, E. 1959. *The Theory of the Growth of the Firm.* New York: Wiley Press.

Peteraf, M. A. 1993. "The Cornerstones of Competitive Advantage: A Resource-Based View. " *Strategic Management Journal* 14: 179-191.

Pfeffer, J., and Salancik, G. R. 1978. *The External Control of Organizations: A Resource Dependence Perspective.* New York, NY: Harper and Row Press.

Podsakoff, P. M. , and Organ, D. W. 1986. " Self - Reports in Organizational Research: Problems and Prospects. " *Journal of Management* 12: 531-544.

Poppo, L. , and Zhou, K. Z. 2014. "Managing Contracts for Fairness in Buyer- Supplier Exchanges. " *Strategic Management Journal* 35: 1508-1527.

Porter, M. 1980. *Competitive Strategy*. The Free Press.

Porter, M. E. 1979. "How Competitive Forces Shape Strategy. " *Harvard Business Review* 57: 137-145.

Porter, M. E. 1985. *Competitive Advantage*. New York: Free Press.

Prashant, K. , and Harbir, S. 2009. " Managing Strategic Alliances: What Do We Know Now, and Where Do We Go from Here?" *Academy of Management Perspectives* 23: 45-62.

Priem, R. L. , and Butler, J. E. 2001. "Is the Resource-Based 'View' a Useful Perspective for Strategic Management Research?" *Academy of Management Review* 26: 22-40.

Rajaguru, R. , and Matanda, M. J. 2013. "Effects of Inter-Organizational Compatibility on Supply Chain Capabilities: Exploring the Mediating Role of Inter-Organizational Information Systems (IOIS) Integration. " *Industrial Marketing Management* 42: 620-632.

Ralston, P. M. , Blackhurst, J. , Cantor, D. E. , and Crum, M. R. 2014. "A Structure-Conduct-Performance Perspective of How Strategic Supply Chain Integration Affects Firm Performance. " *Journal of Supply Chain Management* 51: 47-64.

Ramoglou, S. , and Tsang, E. W. K. 2016. "A Realist Perspective of Entrepreneurship: Opportunities as Propensities. " *Academy of Management Review* 41: 410-434.

Ramoglou, S. , and Tsang, E. W. K. 2017. "In Defense of Common Sense in Entrepreneurship Theory: Beyond Philosophical Extremities and Linguistic Abuses. " *Academy of Management Review* 42: 736-744.

Ras, P. J., and Vermeulen, W. J. V. 2009. "Sustainable Production and the Performance of South African Entrepreneurs in Global Supply Chain. The Case of South African Table Grape Producers. " *Sustainable Development* 17: 325-340.

Rashidirad, M., Soltani, E., and Salimian, H. 2015. " 'Reductionistic' and 'Holistic' Views of Resource-Based Theory: A Review of the Literature. " *Strategic Change* 24: 509-525.

Rasmussen, E., Mosey, S., and Wright, M. 2011. "The Evolution of Entrepreneurial Competencies: A Longitudinal Study of University Spin-Off Venture Emergence. " *Journal of Management Studies* 48: 1314-1345.

Reagans, R., and McEvily, B. 2003. "Network Structure and Knowledge Transfer: The Effects of Cohesion and Range. " *Administrative Science Quaterly* 48: 240-267.

Reimann, F., Shen, P., and Kaufmann, L. 2017. "Multimarket Contact and the Use of Power in Buyer-Supplier Relationships. " *Journal of Business Logistics* 38: 18-34.

Reynolds, P. D., Bygrave, W., and Autio, E. 2003. *GEM* 2003 *Executive Report*. EM Kauffman Foundation.

Rider, C. I. 2012. " How Employees' Prior Affiliations Constrain Organizational Network Change: A Study of U. S. Venture Capital and Private Equity. " *Administrative Science Quaterly* 57: 324-341.

Ross, D. F. 1998. *Competing Through Supply Chain Management*. New York, NY: Chapman & Hall Press.

Ross, R. B. 2008. *Modeling the Economic Returns to Entrepreneurial Behavior: Theory and Applications*. Saarbrucken, Germany: VDM Verlag.

Roy, S., Sivakumar, K., and Wilkinson, L. F. 2004. " Innovation Generation in Supply Chain Relationships: A Conceptual Model and Research Propositions. " *Journal of the Academy of Marketing Science* 32: 61-79.

Rufin, R., and Molina, C. 2015. "Moderating Effects of Familiarity and

Experience in the Relationship of Trust with It Antecedents and Consequences. " *E Service Journal* 9: 19-42.

Ryu, S. , Min, S. , and Zushi, N. 2007. "The Moderating Role of Trust in Manufacturer-Supplier Relationships. " *Journal of Business & Industrial Marketing* 23: 48-58.

Sabry, A. 2015. "The Impact of Supply-Chain Management Capabilities on Business Performance in Egyptian Industrial Sector. " *International Journal of Business and Management* 10: 251-286.

Santos, F. M. , and Eisenhardt, K. M. 2005. "Organizational Boundaries and Theories of Organization. " *Organization Science* 16: 491-508.

Sarasvathy, S. D. 2001. "Causation and Effectuation: Toward a Theoretical Shift from Economic Inevitability to Entrepreneurial contingency. " *Academy of Management Review* 26: 243-263.

Sasovova, Z. , Mehra, A. , Borgatti, S. P. , and Schippers, M. C. 2010. "Network Churn: The Effects of Self-Monitoring Personality on Brokerage Dynamics. " *Administrative Science Quarterly* 55: 639-670.

Saxenian, A. 1994. *Regional Advantage: Culture and Competition in Silicon Valley and Route* 128. Cambridge, MA: Harvard University Press.

Schiele, H. 2006. "How to Distinguish Innovative Suppliers? Identifying Innovative Suppliers as New Task for Purchasing. " *Industrial Marketing Management* 35: 925-935.

Schiuma, G. 2012. "Managing Knowledge for Business Performance Improvement. " *Journal of Knowledge Management* 16: 515-522.

Schiuma, G. , Carlucci, D. , and Lerro, A. V. 2012. "Managing Knowledge Processes for Value Creation. " *The Journal of Information & Knowledge Management Systems* 42: 4-14.

Schumpeter, J. A. 1934. *The Theory of Economic Development: An Inquiry into Profits, Capital, Credits, Interest, and the Business Cycle.* Transaction Publishers, Piscataway Press.

Schumpeter, J. A. 1939. *Business Cycles: A Theoretical, Historical, and Statistical Analysis of the Capitalist Process.* McGraw Hill Press.

Setyawan, A. A., Susila, I., and Anindita, S. 2019. "Influence of Power Asymmetry, Commitment and Trust on SME Retailers's Performance." *Teorija ir praktika/Business: Theory and Practice* 20: 216–223.

Shane, S. 2000. "Prior Knowledge and the Discovery of Entrepreneurial Opportunities." *Organization Science* 11: 448–470.

Shane, S. 2003. *A General Theory of Entrepreneurship: The Individual-Opportunity Nexus.* Edward Elgar Press.

Shane, S. 2012. "Reflections on the 2010 AMR Decade Award: Delivering on the Promise of Entrepreneurship as a Field of Research." *Academy of Management Review* 37: 10–20.

Shane, S., and Venkataraman, S. 2000. "The Promise of Entrepreneurship as a Field of Research." *Academy of Management Review* 25: 217–226.

Sine, W. D., and David, R. J. 2003. "Environmental Jolts, Institutional Change, and the Creation of Entrepreneurial Opportunity in the US Electric Power Industry." *Research Policy* 32: 185–207.

Sirmon, D. G., and Hitt, M. A. 2009. "Contingencies within Dynamic Managerial Capabilities: Interdependent Effects of Resource Investment and Deployment on Firm Performance." *Strategic Management Journal* 30: 1375–1394.

Sirmon, D. G., Hitt, M. A., and Ireland, R. D. 2007. "Managing Firm Resource in Dynamic Environments to Create Value: Looking inside the Black Boc." *Academy of Management Review* 32: 273–292.

Sirmon, D. G., Hitt, M. A., Arregle, J-L., and Campbell, J. T. 2010. "Capability Strengths and Weaknesses in Dynamic Markets: Investigating the Bases of Temporary Competitive Advantage." *Strategic Management Journal* 31: 1386–1409.

Sirmon, D. G., Hitt, M. A., Ireland, R. D., and Gilber, B. A. 2011. "Resource Orchestration to Create Competitive Advantage: Breadth, Depth, and Life Cycle Effects. " *Journal of Management* 37: 1390-1412.

Sivadas, E. , and Dwyer, F. R. 2000. "An Examination of Organizational Factors Influencing New Product Success in Internal and Alliance-Based Processes. " *Journal of Marketing* 64: 31-49.

Snihur, Y. , Reiche, B. S. , and Quintane, E. 2017. "Sustaining Actor Engagement during the Opportunity Development Process. " *Strategic Entrepreneurship Journal* 11: 1-17.

Steiger, J. H. 1990. "Structure Model Evaluztion and Modification: An Interval Estimation Approach. " *Multivariate Behavioral Research* 25: 173-180.

Stevens, G. C. 1989. "Integrating the Supply Chains. " *International Journal of Physical Distribution and Materials Management* 8: 3-8.

Storer, M. , and Hyland, P. 2011. "Reconfiguration or Innovation in Supply Chains?" *International Journal of Technology Management* 56: 188-207.

Stratman, J. K. , and Roth, A. V. 2002. "Enterprise Resource Planning (ERP) Competence Constructs: Two-Stage Multi-Item Scale Development and Validation. " *Decision Sciences* 33: 601-628.

Swee Lin Tan, C. , Bi, R. , and Smyrnios, K. X. 2014. "The Role of Market Orientation in Building Supply Chain Capabilities for Fast-Growth Family SMEs. " *Small Enterprise Research* 21: 14-32.

Sydow, J. , Schreyögg, G. , and Koch, J. 2009. "Organizational Path Dependence: Opening the Black Box. " *Academy of Management Review* 34: 689-709.

Tan, K. C. 2001. "A Structural Equation Model of New Product Design and Development. " *Decision Sciences* 32: 195-226.

Tang, Z. , and Tang, J. 2012. "Stakeholder-Firm Power Difference, Stakeholders' CSR Orientation, and SMEs' Environmental Performance in China. " *Journal of Business Venturing* 27: 436-455.

Tanskanen, K. , and Aminoff, A. 2015. "Buyer and Supplier Attractiveness in a Strategic Relationship—A Dyadic Multiple-Case Study. " *Industrial*

Marketing Management 50：128-141.

Tatham, P., Wu, Y., Kovács, G., and Butcher, T. 2017. "Supply Chain Management Skills to Sense and Seize Opportunities." *The International Journal of Logistics Management* 28：266-289.

Teece, D., and Pisano, G. 1994. "The Dynamic Capabilities of Firms：An Introduction." *Industrial and Corporate Change* 3：537-556.

Teece, D. J. 1976. *The Multinational Corporation and the Resource Cost of International Technology Transfer*. Cambridge, Mass：Ballinger Press.

Teece, D. J. 2000. *Managing Intellectual Capital：Organizational, Strategic, and Policy Dimensions*. Oxford, UK：Oxford University Press.

Teece, D. J. 2007. "Explicating Dynamic Capabilities：The Nature and Microfoundations of (Sustainable) Enterprise Performance." *Strategic Management Journal* 28：1319-1350.

Teece, D. J. 2012. "Dynamic Capabilities：Routines versus Entrepreneurial Action." *Journal of Management Studies* 49：1395-1401.

Teece, D. J. 2014. "The Foundations of Enterprise Performance：(Economic) Theory of Firms." *The Academy of Management Perspectives* 28：328-352.

Teece, D. J., Peteraf, M., and Leih, S. 2016. "Dynamic Capabilities and Organizational Agility：Risk, Uncertainty, and Strategy in the Innovation Economy." *California Management Review* 58：13-35.

Teece, D. J., Pisano, G., and Shuen, A. 1997. "Dynamic Capabilities and Strategic Management." *Strategic Management Journal* 18：509-533.

Terpend, R., and Krause, D. R. 2015. "Competition or Cooperation? Promoting Supplier Performance with Incentives under Varying Conditions of Dependence." *Journal of Supply Chain Management* 51：29-53.

Timmons, J. A. 1994. *New Venture Creation：Entrepreneurship for the 21st Century*. Homewood, IL：Irwin Press.

Timmons, J. A. 1999. *New Venture Creation：Entrepreneurship for the 21st*

Century. Irwin Press.

Touboulic, A. , Chicksand, D. , and Walker, H. 2014. " Managing Imbalanced Supply Chain Relationships for Sustainability: A Power Perspective. " *Decision Sciences* 45: 577–619.

Tuomisalo, T. 2019. "Emergence of an Entrepreneurial Opportunity: A Case within a Finnish Telecommunication International New Venture. " *Journal of International Entrepreneurship* 17: 334–354.

Tushman, M. L. , and Anderson, P. 1986. "Technological Discontinuities and Organizational Environments. " *Administrative Science Quarterly* 31: 439–465.

Ucbasaran, D. , Westhead, P. , and Wright, M. 2009. "The Extent and Nature of Opportunity Identification by Experienced Entrepreneurs. " *Journal of Business Venturing* 24: 99–115.

Van, V. , and Andrew, H. 2007. *Engaged Scholarship: A Guide for Organizational and Social Research*. Oxford University Press.

Veleva, V. R. , Cue, B. W. , and Todorova, S. 2018. "Benchmarking Green Chemistry Adoption by the Global Pharmaceutical Supply Chain. " *American Chemical Society* 4: 1–30.

Venkataraman, S. 1997. *The Distinctive Domain of Entrepreneurship Research*. Greenwich, CT: JAI Press.

Venkataraman, S. , Sarasvathy, S. D. , Dew, N. , and Forster, W. R. 2012. "Reflections on the 2010 AMR Decade Award: Whither the Promise? Moving Forward with Entrepreneurship as a Science of the Artificial. " *Academy of Management Review* 37: 21–33.

Viitaharju, L. , and Merja, L. 2012. "Antecedents of Trust in Asymmetrical Business Relationships: Differing Perceptions between Food Producers and Retailers. " *Marketing Intelligence and Planning* 30: 567–587.

Villena, V. H. , Revilla, E. , and Choi, T. Y. 2011. "The Dark Side of Buyer-Supplier Relationships: A Social Capital Perspective. " *Journal of Operations*

Management 29：561-576.

Walter, A., Auer, M., and Ritter, T. 2006. "The Impact of Network Capabilities and Entrepreneurial Orientation on University Spin-Off Performance." *Journal of Business Venturing* 21：541-567.

Wang, C-H., et al. 2016. "The Model of Dynamic Capabilities in Supply Chain." *The International Journal of Organizational Innovation* 9：244-263.

Welter, C., and Alvarez, S. 2015. "The State of Opportunities：Clarifying the Transitions between Opportunity Types." *Management Decision* 53：1398-1411.

Wernerfelt, B. 1984. "A Resource-Based View of the Firm." *Strategic Management Journal* 5：171-180.

Wickham, P. A. 1998. *Strategic Entrepreneurship.* NY：Pitman Publishing.

Wiklund, J., and Shepherd, D. A. 2009. "The Effectiveness of Alliances and Acquisitions：The Role of Resource Combination Activities." *Entrepreneurship：Theory & Practice* 33：193-212.

Wilhelm, H., Schlomer, M., and Maurer, I. 2015. "How Dynamic Capabilities Affect the Effectiveness of Operating Routines under High and Low Levels of Environmental Dynamism." *British Journal of Management* 26：327-345.

Winter, S. G. 2003. "Understanding Dynamic Capabilities." *Strategic Management Journal* 33：91-101.

Wirtz, B. W., Mathieu, A., and Schilke. O. 2007. "Strategy in High-Velocity Environments." *Long Range Planning* 40：295-313.

Woldesenbet, K., and Jones, T. 2012. "Supplying Large Firms：The Role of Entrepreneurial and Dynamic Capabilities in Small Businesses." *International Small Business Journal* 30：493-512.

Woldesenbet, K., Ram, M., and Jones, T. 2011. "Supplying Large Firms：The Role of Entrepreneurial and Dynamic Capabilities in Small Businesses." *International Small Business Journal* 30：493-512.

Wu, F., Yeniyurt, S., Kim, D., and Cavusgil, S. T. 2006. "The Impact of Information Technology on Supply Chain Capabilities and Firm Performance: A Resource-Based View. " *Industrial Marketing Management* 35: 493-504.

Wu, L. Y. 2007. "Entrepreneurial Resources, Dynamic Capabilities and Start-Up Performance of Taiwan's High-Tech Firms. " *Journal of Business Research* 60: 549-555.

Wu, Z., and Choi, T. Y. 2005. "Supplier-Supplier Relationships in the Buyer-Supplier Triad: Building Theories from Eight Case Studies. " *Journal of Operations Management* 24: 27-52.

Xu, X.-F., Hao, J., Deng, Y.-R., and Wang, Y. 2017. "Design Optimization of Resource Combination for Collaborative Logistics Network under Uncertainty. " *Applied Soft Computing* 56: 684-691.

Yin, R. K. 2003. *Case Study Research: Design and Methods.* CA: Sage Publications Press.

Zahra, S. A. 2008. "The Virtuous Cycle of Discovery and Creation of Entrepreneurial Opportunities. " *Strategic Entrepreneurship Journal* 2: 243-257.

Zahra, S. A. 2011. "Doing Research in the (New) Middle East: Sailing with the Wind. " *Academy of Management Perspectives* 25: 6-21.

Zahra, S. A., and George, G. 2002. "Absorptive Capacity: A Review, Reconceptualization and Extension. " *Academy of Management Review* 27: 185-203.

Zahra, S. A., Ireland, R. D., and Hitt, M. A. 2000. "International Expansion by New Venture Firms: International Diversity, Mode of Market Entry, Technological Learning, and Performance. " *Academy of Management Journal* 43: 925-950.

Zahra, S. A., Nielsen, A. P., and Bogner, W. C. 1999. "Corporate Entrepreneurship, Knowledge, and Competence Development. " *International Journal of Manpower* 26: 529-543.

Zahra, S. A., Sapienza, H. J., and Davidsson, P. 2006. "Entrepreneurship and Dynamic Capabilities: A Review, Model and Research Agenda." *Journal of Management Studies* 43: 917-955.

Zhang, Z., and Zhang, M. 2013. "Guanxi, Communication, Power, and Conflict in Industrial Buyer-Seller Relationships: Mitigations Against the Cultural Background of Harmony in China." *Journal of Business-to-Business Marketing* 20: 99-117.

Zhao, X., Huo, B., Flynn, B., and Yeung, J. 2008. "The Impact of Power and Relationship Commitment on the Integration between Manufacturers and Customers in a Supply Chain." *Journal of Operations Management* 26: 368-388.

Zollo, M., and Winter, S. G. 2002. "Deliberate Learning and the Evolution of Dynamic Capabilities." *Organization Science* 13: 339-351.

Zott, C. 2003. "Dynamic Capabilities and the Emergence of Intra-Industry Differential Firm Performance: Insights from a Simulation Study." *Strategic Management Journal* 24: 97-125.

Zott, C., and Huy, Q. N. 2007. "How Entrepreneurs Use Symbolic Management to Acquire Resources." *Administrative Science Quarterly* 52: 70-105.

Zsidisin, G. A., Petkova, B. N., and Dam, L. 2015. "Examining the Influence of Supply Chain Glitches on Shareholder Wealth: Does the Reason Matter?" *International Journal of Production Research* 54: 69-82.

后　记

　　本书是基于我的博士毕业论文修改和完善而成的，也是我承担的 2018 年度国家自然科学基金青年项目"创业供应链视角下机会-资源一体化行为、能力与新企业竞争优势关系研究"（项目编号：71802090）的核心成果。六载博士求学生涯，有希冀和困惑，有坚定和犹豫，有喜悦和伤感，更有风霜之后的硕果。难忘痛苦思索的不眠之夜，难忘不倦求索的浩瀚书海，难忘执着探索的恩师教诲，更难忘这段无法复制的精彩过往。博士毕业论文的成稿，国家自然科学基金项目研究的推进，以及本书的完善与付梓，离不开太多人的帮助和支持，借此机会，向一路走来帮助过自己的他们致以最崇高的敬意和最真挚的感谢！

　　感谢我的博士导师葛宝山教授。感谢老师不吝招收，为我打开一扇继续潜学深造的大门。读博期间，老师严谨的治学理念，深厚的学术底蕴，诲人不倦的精神，深深地影响着我，激励着我。感谢老师在我学习与研究上高屋建瓴的指导，并为我创造了各种参加高级学术研讨会、专业领域讲座以及热点企业调研的机会。这些无不对本书的形成发挥了巨大作用，同时也为我未来的治学道路打下了坚实的基础。更难能可贵的是，从老师身上，我还学到了正直宽厚、勤勉朴实、精益求精、谦逊严谨的品格，这些将使我终身受益，成为我人生的宝贵财富。

　　"科研之路艰辛，只有不懈努力才能通往成功"，同门师兄马鸿佳教授经常这样鼓励我，更是不遗余力地帮助我。每当在科研方面遇到问题向马老师请教时，马老师的答疑解惑总是能够令我茅塞顿开、重拾自信。此时，一方面深深感激马老师循循善诱的教诲，另一方面由衷敬佩马老师学富五车，见识广博。马老师对科研的高度热忱和孜孜不倦的追求也深深地感染了我，激励着我不断前行。衷心感谢马老师莫大的鼓励与帮助，让我战胜重重困难，使本书得以顺利完稿。

感谢吉林大学商学与管理学院的董保宝教授、杨红教授以及苏州科技大学商学院的孙红霞教授。感谢董老师授人以渔，他的研究方法讲座以及赠送的科研权威著作，可谓雪中送炭，拓宽了我的写作思路。感谢孙老师和杨老师在我写作过程中给予的关心和鼓励。

感谢我所在工作单位吉林财经大学亚泰工商管理学院的领导和同事们。感谢他们的关怀与帮助，使我能够有更多的时间和精力投入到本书的撰写与完善过程中。感谢勤学上进的竹英同学为本书相关图表制作提供帮助。

感谢我可爱的师弟师妹们：春华、生帆、春婷、弼弘、吴娟、肖彬、孙青、蓝月、王琪、思思、丽仪、莉莉、林樾、亚婧、姝婷、诗涵等。虽然不能如同学般经常见面和联络，但共同的专业和目标，让我们并肩前行，相互扶助。感谢他们给予我精神上的鼓励和行动上的支持，感谢这些弥足珍贵的友谊，让我难以忘怀。

感谢社会科学文献出版社责任编辑冯咏梅老师。本书从书名的优化到选题的申报，从修改初期的疑问重重到后来的豁然开朗，从书稿内容的完善到书稿格式的规范，无一不凝结着冯老师的心血与汗水，无一不体现着冯老师的专业与严谨。由衷感谢冯老师为本书顺利出版的辛苦付出。

本书是我当前研究方向的阶段性成果，由于研究水平有限，存在不足之处在所难免，恳请各位读者批评指正。

郑秀恋

2022 年 9 月于长春

图书在版编目（CIP）数据

机会-资源一体化对企业绩效的影响：创业供应链视
角 / 郑秀恋著 . --北京：社会科学文献出版社，
2023.2
　　ISBN 978-7-5228-1399-8

　　Ⅰ.①机… Ⅱ.①郑… Ⅲ.①企业绩效-企业管理-
研究-中国 Ⅳ.①F272.5
　　中国国家版本馆 CIP 数据核字（2023）第 009766 号

机会-资源一体化对企业绩效的影响：创业供应链视角

著　　者 / 郑秀恋

出 版 人 / 王利民
责任编辑 / 冯咏梅
文稿编辑 / 崔春艳
责任印制 / 王京美

出　　版 / 社会科学文献出版社·经济与管理分社（010）59367226
　　　　　地址：北京市北三环中路甲 29 号院华龙大厦　邮编：100029
　　　　　网址：www. ssap. com. cn
发　　行 / 社会科学文献出版社（010）59367028
印　　装 / 三河市龙林印务有限公司

规　　格 / 开　本：787mm×1092mm　1/16
　　　　　印　张：16　字　数：215 千字
版　　次 / 2023 年 2 月第 1 版　2023 年 2 月第 1 次印刷
书　　号 / ISBN 978-7-5228-1399-8
定　　价 / 128.00 元

读者服务电话：4008918866